古迹新知

人文洗礼下的建筑遗产

葛承雍◎著

文物出版社

卷首语：建筑遗产的人文洗礼

　　建筑遗产不仅是一部石刻的史学年鉴，也是一部观念的精神年谱，一砖一瓦都谱写着文化的人文篇章，一柱一檩都记载着文明的历史结晶。建筑遗产有着丰厚的历史价值、精湛的艺术价值和绝技的科学价值，既是物质史，也是观念史，它不仅要经过漫长时间的洗礼，更要经过人文价值的洗礼。

　　长期以来当我们面对沧桑嬗变和文化底蕴的建筑遗产时，总会产生心灵的震撼力和视觉的冲击力，因而倍加珍惜那些古代建筑。每次对建筑遗产的保护维修都必然要经过唇枪舌剑的观点交锋，对古建复原仿建都要经过激辩天下的思想碰撞，面临古城街衢的拆除搬迁亦是要经过奔走呼号的悲愤争论，学界与业界不是看谁的职位高谁就有真理，而是火花四溅后的真知灼见要切合社会实践与历史发展，这就是人文的洗礼。

　　我们始终关注建筑遗产的原因之一，就因为建筑遗产折射着人文观念，已经从最初的祖先物质私产转变成一种公共的、精神性质的历史财富。正是遗产的人文内涵，使得我们不再把建筑当作一般物质形态来对待，而是将建筑作为一种世代传承、民族生命的文化标志，所以才提出要保护建筑遗产的原真性、完整性和神圣性，才将建筑的理念、观念与历史、艺术和科学紧密联系。建筑遗产是民族的历史记忆和生命基因，是人类共有的精神财富，也是文明国家的共识与理念。

　　人文理念不是观念漂浮物，而是精神与艺术结合的价值皈依。人文理念与建筑技术相比主要体现在精神层面，确实没有盖房建屋的立竿见影作用，但是给人心灵震撼的优秀建筑离不开人文的创造，少不了人文的境界。它是审美艺术的浓缩与结晶，是一个民族、国家传统文化的重要组成部分。千百年来多少庞大实用的建筑都已化为尘土烟云，只有积淀成为人文精神的建筑理念成为后人骄傲的资本，从古希腊、古罗马的建筑到东方砖石木构建筑莫不如此。人文看似无用，实则大有用处，既在眼前又在长远，人文包含着文化的普世价值，既有对建筑艺术高远之道的追求，又有对人性之光的情理照耀，这是人文洗礼的本质力量。否则就会止于"术"而失于"道"，重技术不重人文，就会甘于平庸缺失建筑文化的气象。

在今天中国文明随着经济大国崛起的传播中，有什么东西能在被西方文化主导的世界里占据一席之地？我相信最具代表性的莫过于中华文化中的建筑形象，除了唐人街上高耸的牌楼令人注目，让西方人倾倒的无疑是幽静园林、楼台亭阁、翘檐斗拱、风火山墙以及黄瓦绿顶的庑殿顶了，例如美国大都会博物馆中建立的缩微中国园林景观，着重的就是巷道、宅院、飞檐、筒瓦、曲廊等形式美感，因为中国传统建筑中包含了人文与自然和谐的东方精神。一些外国人曾说中国古建是没有人文精神的"匠作之事"与没有艺术价值的"匠人之学"，贬低北宋官定的《营造法式》只是一部建筑设计施工的技术专书，然而经过20世纪30年代中国营造学社的古建研究后，终于证明中国建筑不仅有自己独特的人文灵魂，而且促使西方人寻找中国之始往往就是从建筑遗产入手，甚至一些西方建筑里也以出现中国古香古色的建筑元素为炫耀。寻踪中国古建筑的文化传统无疑是几代学者的人文苦旅。

现在每到一个城市参观或是考察建筑考古遗址时，都会关注建筑对区域文明的影响，召唤起我们对人文精神源头的追思。城市发展不仅是一个经济命题，也是一个人文命题，一座座建筑遗产凝结着人的情感记忆，丰富着城市建筑文化的内涵，从文化城市向文明城市的过渡，不是一个自发的变迁过程，而是一个积极推动的过程。文化可以轰轰烈烈，文明必须潜移默化。文化是知名度，文明是美誉度，文化是认同感，文明是归属感，文化是创新感，文明是幸福感。在西方，建筑遗产往往被看做是社会文明的素养，而不仅仅是旅游的资源，特别是文明品质是城市发展的价值核心、根本动力，人文底蕴无疑就是城市文明的基础。

一个城市如果没有经过人文洗礼，就不会涵养城市的气质与品位。建筑关乎人文、关乎心灵，对人的关注如果能在城市建设的细节中得到提升，即使简约质朴也会默默感染着每一个公民，更会让奔忙的四海宾客洗去尘嚣、宁神静虑，不期然而然地接受一种人文精神熏陶。一个国家的城市建筑遗产，如果得到欣赏与赞美，就是人文品德的体现。

建筑不是虚拟的历史，而是直观的立体的历史。建筑如画却静默如谜，如果建筑会说话，就会道尽人类社会发展进程中对它的破坏损毁、保护修复的不同经历，在中国越是现代化最快的地方，建筑遗产也消逝最快，所以建筑遗产的背影常常折射出人文的温情与缺失。我们面对文物建筑判定，除了通常说的历史、艺术、科学价值外，更多突出的是社会价值，一种人文的理解和选择，一种现代文明发展的记忆和需要。

1964年的《威尼斯宪章》（Venice Charter）曾明确指出："世世代代人民的历史文物建筑，饱含着从过去的年月传下来的信息，是人民千百年传统的活的见证。人民越来越认识到人类各种价值的统一性，从而把古代的纪念物看作共同的遗产。"人们对建筑遗产的反思，实际上就是抚摸往昔、观照自我，从罗马风、哥特风到巴罗克式莫不如此，从秦汉高台、隋唐阙楼到明清紫禁城也都如此，文化的精髓就是在铭刻时代气息的历史遗产中领悟民族性格、检验现实、展望未来，就是领略建筑文化的异同以及碰撞、融合。

我们不能要求每个历史学家、考古学家都成为建筑学家，但对建筑历史一点也不了解，不仅会造成许多"硬伤"式的"笑话"，也会无法深入本学科的研讨。这是我30年前最早开始关注古代建筑的初衷，后来兴趣愈发浓厚，才发现建筑史技术著述虽多，但是从人文记忆、人文视角和人文精神上关注得很少，现在又转向环境掌控而不谈人文资源，"重技工轻审美"或者"重匠气轻诗意"虽不能说是一种思想偏见，至少是一种疏忽缺席。我们重视能工巧匠技术却缺乏思想文化创新，这是一条长期麻木未改的弊端。

中国文人从古代开始就与宫廷匠师和民间工匠结合，开拓了一条与西方"建筑哲学"不同的"建筑意境"创作道路，汉赋晋文、唐诗宋词中都有对建筑高度凝练的描写，这是艺术文化与建筑遗产的独特创造，是"形"与"神"、"体"与"魂"的深层融合，文人雅士虽不是正规的建筑师，但他们仍然起到了建筑师的作用，不仅将文学语言糅入了建筑语言，而且匾额屏刻、对联题名的镶嵌也升华了建筑意境，曹雪芹《红楼梦》中对王府建筑和园林艺术的高超描写绝不亚于建筑匠师的水平。

20多年来关于中国建筑往事的图书，年年都会出版不少，评论的视角令人惊醒，争论的语言使人焦灼，中外的对比让人信服，千城一面的批评更使人痛心，人们已经意识到中国城市化"大跃进式"快速发展只能驱使着文化上的盲动，理性的思考与人文的积淀几乎没有留下时间，遗憾忧伤的是学者，难受揪心的是公民。人文洗礼的大命题转换进入具体建筑细作，还需要不断的内化于心、外化于行。用书与笔的文字丈量建筑的距离则更需要人文的视角。

我不想撰写那些掺了不少水分的系列"鸿篇巨著"，而更想通过建筑历史关注人文的精神，使更多的人从文物概念导向人文遗产的熏陶，所以一方面尽可能地避开古建术语的堆砌，另一方面通过古建的生命印记来观察文化的积淀，历经一段汇集编纂，走出狭隘的古建阁楼，重新反思和衡量建筑遗产的历史价值，更想成为一个由古入今的摆渡者，祈望这本书的内容或许能给真正对建筑遗产感兴趣的人带来一些共鸣与收获。

2012年12月12日

2010年作者于办公室接受记者采访

2012年10月作者于故宫建福宫红门前

目　录

卷首语　建筑遗产的人文洗礼

安徽寿春古城楼

第一章 古建文脉篇

云南大理白塔

古建保护修复中的文化内涵

建筑是一个民族哲学、伦理、宗教、行为、环境、美学等诸多精神观念外在体现的综合性文化，具有人类文化"百科全书"的特点，它被视作一个民族对整个人类文明贡献的标志，也是一个民族创造力的不朽精魂。

倘若我们站在人类历史长河中来估量中国文化的积淀结晶，最值得自豪的文明成果之一就是中国古代建筑。与绘画、雕塑、服饰、器物、碑刻等文物艺术形式相比，人们对建筑的认识和理解比其他文物更加容易与亲切，凡是有人生活的地方就有建筑，人们始终在建筑所构成的空间里活动，建筑是人们对美好生活的渴望和憧憬，为人们提供"诗意的栖居地"，自然人们会对建筑有自己的评价和喜好，因而建筑既有艺术文化形象，又具有不同物质功能的科技价值。

学术界一直评论，古建保护领域有专家但缺少学者，就是指古建保护修复的工程技术人员对建筑的文化形态研究一直不够深入，因为其从事的工程项目绝大部分是科学技术或传统技艺问题绝大部分是科学技术或传统技艺问题，埋头于具体工程任务中，重技术轻文化的不协调现象普遍存在，这在出版的古建修复报告中表现得非常明显。例如河北正定隆兴寺的摩尼殿，是全国现存唯一的一座平面呈"十"字形的大殿，据说其梁架结构与《营造法

北京故宫太和门

式》相符，体现了宋代建筑的特点与风格，但其形制富于变化实属罕见，为什么颇为特殊，现在仍没有研究出结论。这就与文化研究有关，涉及唐宋时期"三夷教"的流传，不是单凭传统技术能解决的课题。

科学技术是第一生产力，可是它不会自动地变成第一生产力，必须通过文化门类的参与，才能突破技术自身的局限，真正发挥古建在物质文明、精神文明中的作用，求得协调发展。过去和现在都有一些专家学者贬低我们古建保护修复工程技术人员是"泥瓦匠"而不是"工程师"，是"匠人"不是"建筑师"，有技术而无思想，其中一个最重要的原因就是我们的建筑文化研究水平不高。如果我们能做到深厚的文化内蕴和技术功力相结合，突破文化素养的局限和急功近利的束缚，这一看法无疑会得到改变。

古代建筑凝聚着我们先祖的感情性格、审美追求和理想寄托。各个地方建筑都有自己的特点，各个时代的建筑又有自己的风格。一个民族、一个时代的文化标志，常常集中地通过一种有代表性的伟人建筑物而得到象征性

南京奉天门遗址石柱础

南京中华门内瓮城四重门

的体现。我们的国徽就是以天安门为构图中心，象征着中华民族深厚的文化传统，这绝不是偶然的。建筑风格的文化意义是巨大的，如巴黎圣母院建筑体现法兰西精神，金字塔象征古代尼罗河文明，华盛顿白宫凝结着美利坚风度，威尼斯圣马可广场聚焦着意大利个性，伦敦国会大厦展示着英国的浪漫，这些无一不是当时人们精神文化的物化形式，一些经典古建主体遭受破坏或建筑环境恶化，都会被列入世界文化遗产濒危名单，许多国家将自己的传统建筑纳入民族形象、文化重塑、文明领先的高度来看待，形成了新的意识形态体系，从高层次上说，我们不能不承认保护修复古建筑脱离不了对文化的深刻反思，不能忽视文化的继承创新。

一　古建保护最能体现中国文化的民族特色

古典建筑是民族心态的最好承载物。从文化本质、形态、特征上讲，中国古建作为传统文化的结晶，有着自己的民族性。中国古建筑特别是兼具

安徽皖南宏村古民居

皖南棠樾牌坊

历史影响深远的、艺术造型高的、综合技术强的、对外辐射广的古建筑，如万里长城、苏州园林、北京天坛、故宫皇城等一大批古建杰作，都是数千年历史文化发展延续的代表。中国古建筑是我们民族在长期的历史发展过程中和物质形态生产过程中形成自己风格的，在世界三大建筑体系源流中，中国古建筑为东方的独立系统，其木结构建筑主体始终保持着自身固有的风格和规模。从原始社会末期起，循序渐进，一脉相承，成为世界上独一无二的建筑体系和形制。无论是庄重严肃的宫殿、金碧辉煌的庙宇、恬静安详的庭院，还是错落有致的亭台楼阁、精巧秀丽的点景小品等，都与欧洲、阿拉伯建筑有很大差别：西方人重个体造型，重典型模仿；中国人重物感意境，重群体气势，文化差异性与民族文化传统密切联系。中国古建筑舒展飘洒的大屋顶，从巍然高耸的上部鸱尾到如翼轻展的飞檐翘角，从庑殿顶到歇山顶、硬山顶、悬山顶、攒尖顶的轮廓曲线，都迥然殊异于西方建筑的各种几何形体。古典建筑是民族心态的最好承载物，古建文化哺育和传承了民族精神，并以美轮美奂的物化载体形象令人流连忘返，使人们叹服历史沧桑和艺术永恒完美地交汇结合，历代无数民族精英在名楼阁台前写下赞美祖国的诗文，无数正直文人在皇宫巍峨阙台前发出忧患的呼声，建筑作为文化载体给人的心理感召和震撼作用是无穷的。一直到现在，富有民族风格内涵，保留着历史文脉的古建筑，仍是我们民族文化的外在表现和依托载体。

二 古建修复具有科技品格和科学精神

　　科学性内涵和基本要求是独立思考、严谨规范、求真创新，在科技进步中提高文化价值的含量，在科学技术中内蕴丰富的文化境界，科学与文化是不可分割的。

承德避暑山庄
内园林建筑一瞥

中国古典建筑有偏重技术性、观察性、记录性的实用传统，但也有抽象（比例）的、逻辑（尺度）的、演绎（序列）的科学准则。

中国古代木结构建筑的科学性首先表现在抬梁式、穿斗式的框架结构与20世纪兴起的现代钢筋混凝土框架建筑基本方式是相同的，定型的构架空间内部多种分隔也是一致的。

其次是防御地震袭击能力强，我国遗存下来最古老和最高的应县木塔高达67.3米，建于辽清宁二年（1056年），距今已有900多年的历史，经受多次地震依旧巍峨屹立就是明证。

再次在采光、避雨、挑水等方面采取的屋顶挑檐、漏窗敞开、长廊曲连等都有其科学道理，木造结构多不借重墙壁，有"墙倒屋不塌"之赞誉。

我们祖先在长期的生产实践、社会实践及思维实践中，积累了许多科学经验来指导技术发明，从先秦的记录建筑工艺的《考工记》到宋代关于建筑

河北正定佛寺建筑的勾心斗角造型

河北正定大佛寺摩尼殿

工程技术的《营造法式》和清代的《工程作法》，都反映了古代能工巧匠的技术品格和科学精神。尽管师徒口传心授中有一些被渲染的神秘色彩和迷信成分，但不能完全否定其合理的科学积淀，如避风聚水的"风水学"，就综汇了天文、地理、环境、规划、建筑、测绘等多学科的知识，现在有人甚至把风水提高到自然环境的文化现象来分析，我们不一定同意，不过其久行不衰的负阴抱阳、背山面水论述值得我们讨论研究。

三　古建保护具有文化遗产继承的特质

中国古代建筑的保护修复是为了留住我们民族的精神记忆，对古老文明和历史资源的尊重。修复则是为了保持连贯的文明脉络，体现我们民族文化的特色、个性、光彩和活力，在传承中形成民族优秀文化共有的认同感、归属感和凝聚力。

从中国古代建筑史来观察，春秋战国大夯土台建筑群为代表的成形期，荡漾出拙朴的童年气派；秦汉三国高层台榭建筑为代表的成熟期，表现出殿屋复道的功业铺开；魏晋六朝熔铸印度、西域佛塔建筑手法为代表的摄收期，突出了外来文化的变异流派；隋唐五代宏大城市布局与建筑组群为代表的高潮期，呈现出广阔眼界和博大气势；宋元辽金重楼飞阁和细工雕琢为代表的降落期，出现了绮丽纤巧的狭小兴致；明清重檐庑殿建筑和人工巧饰江南园林为代表的渐进期，反映出工艺进步的色彩。不管是古代社会前期生动活泼的审美传播，还是后期某些僵硬封闭的模拟影响，都是前后一贯的传承性，具有文化继承的特质。

尽管古建筑随着社会时代发展而产生变迁，但当今勃兴的仿古高楼和乡土民居仍采用传统构图，立意取之古建筑，各地古香古色"一条街"非常流行，"京派""海派""广派"等地域建筑都在突出自己文脉的传承性，这并不是发思古之幽情，怀恋昔日田园牧歌，而是不难看出文化承前启后的重要性，对敢于和善于在继承和创新基础上整合与创新大有裨益。如果我们从纵向上把多个不同历史时期的文化衔接起来，从横向上把多类建筑发展连贯起来，从布局上把分散的文化要素和精华亮点汇聚起来，就会形成有特色的建筑文化与人文景观的大概念、大气势。古建保护不仅仅是追溯过去苍老的往事，更重要的是触摸到民族文化未来不能消失的心跳。

四　古建保护具有在实践中发展创新的特征

探讨古建筑保护修复及特色，不宜只停留在建筑的细微之处或外表形式上，而应从文化内涵上吸取精华，有所发展、有所创新。

无数历史事实表明，中国古典建筑即使在明清禁锢压抑和闭关锁国时

新疆龟兹苏巴什佛寺遗址

期有过一段整体水平停滞，但也有某些工艺仍有新发展，始终没有出现类似印度文化因雅利安人入侵而被摧毁，埃及古文化因亚力山大大帝占领而希腊化，罗马文化因日耳曼民族南侵而中绝，中国传统建筑文化没有明显的突然"断层"，没有毁灭性的摧折改变，相反一直保持着独立性和连续的发展系统，这才造就独特的东亚的建筑风格。

中国建筑在历代都有发展，从群婚制浅穴住房到布局有序的四合院，从殷商干阑式构造到明清台基式壁体，从魏晋山庄别业到明清玲珑园林，从公元前202年35平方公里汉长安城到1421年60平方公里明清北京城，此外，寺观佛塔、祭祀庙寺、陵寝冥宫、离宫行馆、雕塑装饰等多类形制建筑，全都历历可见，各代人们把大量的人力物力集中投入到建筑上去，谋求在建筑实践中发展创新，并不完全是亦步亦趋，这是鲜明的事实，也是薪火相传、继往开来"历史界标"的写照。

中国古建保护要做到古老而不古板，唯美而不张扬，构成民族风格的适度张力，在真切的历史环境中体味到文化的精髓，这应该是古建发展的方向和韵味。文化总是不断在更新，尤其整个世界多元文化都在以全新格局展开之时，为中国古建发展带来了焕发生机和活力的新机遇，如苏州园林为代表的中国园林艺术输出到20多个国家和地区就是例证。古建要进一步向前发展，也必须挣脱某些束缚，与时俱进，向世人展现出新的独特风韵。

五　古建筑中有许多外来文化因素和开放性标志

中国古建筑作为东方古代文明的文化载体，与周边地区和外来文化息息相关，自觉或不自觉地带有各个地域、不同国家、异族宗教和美学观念的烙印。

过去我们对古建中的外来文化因素若明若暗，没有认真清理，大家一般就知道佛塔原形是从印度传来的，实际上中国建筑史上几次大的发展转折都与西域和丝绸之路的兴衰有相当密切的关联性。例如西域"昆仑之丘"对中国先秦高台建筑的影响，西域砖石拱顶建筑对两汉墓室建筑的影响，中亚游牧民族胡床、胡椅、胡凳等高足家具对南北朝汉族建筑空间尺度升高的影响，中亚"胡墼"土坯技术对隋唐建筑的影响，西域须弥座对中原殿堂基座的袭用完成了古建最有代表性的"三段式"构图，西域琉璃在中原屋面装饰瓦件的运用，东罗马引水上屋、成帘飞洒的凉殿被唐朝模仿，其浴场建筑技术也引入唐华清宫。这些通过中西交流带来的建筑整合现象，表明了外来文化的融会。

蒙元时丝绸之路的复通，伊斯兰教建筑技术对汉地砖石建筑发展又影响甚巨，我国无量殿直接受其影响，明清砖砌穹顶无量殿成为一个建筑新标志。而北京两座白塔完全是尼泊尔原形建造的。古建历史充分证明中国文化从不拒绝外来文化的吸纳和融合，海纳百川，五方杂处，最终形成生命力极强的多元一体中华文明。

伟大的民族都有伟大的建筑风格。作为5000年传承的中国古代建筑，确实源远流长，但仅有历史的传承是远远不够的。唯有创新，才能发展；唯有发展，才能不朽。古建保护与修复也同样不应该停止创新，古建筑风貌和历史信息不应破坏，可修复技术和材料也是"旧"的，就未必符合"创新、发展是文化永恒动力"的基本原则。目前专家学者对"修旧如旧"还有争论分歧，历经风雨沧桑"旧"到何种程度有无标准，其实，这正是一个值得深入探讨的重大课题，对我们理解什么是遗产很有益处，更利于有深度地思考人与建筑的关系，激发大家活跃思想勇于自我反省，丰富和发展中国古建筑修复技术。

中国古建筑犹如一部里程碑式的文化史，中国文化所具有的整体和合观念、师法自然哲学、崇尚和谐境界、惟变所适思维、内倾体悟心态等等，不仅在古建筑中有深刻的体现，而且成为我们民族文化遗产的重要组成部分。

探讨古建筑保护修复及特色，不宜只停留在建筑的细微之处或外表形式上，而应从文化内涵上吸取精华，为发展新时代的中国先进文化丰富内容。从这个原则上说，文化生产力是社会生产力的重要组成部分，文化的功能和价值也得到越来越多人们科学的、全面的认识。古建涉及硬件"显"环境支撑建设，也涉及软件"隐"环境发展建设，包括了科学技术和人文环境，对古建的智力投入和物质投入，具备社会生产力诸要素的基本特征。古建在保护修复中已构成了社会生产力的发展过程，它所创造的思想文化价值、科学技术价值、旅游经济价值，在国民经济的发展中占有越来越大的比重和越来越重的地位。对古建文物工作者而言，不仅要保护修复人类留下的难以磨灭的建筑文化标记，而且还责无旁贷地肩负有推进中国先进文化发展的重任。

2003年10月13日在首届全国文物古建研究所所长培训班第一课讲义，另以《斗拱飞檐：谁复原中国文化》为题删节后发表于2003年12月5日《中国文物报》，后收入《文物·古建·遗产》一书，北京燕山出版社，2004年。

历史名城发展需要不朽文化景观[1]

历史名城是保存文物非常丰富，具有重大历史价值和文化意义的城市[2]，特别是其史迹信息能展示在人们面前，如北方名城的凝重厚朴，南方名城的灵秀奇特，建筑形象能使人领略到文化的精髓，独特定位、地域特色、文化价值与古迹荟萃都很清晰。我国现有101个国家级历史文化名城，还有许多没有列入名单的中小城镇。然而，中国一场声势浩大的造城运动浪潮正席卷南北，目前全国的城市化水平大约是38%，到2020年要达到55%，投资数亿、几十亿或者耗资上百亿的建设改造历史文化名城的城市化冲击已成为我们社会的一种走向，如此大规模的建设量在当今世界范围内都是少有的。城市化建设耗资巨大，而建设工程和标志性建筑一旦建成，将作为城市文化景观甚至历史的一部分长久地存在并发生影响，设计处理不好会损害一个城市的形象，会让整个社会支付代价。作为中国数一数二的历史名城，西安是永远绕不过去的一个坐标，同样面临着改造旧城带来不可回避的保护问题，我们怎样整体守护这座古城文化的遗脉，怎样弥补造城运动割裂的民族文脉，怎样防止与修改"千城一面"留下的平庸建筑景观，确实是到了不得不反思的时候。

西安世园会长安塔
沿袭了古代造型
朝阳北魏思燕佛图沙盘

一 必须开阔整体保护历史文化名城的视野

历史文化提升一个城市的精神品质，塑造一个城市的风貌形象，这已是国内外专家学者不再产生歧义争论的问题。新时期人们已认识到历史文化是民族之魂，城市之根，是可以物化的一种生产力、竞争力。厚重的历史文化遗产绝不是城市建设的包袱，而是精神理念的载体，容易凝聚成当代建设最大的财富，激发人的内在动力，产生文化效应，大幅提高市民素质，各种文化形态随之融合渗透，辐射四方。

城市的发展不能割舍历史，发展不等于抛弃历史。每个有特色的城市保护就是要传承价值，讲述传统，延续历史，没有历史精神的城市，是沙滩上的城市。物质层面的财富虽然可感可触可盘可点，但历史文化精神则渗透整个城市的街巷肌理，技术、资金和人才等都可以引进，唯独历史遗产无法移植。以汉唐外来文明闻名于世的西安古城，今天要以开放接纳的胸怀吸引着外地人，就是历史文化积累在当代的释放，经济发展离不开人文精神的支撑，那种"文化搭台、经济唱戏"的老定位套子，已远远不能适应文化遗产也是综合实力发展的新思维，历史文化"物化"为城市形态、城市景观已是生产力的表现。

保护好、利用好古城是对一个区域传统文化的最好发展。前些年西安按照生产型、商业型城市来设计功能，目前又提出国际化、市场化、人文化、生态化的发展理念，但要成为国际化城市很不容易，西安的名片是历史文化遗产闻名遐迩，定位不能多头，城市现代化不仅意味着具备完善的基础设施、良好的生态环境和深厚的文化底蕴，更要有一些具有地域文化特征的建筑，但不能是低品位的、粗糙的，要使经济发展反哺文化建设。西安确定这两年内要用几亿元改造151条背街小巷，加速推进城市化进程，这既是城市化建设的机遇，也是文化遗产保护的挑战。街区是历史名城的精神核心，解决得好将树立西安旧城改造的魅力，"百千家似围棋局，十二街如种菜畦"；解决不好就会形成遗恨千年的败笔，"成片拆除推平头，六街九衢坊里歇"。所以，对西安历史文化是保护性资源还是开发性资源，是古物节点还是史迹轴线，是连成历史街道还是人文区域，在我们认识上必须清晰定位。

近几年西安旧貌变新颜，立交桥多了，城市长高了，工业亮点增加了，旅游人数上涨了，但历史名城的知名度并不是靠这些内容，而是文化的底蕴与传承，是源于周边自然山水（南见终南山，北望渭水桥）的风骨灵气。西安许多建筑设计水平尽管比以前有了提高，但大多还只是被无穷复制的高楼，或是简单的模仿欧式建筑风格，忽略中国古典特色，缺少建筑的语言，有些建筑在空间设计和材料运用上常常脱节，这说明文化内涵是不可复制的。即就是一些仿古建筑在装修开放后的空间感觉也是"死"的，没有

"活"的舒服感，没有美学空间的过渡，更没有和谐人居的创造体现，其根源就是没有依托与恢复古城街、巷、院、铺的肌理，没有建筑景点与空间背景的可读性，没有理解文化遗产的脉络和古都名城的定位。

从文物保护到文化遗产的保护也是一个从认识到实践的过程。过去人们比较局限在一个文物单体的保护上，后来认识到环境保护是文物本体保护的有机组成部分，而现在更强调历史街区成片保护，名城的范畴更大了，整体保护西安旧城才能反映历史文化名城的价值，譬如大南门仿古入城式列为旅游重头戏，但南门里外都是新建的现代摩天玻璃高楼，给人感觉视廊上西安南城门很小、很土，就是周围高楼大厦林立把南门比小了、压矮了、挤紧了，气势宏大的文脉南门本身即使保得再好，周围的环境变化了，仍然不协调，价值削弱了。小雁塔西侧新建的圆锥顶西安博物院水泥大楼及周边游览地，哪里还有寺院参禅修炼无限幽静的净土环境；马路对面衬托住宅高楼，硬是将秀色玉立的小雁塔压缩成一个局促空间里的小竖墩，哪能寻觅到塔刹建筑所体现的佛教风格。未央宫遗址、大明宫遗址、南郊天坛遗址以及其他文物点周围都有民房高楼包围拥挤压抑的状况，根本看不出汉唐都城印记的神韵，看不到古都固有合理的格局，多种功能叠加大煞风景，有不堪重负的危机感。

近十年来国际上非常讲究要保护文物的环境与文化遗产的风貌，而不仅仅是文物单体本身，特别是世界遗产领域将文化景观作为新视点、新观念、新前沿，已被各国普遍接受。北京的胡同从1949年的七千多条减到现在一千二百条，"胡同"二字滑稽地写在新的高楼上，被国外评论为"平庸的文化蠢事"。德国科隆大教堂对面要建30多层的大高楼，遭到人们强烈反对，联合国教科文组织甚至发出撤销世界遗产称号的警告。因此，"一座文物建筑不可以从它所见证的历史和它所产生的环境中分离出来"。"保护一座文物建筑，意味着要适当地保护一个环境。"[3]我们的视野也必须随着国际潮流开阔，再不能局限于文物本体的保护认识，要切记过去失误的伤痛，力求整体保护、格局协调、文脉延通。

二　必须要有地域文化特色的标志性建设"重器"

在中国访问的许多海内外文物保护和文化遗产专家都感叹西安、北京、南京、上海、成都这些城市大同小异，所有的高层建筑都是一个模样，未经消化的舶来品和种种形式主义破坏了城市原来的文脉肌理，每个城市失去自己特色，没有各自的特殊个性，八股文一样的中心商务区、会展中心、休闲广场、花园山庄、商业步行街、绕城高架桥等"千城一面""千楼一面"的建筑风格，只有从地名上才能分辨出中国城市的不同。因此，历史文化名城景观变幻的过程中，并没有擎起文化的大旗，海外专家直言不讳地尖锐批评这是某些官员追求政绩、素质低下、文化腐败的表现。

千年以前西安是一个易于人类居住的地方，八水绕长安，湖泊布坊间，起码自然环境没现在恶劣。尽管历朝历代对长安古城本身破坏非常严重，但祖先留下的珍贵文化遗产还是值得继承，我们在享用前人留下的文化遗产时，大打历史文化名城"金字招牌"时，也应自问：我们能否给后人留下堪与比肩的国之重器，成为一种城市的标志和灵魂，在城市化进程中打造民族、地域、特色的"重器"和"地标"，为未来创造新文物。试想今天西安规模化的新建筑如雨后春笋地往上冒，古城变新城，有多少是有特色的不朽之作经得起几十年、上百年的历史检验呢？

一个名副其实的历史文化城市必须有自己标志性的"重器"，有如雷贯耳的文化"坐标"，犹如北京有天安门、故宫、天坛，南京有中山陵、明城墙，杭州有六合塔、灵隐寺，上海有外滩万国建筑楼宇，天津有近代外国小楼。同样，西安有大雁塔、小雁塔、钟鼓楼，那么新时期的文化标志"重器"如何涌现，传之后人，确实值得我们认真思考。现代西安的景观建筑形式划一，是否可以作为"重器"流传下去，是否有这个城市固有的"根"与"魂"，究竟是粗制滥造、雕虫小技，还是巨匠杰作、大雅之堂，直接关系着西安的文化形象，关系着汉唐雄风的复兴，关系着惠及人民群众的小康生活。我们能给后代留下怎样的印记，当代地方领导和当代文化人是过眼烟云还是青史留名，都能体现在城市建筑之中和文化传承之中。所以，我们必须追究城市"坐标"建筑的历史内涵和文化造型。

例如大雁塔原是慈恩寺西院的纪念性宗教建筑，属于唐长安城内晋昌坊的组成部分，现在围绕大雁塔新建的喷泉广场和各种房地产开发住宅商品楼，将文化功能核心区改变拓展为商业功能密集区，这恐怕不能算是我们追求的文化"地标"和形象"重器"。新建的"大唐芙蓉园"是号称耗资十多亿的仿古园林建筑，姑且不说紫云楼、彩霞亭等单体建筑移花接木的形神是否符合历史原貌，仅就芙蓉园与曲江的真实性、完整性关系也不协调，"花萼夹城通御气"、"白日雷霆夹城仗"的景观不见复现，使曲江古迹遗产原作的价值大打折扣。还有正在兴建招商的唐代西市仿古经营性建筑，人工化、商业化、阁楼化远远超出了人们的想象，吃喝玩乐与游乐园区别不大，打着复原旗号实际早已变味。这类被某些人誉为"新文物"的仿唐建筑，只是一种沿袭翻版并不是审美创新，缺少文化内涵，达不到独树一帜、流传后世的不朽目标。

值得吸取教训的是，北京故宫西华门南北两侧在20世纪70年代修建了五幢屏风楼，目的是为了遮挡北京饭店投向中南海的视线，尽管这些楼也采用了大屋顶，类似于文物古典形象，但高尺度建筑对西华门景观破坏的弊端也愈发凸显，成为世界遗产地中一个肿瘤。同样，上海在打着要矗立标志性"重器"旗号下，有2000多座超过150米的摩天大楼拔地而起，竟比美国整个西海岸的摩天大楼总数还要多，但许多建筑形象是低级风格的大杂烩，愚笨之作很快过时，只能靠夜色中的霓虹灯弥补缺陷，被人批评为"爆发户式"的造作与浮华，迫使当地政府出台了一系列"城市限高和控制建筑容量"的法规。上海目前1200万平方米的历史建筑中只有628幢优秀建筑[4]，号称要建立"新文物"流传后世，恐怕只能是一种迷茫的理想。

何为"新文物"？文物是历史的见证。新文物是现代历史的见证，是记录现代社会发展足迹的实物见证。新文物要让后代人记住我们，就是倡导现

2005年湖北赤壁古城城门
与居民楼互为陪衬

代人有意识地在经济、科学、文化、艺术上，进行超越历史的创造性劳动，其中包括了有意识地创造"新文物"和保护"准文物"两大部分，这不仅是当代人要有"传世之作"的文化责任，也是当今之世"国力"与文化艺术水准的注脚。

在全国各地城市实践中，代表文化形象的"新文物"景观，都在提醒我们对于那些每年上万亿资金的大型建设项目，在为当代服务的同时，要尽可能少留速生速朽的建筑垃圾，少留后人耻笑却无法拆迁的包袱，少些历史鄙薄失望的平庸之作，多些文化铺砌，多些经典创造，融入当今时代的最新创造，为后人留下凝聚当代人智慧的文化遗产，为现代历史存照。

三　必须催生出弘扬华夏文化的不朽文化景观

我国仅是一个正在和平崛起的发展中国家，一个不争事实是，许多历史名城却属于经济不发达省份的城市，甚至是生活比较闭塞的地方，尽管这些年从纵向上比较比原来有了长足的进步，但在城市发展建设中缺乏资金的领域非常普遍，我们应该慎重选择更有地域特色、更节能环保、使用面积更合理的不朽文化景观屹立于各个历史名城。

发展经济是当今世界的主旋律，但失去文化底蕴的城市肯定不是我们理想的城市。目前一些历史名城贪大求洋不顾现有经济实力、不考虑城市文化特色、不顾有效使用功能、不计建成后运行成本等，而是出于虚荣心和面子工程一味求大求阔，这种不按艺术规律和经济规律人为的"政绩工程"，其恶果是：大拆大建，抄袭趋同，城市面貌大改观的同时失去特色，失去文化，代之以毫无特色的千篇一律的建筑或"假古董"和模仿照搬的洋楼。一个历史名城的规划和街道建筑特色是在几十年、几百年甚至上千年中慢慢形成的，而现在仅在几年间便被无特色的建筑和大体量的商厦、广场所代替，一些遗产地甚至被随意支配，迎合旅游容量的需要，成为企业赚钱的经济开放资源。西安近20年来

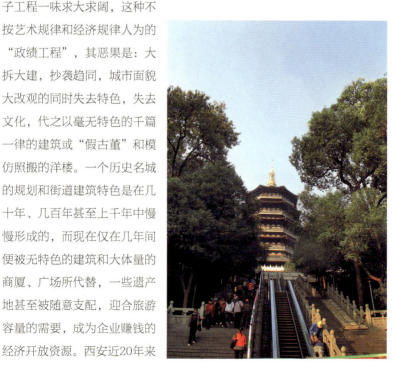

杭州雷峰塔前安装的电梯引起争议

026

文物建筑以及文化环境屡屡受到的破坏，已经超过了过去200年，不仅"庭院深深"景象愈来愈少，而且"杨柳秦槐鸟声高"的街道也热衷于改造成欧罗巴几何形花园的大草坪。最明显的是距西安钟楼几十米的开元商城，像一堆几何形卧式水泥积木烘托着典雅的钟楼，极不协调地冲击了传统文化景观，被人讥讽为"文化自残现象"。

更严重的是，城市化居住环境改造工程都是有时间限制的，开发商为尽快收回成本大赚一笔，与财力有限的地方政府"政绩"联合挂钩，加快、加速的行政推进 "军令状"使得许多建设者不是按照科学的规律来制订计划，而往往是违反规律的强迫命令，限定在很短时间内完成建设项目，根本没有时间仔细研究方案，于是从论证、设计到全部建设过程都十分仓促行事，这又导致粗制滥造，产生了无数公共景观建筑的劣品。特别是城市建筑与规划的评审委员会组成结构不尽合理，评审组成员大多是搞建筑本行和房地产的人员，使一些具有历史意义和重要景观的重大建筑设计只放在一个小天平上称分量，考虑论证的范围十分狭窄，无知无畏，为所欲为，专家组里没有真正懂行的历史学家、文物学家、文化遗产研究者、造型艺术家参加达成共识，也没有眼光长久、综合素质较高的政府官员参加接轨，更不及时进行全面的公众咨询对话，不在媒体上公布文化景观视觉影响评估报告，不仅造成一些重要内容的遗漏和忽略，还造成评审质量不科学、不公正的偏差，在这样的情况下，自然不可能产生昭示后人的伟大建筑文化景观。

在中国城市化"地生钱、钱圈地"的猛烈建设冲击中，不仅开发建设与文化遗产保护工作的矛盾越来越突出，而且保护历史文化名城与建立新的代表性景观的矛盾也日益突出。不同的历史文化背景孕育不同的城市，而一个城市的独特风景通常是由有特色的建筑形式展现的，并带给当地人民以审美享受，因而城市改造已不是一项简单的、短期的修建行为，而是高层次、长久性的文化活动，与一个城市长远发展息息相关。像西安城市建设既要展示现代文明的崭新风貌，又要突出文化城市的高雅品位，如果我们不是将"功能城市"与"文化城市"相对立，就必须充分考虑到西安城市的文化特点，将周秦汉唐留下的文化遗痕保留延展，营造成为一个民族值得记忆的载体。

譬如，汉城遗址、唐代天坛遗址、西明寺遗址等发掘后应恢复保存其大遗址原貌，限制其周边再开发，"夕阳无限好，只是近黄昏"的乐游原景观，以及其他著名景观周边地区的开发都应控制，至少要建立划定"保护缓冲区"，要纠正错位开发和超载开发，一时解决不了的或有争议的原址遗迹保护留给后人承上启下慢慢解决，再不能急功近利匆匆上马留下不可移动的遗憾。尽管我们不能设想把所有的古街区与古建筑都"凝固"下来，不会用没有生活气息的古建筑去阻滞城市发展的建设，但在环境风貌上说，"以假乱真"仿造得再像的遗产，也不具备真实性的价值，反而破坏原址原貌，留下平庸的粗糙的新建筑。

《维也纳备忘录》第21条指出："城市规划、当代建筑和历史名城景观的保护应避免所有形式的伪历史设计，因为这种设计形式既背叛历史，也否定当代。不应该以一种历史观替代其他观点，历史必须是可解读的，而通过高质量的干预措施使文化得以延续是我们的最终目标。"[5]所以对"伪历史设计"，我们一定要认真反思，冷静杜绝。

文化景观作为城市建设新视点越来越受到人们重视，人们对历史遗产带来文化价值的期望也越来越高，从整体上成功抬高历史文化遗产保护水平已是我们面临的首要任务。如果置古城特色与个性于不顾，一味兴建现代化街景、风光带、高楼大厦，带来的不仅是历史文化遗产资源浪费，而且将从根本上抹杀古城的个性与特色。西安已有一些关键景观地区的建筑成为我们时代的"伤疤"，现在土地被占用，规模被铺开，结构被破坏，长时间内处于被动局面，永远记录下我们难以逆转的伤痛。正像原国际古迹理事会主席希尔瓦曾指出："西安给我们的第一印象是一座迷失的城市，看不到任何恢复旧貌的希望。西安在我们脑海中是世界最重要的历史城市之一，因此，不能允许它在21世纪转化为一个商业城市。在人类历史的文明路口，我们必须把它放在世界城市的地位来考虑，当年正是这座城市联系了东西方。如果我们不能在五至十年内保护西安，它的文化将面临毁灭。"[6]这些评论尽管比较犀利，但不让西安留下长期的隐痛与失望，愿景无疑是正确的。

西安不仅是陕西人民的文化遗产地，也是全国和世界人民的宝贵文化财产。我们是有照看维护职责的守护人，不是随意开发的业主。国际古迹遗址理事会第15届大会于2005年10月在西安召开后，形成的《西安宣言》引起更多的人们关注东方遗产环境风貌的完整保护，最近笔者看到西安"十一五"规划建议要坚持大力彰显古都特色、打造历史文化名城品牌原则，要实现人文之都汉唐仪象再现的目标，这无疑是件"亡羊补牢"的大好事，已修改了四次的《西安城市总体保护规划》一定还要慎重咨询，反复论证，不断修改，按照"保用并举，注重景观，创造重器，突出风貌"的思路，使西安成为国内外认可的世界遗产保护利用最好的城市，在世界遗产保护格局中占有一定地位。我们不能让假造的"古"建筑充斥真正的历史古城，不能将文化遗产作为政绩工程的点缀和商业的招牌，不能用"大跃进"的思维模式继续改造自己的家园，否则一座名为千年古都的历史文化名城，将还有多少文化积淀，还有什么文化遗脉延续，几十年后我们将无法面对子孙后代。

注释

[1] 本文原为2005年9月9日在三秦文化研究会主办"保护与弘扬：陕西历史文物"研讨会上的发言。

[2] 根据2005年5月奥地利维也纳备忘录——《世界遗产和当代建筑——管理历史名城景观》第6条，"历史名城"定义更为准确，本文虽然继续尊重我国通用的"历史文化名城"这一广泛术语，但认为使用"历史名城"概念，含义较为严谨妥当。

[3] 《威尼斯宪章》，见《国际保护文化遗产法律文件选编》，紫禁城出版社，1993年。

[4] 阮仪三《城市遗产保护论》第115页，上海科学技术出版社，2005年。

[5] 《维也纳备忘录》，见《中国文物报》2005年6月10日，第8版。

[6] 希尔瓦《关于西安和城市环境报告》信件摘引，见《中国文物报》2005年6月10日，第8版。

原文发表于《西北大学学报》2006年第4期，《新华文摘》2006年第19期论点摘编。

建筑考古·遗址保护·历史景观

　　中国古代传统建筑，在结构与构造、功能与审美上的完美结合，在物质技术与思想艺术上的高度统一，在鲜明的民族特点与地域风格上的和谐搭配，都在人类文明史上独树一帜，成为世界建筑史的文化标志。十几年前出版的拙著《华夏文化的丰碑——唐都建筑风貌》曾论述过上述观点[1]，但在长期专业教学和保护维修实践中遇到了一系列实际问题需要解答，于是我从大家习惯的建筑考古入手，思考目前的遗址保护，评估复原的历史景观，从而形成连贯本文的写作思路，恳请大家指正。

一　建筑考古

　　历史上遗存下来的建筑物及其遗址，是当时人们生活的遗留实物和活动遗痕，在考古学上与地下墓葬是同等重要的考察对象，所以对遗址保护、历史景观和建筑史研究的重要性是无法替代的。中国古代建筑以土木结构体系为主导，奠定约在东汉时期，重大飞跃在隋唐以前[2]，但由于宋朝以前的建筑文献实在少得可怜，往往是片言只语，只能参照实物遗迹互相印证与推理，所以长期以来形成以考古方式为主导研究中国古代建筑的正统思想，甚至以遗址调查、现场发掘为主要内容的建筑考古，替代了建筑史的研究，将古建筑研究的重心落实在历史遗存的建筑上，挖掘范围决定了研究范围，出土类型决定了研究类型，而且大多集中于遗构的微观研究。

　　我们知道，任何一栋遗存建筑或一处遗址，不论其在考古学上的价值大小，对建筑史来说只是史料而非历史，建筑史就是要从其中具有典型性的史

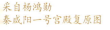

采自杨鸿勋
秦咸阳一号宫殿复原图

料之间的内在联系中，揭示出中国建筑历史发展的客观规律，考古学只是为人们进一步研究提供了一个指向性起点，而不是终结人们思考的凝固教条。然而，从古代到近代，中国建筑始终缺乏理论的著述，只有钻研泥瓦建筑技术的"工匠"而没有宏观与微观结合的建筑艺术"大师"，因而很难有像公元前1世纪罗马古典时期维特鲁威《建筑十书》那样的建筑理论著作，仅仅依托考古学是很难在建筑理论上有新的突破。

受时代局限，中国建筑史学界在主观方面一直受建筑考古的影响，必然在内容上受考古遗存实物的局限，明清以前建筑类型很少，主要是寺院、石窟和地下陵墓，有一些挖掘出来的建筑遗址也性质不清、说明不了，如广州南越宫署遗址上的方形大池和水闸遗址，究竟是什么类型建筑至今没有确定。又如西安唐天坛圆形建筑遗址，仅仅是一个抹有白灰的土坛，没有砖石材料令人疑惑，当时一个纪念性建筑是否如此简陋？古建筑遗址的复原，首要原则在于忠实于遗址现象，因为考古学基本对象是实物，但凡遗址保护或古建筑复原仅靠地下遗址实物必受局限，不知地面以上建筑造型，需要借助其他同时代图像的推测和论证，这就有很大的风貌差别，譬如大明宫含元殿究竟是单檐歇山顶还是重檐庑殿顶，到现在仍有不同复原方案。含元殿龙尾道究竟走中央大道还是从两侧攀上，由于遗址考古两次结果不同，到目前也仍有不同意见。法门寺发掘的塔基遗址格局清晰，但唐代文献记载五重木塔的形制和结构并不能依靠考古得到解决，从考古遗址到建筑景观的细化转换还需选择。"考古学对遗产保护的作用是首屈一指的，但并不是支撑文化遗产保护的唯一基础。"[3]

文化遗产科学并非仅限于考古学，有许多保护原则超越了考古学范畴，需要吸纳其他学科内容。

建筑作为人不可缺少的物质生活资料，仅凭考古不可能反映出古代生活的全貌，残存的遗址片断不可能认识整体的建筑风貌，也难以超脱按朝代的时序罗列和解释史料的藩篱，我们只能告诉人们历史上有什么建筑遗存，其发

1959年甘肃武威雷台出土东汉釉陶碉楼院

展脉络和演变特征无法讲清，从而使中国古代建筑和传统建筑成了已逝去的欣赏品，许多建筑精华信息丢失，似乎古建筑成了与现实生活无关紧要的历史怀旧常识。比如西安临潼唐华清宫汤池建筑遗址被发掘后，为保护出土遗址而建造的复原房屋，就仅凭考古现场积淀不清楚的基址，照搬"大屋顶"盖成了现在的汤池博物馆。实际上唐代史书明确记载安禄山曾从幽州进贡石梁修建御汤，既用石梁就不会是木料建造的大屋顶，而应是用横梁构成的"藻井"或"灯笼"屋顶，这类建筑实例在7世纪中亚和西域地区石窟寺以及贵族官僚大客厅住宅中曾经使用，敦煌101窟、103窟的窟顶中心彩绘"藻井"造型也证明8世纪时曾流行于该地[4]。

中国古代始终采用木构架建筑的原因，有自然条件说（中国树木多石头少），经济水平说（砍木容易凿石费工），社会制度说（工程管理），技术标准说（木构架工期短），物质技术说（木构科技含量底）等等，甚至一些西方学者认为中国人懒惰，就近取木没有石构建筑永恒的观念。在改朝换代时，最大限度地缩短宫殿建筑工期，以树立新朝廷的宏大形象，"十年树木，百年树人"，不愿耗费时间等待耐久建筑的完成，木结构的卯榫梁架结构自然非常适合这种"政治要求"，也是中国建筑特殊生产方式的产物，这是中国建筑不用砖石结构，始终采用木结构建筑体系的真正原因[5]。

囿于考古的建筑史学者始终未能解答中国古代建筑为什么多保持木材为主要建筑材料，而不像世界其他建筑体系多采用石质材料以替代其原始的木构。中国单体木结构建筑受树木材料本身的局限，体量上和空间上不如西方石结构建筑气魄宏大，也不如以"灰泥"和石料砌筑的建筑坚固耐用，所以

敦煌莫高窟九层楼

留存下来的古代纪念性建筑较少。而中国古建以平面铺开为特征的土木结构建筑，注重的是建筑群体的组合及呼应，不追求建筑个体的灵活变化与峻拔高大，这是其特有的局限性。从实际运用体系看，寿命短暂的木材作为建筑材料今天也难以广泛运用。因此，欧洲建筑史学界在20世纪前半叶囿于自己地域中心的局限，常常将中国传统建筑排斥在世界建筑文明主流之外，直到近30年在日本学者阐释下，《奈良文件》（1994年）才对土木为主的东亚建筑遗产开始关注。中国古建筑作为亚洲源泉或母体地位，如果不能过硬地解答木构建筑起源的独特性，就不能拓展世界对它的认识，这也是建筑考古学必然涉及的课题。

二　遗址保护

中国古代每逢改朝换代、江山变易时，新王朝大多都要将旧王朝的建筑从宫殿、宗庙到都城全部毁掉，另选新址重新建造。从秦到汉、晋到隋、唐到宋、元到明，除北京明清故宫侥幸替换遗留外，历朝历代的宫殿没有能够幸存下来的。几千年来，毁旧建新、挪地迁都已成为中国历史特有的传统，拥有的废墟古都很多，但很少有一代接一代的遗产保护概念。

新王朝要建立新的宗庙、社稷、宫殿和都城，往往要超出旧的王朝规模，所以面临建筑工程复杂庞大和必须在最短时期内建成的矛盾。新王朝统治者在建国之初，要集中筹备大量建筑材料等物力，要调集全国数以万计的工匠丁夫等劳力，以官府层层下压的行政命令和暴力威胁，无偿地向全国强迫征调农夫人丁，不惜采取奴役手段管理民工，实行严酷的军事化施工

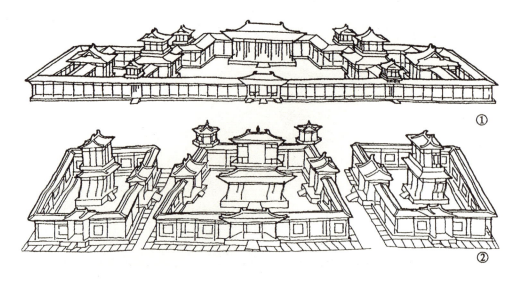

敦煌壁画中显示的廊式建筑①盛唐148窟壁画②中唐231窟壁画

组织，这就是中国古建筑最常见的生产方式"工官匠役制"。古代工官名为"将作大匠"，左右、前后"校令"，正反映建筑施工军事化管理的状况。

　　要加快完成新都城的建设，缩短施工时间和使用便宜材料就成了关键，所以一座几十公里长的城墙往往采用夯土版筑，绝少用石料构筑，即使用砖块包砌外墙，也需要若干年烧制，所以夯土墙在中国建筑上占据了几千年的历史，每逢风吹雨淋时间一常，就会坍塌，若遇到偷工减料的"豆腐渣工程"，损坏得更快。远的不说，最近平遥古城连续三次坍塌，就是例证[6]。因为中国古代不像古罗马帝国建筑工程那样有"灰泥"[7]，加水使用与现代水泥作用相似，非常牢固，并能运用于拱券结构。所以，从商周宫殿到唐宋古城有许多古迹都是夯土遗存。我们现在讲遗址保护，首先面临的就是考古遗迹和土遗址的保护，无论是秦长城、汉长安城、唐含元殿以及宋元城址，或是丝绸之路上的城邦国家旧址和烽燧建筑，都使用泥土这种最为朴素简单的材料，土建躯壳景观遍布国内外，地貌土质不同造成酥碱、开裂、外鼓、滑落、坍塌等险情不断，攻克土遗址保护难关成为文物科技的重要任务。

　　值得注意的是，中国古代建筑中土木材质施工很普遍，木结构能最大限度地缩短工期，不仅将建筑构件分解，以便快速加工和装配，同时也可以最大限度地投入劳动力，木构架建筑用简单的梁柱支撑，复杂的也就是重叠勾连，梁柱构件皆用卯榫接合，甚至边施工边设计变为一种急功近利的恶俗传统。所以木结构建筑易损易毁，三十年要大修，一百年往往要重建，保护也是颇费工夫的难关。故宫现在维修面临的也是这类问题，试想即使2020年再投入十几个亿资金完工后，又能维持多长时间呢？现在修缮的殿院有些就是

侧视北京故宫午门

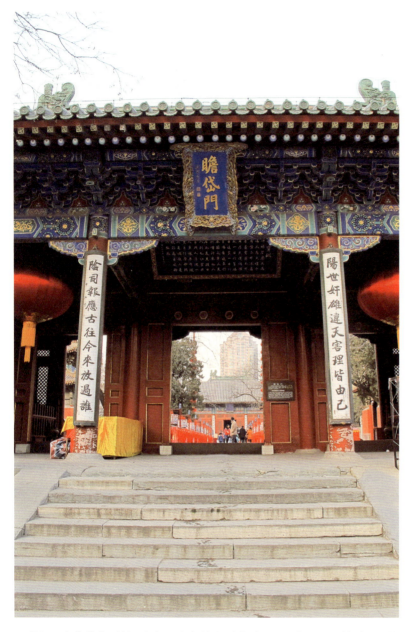

20世纪50年代维修过的，仅仅几十年就斑驳残破又要重修了，尽管雕梁画栋循环不止，却无法保持油饰彩画长期不变，根子就是木结构无法躲避的物质缺陷。

　　遗址保护是中国文物保护的重要问题之一，既要坚持不改变原貌的"真实性""完整性"原则，又要控制建筑物复建的数量，既要解决遗址保护与遗迹展示之间遇到的矛盾，又要通过环境整治表达出历史遗址的文化内涵。但这类问题目前不易解决得很好，特别是大型建筑遗址具有考古性质和建筑群成分混合的局面，复合型遗址保护很难辨清范围。如北京圆明园遗迹既有

福建泉州发掘
的宋元城门遗址

福建漳州诒安堡

含经堂等建筑考古遗址，又有地表遗存的残件文物和多处园林景观遗迹，地下加地表的物质原真性历经几次破坏，它的识别遗址原状保护涉及留存、维护、修复、重建、环境等一系列问题。西安汉长安城遗址、洛阳隋唐古城遗址、扬州隋唐城区遗址等都遇到过"破膛开肚"这类问题。

中国历史上著名的古城、古建筑，一般在王朝更替时都遭到严重的焚掠，又经历后世拆毁盗取，砖木搬迁，树木砍伐，在重重劫难之下沦为废墟。明清及近代以来人口的增长，使土地占用急剧扩张，建筑遗址、遗迹皆被半叠压或叠压埋没，再加上水源干枯，山坡被挖，地貌变化极大，这给以夯土为主的遗址保护带来超乎人们想象的困难。特别是大的都城常常十几平方公里或几十平方公里，宫殿、民居、园林、墓葬等连成系列遗产，空间尺度远远超出西方人的遗址概念。

　　近年来随着城市化建设的加快，城市考古越来越凸现重要趋势，与遗址保护也密切相关。我国成为世界遗产缔约国之后，人们学习国际先进经验，不仅提出文物保护区域和国家遗产长廊保护体系概念，而且对建筑考古与遗址保护的互动协作关系也开始加深理解，尤其是遗产保护展示我们远远落后于其他文明古国，如雅典文明摇篮遗址城区，罗马历史建筑遗址中心，日本奈良历史建筑史迹公园，以及其他国家的圣地、考古区、展示园区等，而真正能代表中国文明起源与颠峰的国家级遗址，还没有一处列入世界遗产名录。如北京元大都城墙遗址，虽几经周折保存下来，但遗址上建造园林美景式的游廊、亭子、楼阁，与当时历史远离联系，实在不足为训。北京永定门遗址复原重建，原设计是为展示中轴线南端景观，实施中不仅距原遗址有50米远的距离，而且在城门楼子上装不锈钢护栏，给人感觉展示的是假文物。又如三峡一些地县热衷于文物易地集中保护，实际上易地后集中观赏搞成公园游览项目，峡江遗址风貌丧失殆尽。文化线路遗址和大型考古遗址保护面临的此类问题非常普遍。

　　中国人大多不喜欢欣赏残墙断柱，倾向"整旧如新"，爱以"重修再造"的观念对待文物，今后，只要财力允许，建筑遗址考古发掘之后会转为遗址保护，再转为历史景观展示，并和历史名城紧密地结合，犹如一条不能

陕西佳县黄河岸边悬崖上的香炉寺

036

间断的逻辑长链，将越来越多地摆在我们面前。如何不走样地把遗址保护中的历史考古信息传递下去，将成为中国承担国际义务的重点课题与维护形象的重要行为。

三 历史景观

历史建筑的原状离不开考古学、历史学、科技史学以及其他学科的综合科学复原研究，建筑考古的核心是复原研究，而从单体建筑复原到整体环境保护就是我们期盼的历史景观。历史景观往往是标志性建筑，其价值还要通过艺术形象加以表达，目前成为全世界古迹保护关注的目标。但复原重建作为文化遗产保护的一种实践活动，最容易引起争议，必须要有严谨的研究方案和科学的技术措施。

从民族烙印上说，中国遗存的一些土木结构的古建筑往往不够高大气派美观，无法代表城市的传承形象，所以许多地方无人维护修缮，任凭风吹雨打。为了树立城市新的历史景观，人们宁愿去投资新修新建一些新"文物"景点，甚至拆了真文物去造一些文化价值不高的假古董，为了设计的"合理化"，任意修改遗址形状或放大数据。如北京南池子新建了四十九个二层住宅院落[8]，南昌滕王阁由三层增为九层，杭州雷峰塔为旅游需要重建时不仅采用钢结构还附设电梯，这是目前许多地方景观建设转型期所出现被人诟病的状况。

如果说建筑考古的局限与带来的存疑，使得复原的历史景观需要推测、假说，那么决不能为复原的自圆其说而随意发挥，或为了迎合某些政府领导"面子工程"而提高、扩大古代建筑构造比例与结构规模，甚至违背建筑遗迹，用现代水泥钢材复原出一些在中国古代根本不可能存在的高屋峻殿，仿造出一些当时材料根本不可能产生的巍峨楼台。把仿造复原的新景观冒充成文物，无疑脱离了文物保护原真性要求"原址""原状"的基本原则。

历史景观不仅是历史演变的见证，也是记录古代社会到现代社会发展足迹的实物见证。经典的"传世之作"往往是超越历史的创造性劳动，有当时之世"国力"与文化艺术水准的注脚，犹如北京有天安门、故宫、天坛、颐和园，西安有大雁塔、小雁塔、钟鼓楼，我们在享用前人留下的文化遗产"金字招牌"时，也应反思我们能否给后人留下堪与比肩的建筑"景观"，成为一个城市民族、地域、特色的标志和灵魂。考察今天历史名城里许多大规模的园林、建筑作为文化符号往出涌现，但没有多少是有特色的不朽之作，经不起几十年后的历史检验。一个城市标志性的"历史景观"，常常要传之后人，确实值得我们认真思索。

观察一下现代新建的历史景观建筑，或形式划一、或魔幻古怪，名曰重现了历史风貌，实际上有许多是粗制滥造、"快餐水平"，能否作为"经典建筑"流传下去颇令人怀疑。新建的武汉黄鹤楼（1985年），南昌滕王阁（1989年），杭州雷峰塔（2002年），永济鹳雀楼（2002年），以及各地无数仿古崇楼峻塔，这些仿古建筑"非唐宋、非明清、非民国"，不知代表了什么时代，忘了整体，忘了主人，主题确实非驴非马。至于有些景点建筑完全是为旅游服务，如在秦始皇陵前修建地宫和腊像馆，在汉武帝茂陵霍去病墓前修建鱼池和宾馆，在唐乾陵永泰公主墓前修建所谓的"地宫"，在乐山大佛附近新建"东方佛国"景观，不顾历史景观固有的"根"与"魂"，不考虑究竟是点睛之作还是伪劣厅堂，更没有人认真追究设计建设的历史责任。最近号称"国际古迹保护理念成功实践"的汉阳陵，新修建的南阙门遗址保护展示厅，是一座仿古形式的再现建筑，与帝陵比肩而立，紧贴封土遗址，不伦不类，相配套的"汉苑华宴"餐饮项目和"鹿鸣霜林"观赏项目，使帝陵肃穆祭祀礼制的环境荡然无存，实际成为一个休闲旅游区，文化底蕴的厚重大为减色。南京市政府为"让历史为现实服务"，正在原址复建中世纪世界七大奇观之一的大报恩寺塔，以此作为经济发展、投资环境的显著标志。真文物保护太少，假古董泛滥成灾，中国目前这种"风"，不仅给人们造成历史遗存的误导，而且直接关系着中国的民族文化形象，回避评判地方领导钦定的重建的历史景观，只会伤害我国文化遗产的声誉。我们能给后代留下怎样的历史印记，能不能在共筑人文家园时取得遗产全貌的硕果，都能体现在历史景观的建筑之中和文化传承之中。

在全国各地城市建设实践中，代表文化形象的"新文物"景观，都在提醒我们对于那些每年上万亿资金的大型建设项目，在为当代社会经济服务的同时，要尽可能少留速生速朽的建筑垃圾，少留后人耻笑却无法拆迁的包袱，少些历史鄙薄失望的平庸之作。有的历史城镇为了再现汉唐盛世，不惜投巨资重新打造"汉街""唐街"，焉不知汉唐城市实行坊里制，商业买卖多集中在"坊市"中进行，坊墙不许随便开门作店铺，新建所谓的汉唐商业街只能留下缺乏历史常识的笑柄。南京夫子庙、北京琉璃厂、徐州汉街、开封宋街、天津古文化街等等复原的景观也都存在不同的争议，提醒我们一定要注意新景观的建设。特别是一些历史名城几经折腾，城墙早被拆光，原来留存的城墙遗址的历史信息已全部破坏殆尽，但当地政府领导为了标榜历史悠久，匆匆动工重建古城墙，似乎要为历史存照，实际上用钢筋水泥搭个空壳架子，外面贴些质地差的青砖，里边搞成旅游商店或出租房，一看就是没有夯土与城砖的假城墙，完全不合战争防御功能，连观赏价值都不能使人满意，这样的人工的历史"景点"融入当今"创造"误导后人，留下的文化遗产被嗤笑，即使开发旅游项目也很快会被冷落下来。

注释

[1] 葛承雍《华夏文化的丰碑——唐都建筑风貌》，陕西人民出版社，1987年。

[2] 杨鸿勋《建筑考古学论文集》序言，文物出版社，1987年。

[3] 徐嵩龄《第三国策：论中国文化与自然遗产保护》第130页，科学出版社，2005年。

[4] （德）阿尔伯特·冯·勒克科著，赵崇民、巫新华译《中亚艺术与文化史图鉴》第193—200页，中国人民大学出版社，2005年。

[5] 张家骥《中国建筑论》序，《出版史料》2005年第2期。

[6] 原碧霞《平遥古城墙又坍塌了》，《参考消息·北京参考》，2006年3月9日，第5版。20世纪80年代全国留存比较完整城墙的城市只有西安、平遥、荆州、兴城四座，其他古城墙均为后来重修改建的。

] 罗马使用的"灰泥",是某些白榴火山土烧制出来的产品,加水使用时同现代水泥的作用相似。见西班牙派拉蒙出版社组织编写《罗马建筑》第92页,山东美术出版社,2002年。

] 对北京南池子历史文化街区保护试点工程的不同意见,参考王世仁《文化的叠晕——古迹保护十议》第144页,天津古籍出版社,2004年。

] 历史名城的三个标准条件,见阮仪三《城市遗产保护论》第71页,上海科学技术出版社,2005年。

10] 《维也纳备忘录》——《世界遗产和当代建筑——管理历史名城景观》,《中国文物报》2005年6月10日,第8版。

历史名城的判定标准是不能随意改变或降低的[9],一个历史景观也经常是在几十年、几个世纪中逐渐丰满或鲜明起来的,而现在仅在几年间便被无特色的和大体量的商厦、大面积的广场、大尺度的城堡酒店等建筑所代替,丝毫不考虑历史景观的环境保护。比如沈阳故宫把周围民房拆掉,福州"三坊七巷"周围用高楼包围,承德避暑山庄丽正门对面建起现代高层住宅,北京辽代天宁寺塔旁竖立超高大烟囱,等等。文物本体即使保护得再好,周围的环境不协调,历史价值仍被削弱了,不仅根本看不出历史的神韵,也看不到合理的格局,大煞风景只能引起舆论毁誉参半,责难担忧。

近十年来,文化遗产的含义有所扩展,解释更为广泛,许多新的理解在国际宪章中和文物保护法中还没有充分体现。国际上特别强调要保护历史景观的文物环境与遗产风貌,而不仅仅是"景观"本身,尤其是世界遗产领域将历史文化景观作为新视点、新观念、新前沿,申报《世界遗产名录》必须把历史景观纳入评估过程,这一概念已被各国普遍接受。《维也纳备忘录》第7条就指出:"历史名城景观指自然和生态境内任何建筑群、结构和开放空间的整体组合,其中包括考古遗址和古生物遗址,在经过一段时期之后,这些景观构成了人类城市居住环境的一部分,从考古、建筑、史前学、历史、科学、美学、社会文化或生态角度看,景观与城市环境的结合及其价值均得到认可。"[10]所以,我们的视野也必须随着开阔,再不能局限于建筑考古和文物本体的保护认识,更不能按现代人理解臆想的东西,去建造不是历史原物的粗糙景观,要切记过去失误的伤痛,力求综合考虑建筑考古、遗址保护、历史景观三者之间完整性的关系,确保文物整体的原真性和文化遗产的延续性。

原文发表于《西部考古》第一辑,三秦出版社,2006年。

附记:

从1987年起,文博学院考古教研室主任王世和先生指定我每年为考古专业学生讲授《中国古代建筑》必修课,作为建筑考古的入门向导,当时条件较差,没有投影设备,上课用粉笔画图,每逢下课全身落白。1995年我调离后不再担任此课任务,时光荏苒十年已过,王世和先生也已经逝去,故撰写此文以示不忘师恩,愿学术薪火相传,永续不断。

第二章

运河遗产篇

大运河为何没有列入世界文化遗产

中国大运河是世界上最长的人工河，也是我国唯一南北走向的长河，它和长城一样成为举世闻名的中国人所创造的两大古代工程奇迹，这两项"世界之最"不仅成为中华民族的珍贵遗产，而且成为人类共同的历史遗产。

大运河作为人类改造自然的一项壮举，构成海河、黄河、淮河、长江、钱塘江五大水系的南北贯通的大动脉，对中国古代的全国统一和经济、文化交流起了重大作用。大运河南北连成数千里，修建历史数千年，具有丰富的历史文化内涵，直到今天一部分河段仍被利用造福人民，发挥着难以估量的广泛作用，这也是其他历史文化遗产难与比拟的特点、功能、价值。

德国学者利普斯在《事物的起源》这一名著中曾高度评价中国大运河是"人类最早的建筑成就之一，运河的修建把大的水路联系起来，这是非常了不起的事业"。享誉古代世界的七大奇迹如埃及金字塔、巴比伦空中花

山东临清的清真寺

园、希腊奥林匹亚山宙斯神像、爱琴海滨阿泰密斯女神庙、罗德岛上太阳神像、亚历山大港灯塔等，都是人类著名工程建筑，但有的消失了，有的残垣断壁，其中除亚历山大港灯塔曾为航船指路外，其他均是宗教神像、君王陵墓、宫廷花园，与人民生活无多大关系。即使号称"世界第八大奇迹"的秦始皇陵兵马俑也与当时民众生计毫无福祉可谋。作为一种单纯防御性军事设施的长城，虽在历史上为保护中原人民安居乐业起过屏障作用，但今天只剩下精神象征与观赏价值。唯有大运河至今还有一部分河段在为人民造福谋利，不仅"经久"而且"耐用"，更有资格称得上永续利用、惠泽后人的中国古代伟大工程。

但是，巍峨的长城早已成为国家重点文物保护单位，被列入世界人类文化遗产，而漫长的大运河仍被人们淡忘，迄今仍然游离在历史文化遗产保护视野之外，大运河主河道和沿线文物古迹始终没有被列入全国重点文物保护项目，没有列入世界人类文化遗产名录，没有制定一部国家法律来肯定和保障它的历史地位，以至于有人提出大运河究竟算不算文化遗产的疑问。所以，有必要重新认识大运河的历史内涵，确定其作为人类文化遗产的重要地位。

一　大运河作为人类文化遗产的历史内涵

历史上的运河主要分为三个开凿时期：一是春秋战国的邗沟、鸿沟、漕渠、白沟等，沟通了江、淮、河、济水系；二是隋唐的通济渠、邗沟、江南河、永济渠等，形成以洛阳、开封为中心的运河体系；三是元明修浚和开凿的京杭大运河，沟通海河、黄河、淮河、长江、钱塘江五大水系。大运河肇始于春秋时期，完成于隋代，繁荣于唐宋，取直于元代，疏通于明清，在清嘉庆以后失修和黄河北岸段放弃梗塞前，一直沟通着中国南北方经济文化交流，荷载着南北方文明的融合。就古代工程性质看，筑长城是为了设置难以逾越的险关障碍，挖运河则是为了最大限度的交流沟通。

在两千多年的漫长时期内，各个王朝都把运河作为南粮北运、商旅交通、军资调配、水利灌溉等用途的生命线，特别是京杭大运河以水运纽带有效支持了元明清京都中心的地位，促使着商业经济与交通发展的昌盛，维护着国家版图统一和社会进步，说大运河在海运开辟前代表着一条新鲜命脉一点也不为过。历代运河工程得以成功的关键是选线，不仅由北向南缀连了五大水系，而且贯穿了华北平原、淮海平原和杭嘉湖平原，带动了运河沿线与支线网附近的城市乡镇整体兴旺，为中国整个东部和中部地区的社会发展奠定了一个新格局，造成运河沿线的独有自然景观风貌和历史文化遗迹，是中华文化的重要组成部分和全人类宝贵遗产。

各个时代的运河贯穿之地，恰恰都是中华文明形成和发展的重要地带，涉及文物点之多、等级之高、密度之大、年代之久，均超出以往水利工程遇到的集中地，运河留下的丰富文物古迹，完整地保存了具有内河特色的文化，甚至干涸淤塞的运河主干河道也显示出古代水利工程技术的创造发明，无论是不等海拔借水行舟的过船闸口设施，还是截江横渡超前施工的水陆枢纽，都证明了古代工匠的科学方法和聪明才智，真正包含了历史、科学、艺术和经济价值，完全具备文物的特质与内容。

二　大运河保护与管理的现状

大运河由于千年的历史变迁和几百年来的取直整治疏浚，先后有过不同历史时期的线路变化，尤其是全线河道漫长，各河段高低不一，淤积湮涸常有发生，水源调节也受到限制，加之河漕管理困难，造成许多河段残破不堪，只见河床不见水的长长洼地在黄河北岸很多，长江北岸有的河段也是季节性通航，清代后期以来的破坏始终没有恢复，直到目前全线还无法贯通，南北经济河运的整体生命线意义已基本衰落。京杭运河江苏、浙江段是目前仍在利用的水上河道，但许多航道等级仅为四级标准，船闸建设不到三级，不仅造成航段堵塞，而且改线分流疏导，必然使运河原貌改变，直接破坏了文物依存环境。

大运河的保护现状目前不容乐观，除有千百年来的洪水决口、泥沙堵塞、水量缺少等自然原因，更有管理不善、乱开支渠、截流用水等人为原因。主河道沿线各地的保护意识不强，又因利用了天然水道，很多人并不认识到大运河也是文化遗产或文物古迹。大运河河道又几经变更，有些还是1958年和1980年新开挖的，有些地方炸掉古代水工设施，改拆遗存原貌，有些地方屡屡发生毁旧建新甚至在河道中央盖房等现象，有些地方随意在运河上自行架桥、拦围养鱼，索性不许船只通过，有些地方则往运河里排泄废水、倾倒垃圾、残杀生灵、污染环境。尽管有学者专家不断呼吁，但最终不了了之，给文物保护造成了不可弥补的极大损失。至于因经费匮乏而无法保护修复的情况，更是屡见不鲜，分省分段的管理体制也使沿线一些文物管理单位根本没有监控的力度。中国历史上运河从来都不是分裂割据的象征，千百年来先辈开挖运河就是力求沟通，如今却变成分割栓塞、动脉硬化，不能不使人叹息。

特别令人焦虑的是，国家文物部门对大运河主干河道和沿线文物古迹的家底调查不清，没有一个完整的保护与利用方案。尽管从1958年起，一些省市文物考古机构、高等院校及水利部有关科研等单位陆续进行过调查，1986年中央电视台还拍摄播放了32集《话说运河》电视片，一些学会或其他组织对京杭大运河沿线文物点的踏勘，但因调查和勘察运河文物古迹的工作规模很小，属于零散分段的，方法也较单一，很多工作远不够全面、细致和深入，直到目前还没有一份系统的、科学的、全面的调研报告。已知的山东段文物点有100多处，江苏段也初步确定150多处文物点，江苏国家级、省级历史文化名城、名镇20多处，但3处历史文化保护区中只有无锡古运河历史文化保护区一处。南水北调工程一期涉及的文物点初步就有919处，而大运河沿线连接各地专项保护的同步总体规划还未编制，用于专项配套投入资金的力度较弱，有些甚至没有着落。至于安徽、河北、河南、天津以及北京等地留下的古运河历史文化遗存仍有许多点没有得到有效保护，例如隋唐大运河安徽宿州段河道近十年来多次遭到房地产开发的破坏，其他城镇规划和建设项目都没有避让运河遗址故道的保护意识，甚至有的地段建设高速公路，有的运河河道被改为村镇，有的施工线路直接穿过文物保护区，破坏后果均令人极为揪心担忧。北京通州区为了追求所谓的文化广场景观和政绩工程，竟将已修复的75米宽京杭运河拓展成200米的环线湖泊，引起舆论的强烈反响。人们强烈呼吁：无论是隋唐古运河还是明清京杭运河馈赠给我们后人的都不仅仅是一种荣誉，更是一份保护的神圣的责任。

三 大运河长期未确定为文物保护单位的原因

几十年来，大运河作为人工长河未被界定在文物保护的领域内，更谈不上申报世界人类文化遗产，造成这种冷落的原因是多方面的：

在性质判定上，由于大运河不少段落是利用了天然湖泊和自然河流，一些人认为天然的自然的不能算做历史文化遗产，忽视了祖先利用先天优越自然条件的改造智慧，忽视了利用天然充沛水源条件带来难以估量的益处，殊不知人工运河连通湖泊取直加宽挖深的工程比开挖平原河道还要艰巨，本身就是对湖泊的水利治理。

在管理体制上，大运河一直被认为是商货运输的航运业，始终由水运局或交通局管理，行业形成的壁垒使运河管理体制处于分散状态，航道管理只重经济效益而轻历史文化积淀，无暇关注文化遗存对促进经济发展的作用，至今没有文物部门主动介入大运河的管理与监控。

在资源利用上，人们只关心水资源、航运资源的经济利用，很少考虑运河文化资源对环境生态、旅游景点、风土建筑等方面的巨大影响，或是只注意"黄金水道"内河货运量增长，不注重文化资源积极开发利用，运输体系

山东聊城山陕会馆
曾是北方客商栖居的地方

原来的运河已经被截断，
修建了桥梁方便来往

山东聊城运河残余的富商民居

山东汶上南旺龙王庙破旧状况

原来的运河已经变成了
时常断水的小溪

山东汶上南旺分水枢
纽龙王庙建筑残状

山东已经干涸的运河河道
种植了小树，也有废弃的垃圾

的利用和文化资源的保护未做到并重并举。

在文化认识上，重工程利用而轻视文化软实力的人根本不了解大运河对历史文化积淀的承接，不清楚大运河是历史连接现实的桥梁，甚至出现京杭大运河是隋代开凿的常识笑话，对隋代大运河以洛阳为中心枢纽表现出无知与空白，至于对大运河的有形文化遗产和无形文化遗产所创造的综合价值更是漠视。

在战略发展上，有关部门没有将大运河作为一个国家综合国力的标志来整体考虑，往往顾及眼前直接效益投资运河修整，忽视文化综合效益对经济建设的转化，等不及基础性投入变成巨大的现实财富，不能树立长远战略眼光来推动"大运河文化带"建设的协调发展。

在文物保护上，由于文物部门理念的迟滞和各部门条块切割的隔离，使得没有一部《大运河保护法》或《实施条例》出台，没有一份总体保护规划方案，加之文物保护经费的捉襟见肘，只能徒叹运河文明的失落，陷入文化遗存面临危机的循环圈，被动等待的心态导致大运河的文化遗存定性若明若暗，认识不到大运河本身就是一条不可移动的特殊文物，自然也得不到社会多方的肯定。

随着国民经济基本建设的发展和南水北调工程东、中线的全面铺开，关于大运河是否是文化遗产的争议也浮出水面，特别是南水北调江苏段和山东段选线涉及大运河主河道及支线的不同意见引人注目，既有大运河是否为历史遗留下来的文化财富的问题，也有大运河是否能列入一种特殊文化遗产的问题，还有大运河是否具有文物价值以及保护可持续发展所依据的不可再生的文化资源问题，等等。人们对大运河所凝聚的历史文化内涵有一个逐步认识和深化的过程，说它是古代文明的展览馆、文化长廊，或说它是人类古代最早最完善的科技资料库，或说它是古代名胜古迹荟萃的博物馆和民情风俗的艺术陈列室，都喻示大运河文化遗产的深层价值是难以用经济标准来简单衡量的。

四　世界各国对运河和古代水利工程的保护重视

运河在全世界都是热门话题之一，有条件修建运河的国家围绕运河做足文章，他们纷纷开拓运河的各方面功能，作为改造环境、发展交通、促进交流、提高生活的强有力手段。有些国家以运河为骨干把全国天然河流串联起来，形成遍布城乡的水运网；有些国家则利用运河改善城市建设和水利灌溉体系。20世纪40年代以后，全世界开凿的运河达上百条，因为运河除了自身的重要经济价值外，也具有深刻的文化内涵。

例如美国西部与墨西哥接壤的边境城市圣·安东尼市，以运河为纽带，建立运河—阿拉蒙军事纪念广场观光带，利用运河与纪念广场的历史文化底蕴和运河临水的环境优势，将这里开辟为旅游区。整个城市由此而成为国家重要的旅游观光地，被誉为20世纪80年代城市规划的杰作。圣·安东尼市的成功，带来了巨大的经济利益，房地产增值，旅游业成为主要的税源。

又如日本大阪是因水运而兴的城市，运河被今天的日本人视为大阪历史的标志。80年代大阪放弃工业化，利用运河开发城市旅游业和其他产业，运河以及运河两岸的街道和建筑、19世纪的抽水站、运河上老桥全部保护与利用起来，今天运河两岸成为这座城市最受游人欢迎的地带，为城市带来了可观的经济效益。

许多国家都有开凿运河的历史，国际上著名的历史运河和水利工程较多，已成为一些国家文化遗产不可分割的组成部分，如意大利威尼斯运河，全长3.75公里，平均宽70.3米，两岸密排着12—18世纪一幢一幢的府邸，并和码头、船坞、桥梁、货栈、寺庙、教堂、墓葬、雕刻等构成了著名景观文化。比利时路维勒（Louviere）和鲁尔克斯（Roeulx）主运河上的4个船闸及环境，1998年列入世界文化遗产名录。法国庞杜加德（Pont du Gard）罗马时期引水高架渠，1985年列入世界文化遗产名录，米迪（Du Midi）运

河1996年列入世界文化遗产名录。西班牙塞哥维亚（Segovia）旧城及输水道，1985年列入世界文化遗产名录。伊朗西南部阿瓦士以北地区的乔加赞比尔是伊拉姆古国首都，乔加赞比尔城中有25米高的庙塔和涂有沥青防水层的排水系统以及长达50公里的引水运河，1979年列入世界文化遗产名录。墨西哥克雷塔罗历史名城1996年列入世界文化遗产名录，这座古城18世纪达到巴洛克式建筑的鼎盛时期。建于1726—1735年的引水桥是这一阶段最重要的建筑，引水桥原长84公里，市内现存只有一段约长1200米，即由74个拱顶支撑的部分，1996年列入世界文化遗产名录。阿尔巴尼亚布特林特在众多的建筑物中最为出色的要属公元前2世纪罗马帝国第一代皇帝奥古斯都统治时期修建的高架引水渠，布特林特的考古遗址1992年列入世界文化遗产名录。葡萄牙埃武拉历史地区在罗马帝国时代修建了高架引水渠，现存的高架引水渠有19公里长，1988年列入世界遗产名录。西班牙中部的托莱多古城至今还有罗马时代的渡槽和排水系统，1980年整个古城被列入世界遗产名录。

值得借鉴的是，一些国家对古代水利设施的保护成为历史文化和旅游经济的重要景点。例如西班牙历史名城塞戈维亚建于公元前1世纪的"罗马大渡槽"，全长813米，用深色花岗岩砌成，分上下两层，由148个拱组成，高出地面30.25米，将18公里外的弗利奥河水引入城内饮用。这座气势非凡的双拱运水渡槽至今还在使用，成为塞戈维亚骄傲的象征，1985年"罗马大渡槽"被列入世界遗产名录，每年吸引大量外国游客。法国公元2—3世纪罗马帝国鼎盛时期修建的嘉德河三层水道桥，曾被使用了五个多世纪，尽管50多公里的水道几遭破坏，但水道桥多次修整，1840年就被法国历史古迹委员会注册列入国家重要文物古迹，1985年列入世界遗产名录，作为人类水利工程一大奇观被印上欧元纸币后，每年吸引的世界游客就有130多万人。此外，意大利罗马城内有13条古罗马时代修建的水道，如著名的阿皮奥水道（公元前312年建、长16.5公里），马尔乔水道（公元前144年建、长91公里），少女水道（公元前19年建、长21公里）等，是罗马城内喷泉引水源，至今有四条仍在使用，均为意大利国家重点文物保护单位。

各国对运河及水利工程的保护利用事例，足以值得我们反思中国大运河应尽快划入全国重点文物保护范围，各国都认为中国大运河是世界内河航运起源的故乡，但现在我们通航的南半段运河条件和等级均比发达先进国家的运河落后近几十年，争取大运河沿线整体进入世界遗产名录，还需继续下工夫努力借鉴其他国家的经验。

五 大运河面临的挑战与机遇

目前，国家文物局和水利部已联合下发了《关于做好南水北调东、中线工程文物保护工作的通知》，补牢虽晚，但对避免造成难以弥补的损失无疑是件好事，按照2002年12月国务院正式批复同意的《南水北调工程总体规划》，"先节水后调水，先治污后通水，先环保后用水"。即把生态建设与环境保护放在更加突出的位置，然而仍然没有确定文物保护的地位，没有考虑大运河沿岸的人文环境，没有在全面规划中合理配置历史文化资源的开发利用，这不能不说是一个极大的缺憾。为此，许多专家学者强烈要求在开展远距离水资源工程建设的同时，也要建立适应运河文化遗产事业的大范围跨流域的文物古迹保护体制。

我们认为，首先还是要从战略眼光考虑，按照科学发展观，将大运河作为人类文化遗产大事来抓。

从长度上说，中国大运河比沟通太平洋和大西洋的巴拿马运河长21倍，比连接地中海和红海的苏伊士运河长10倍，比号称世界"运河之王"的土库曼斯坦卡拉库姆运河还长400多公里。

从年代上说，公元前486年吴王夫差开凿的我国第一条南北纵向运河邗沟，由扬州北上淮安，比巴拿马运河早2245年，比苏伊士运河早2364年，比土库曼运河早2443年。

从科技上说，它是集古代地理学、水利工程学、交通技术、分水枢纽管理等于一体综合改造自然的蓝本。

从经济上说，运河地区从古到今都是全国工商业和农业最发达的带状区，也是人口稠密、物资集中、流通活跃、交通便捷的区域，江浙两省及鲁豫皖部分地区至今依赖运河便利运输，其受益于运河是其他地区不能比拟的。

从文化上说，现存全长1747公里的京杭大运河首尾连接北京、杭州两大历史名城，沿线几十座城市塑造着美丽的人文景观和独特的民俗风韵，如扬州、高邮、淮安、徐州、济宁、临清、聊城、德州、沧州、天津等，遗存的城址、衙署、驿站、钞关、仓库、寺庙、商铺、桥梁等和地下的古墓、沉船、关闸、石坝等，都是当时历史文化的积淀。

运河文化是东方文化中的一大亮点，是人类文明中的一抹晨曦，是全世界别有一番意境和魅力的高品位文化。大运河为中国营造了一个伟大民族的形象，为古老文明的国家带来了杰出的声誉，是中国人民值得骄傲的历史见证，将它列入世界文化遗产是当之无愧、顺理成章的一件大事。虽然它历尽沧桑变化，但它顽强地生存下来，江南河段现在仍在利用日夜奔忙，为人民造福。如何保护好、利用好原有运河故道，如何保护好、管理好现在使用的运河，是我们需要重视的问题，尤其是目前开工的南水北调工程涉及大运河的保护、管理和利用，确定大运河的调查勘探与保护规划已是刻不容缓的大事，急需通过文物调查与保护研究解决一些难点、重点项目，提交完整的大运河调查研究报告和总体保护规划，做到"保护为主，合理利用"，避免大运河遭到不应有的新破坏。同时，按照科学的发展观，我们不应把大运河的文化价值列为南水北调工程花钱投入的切入点，那样眼界就会太局限了，2010年以前实施的南水北调东线、中线一期工程规划静态总投资约1240亿元，从2003年至2010年平均每年138亿元，其中配套工程投资439亿元，但任何水利工程都有负面的效应和认识的局限，基础设施建设的精心设计不能忽视沿线历史文化资源的保护，不管是依据历史文化遗产保护法规还是按照签署的遗产保护承诺，都必须列入区域控制和可持续发展目标，既发挥效益有利于当代，也要造福于千秋万代。

我们如果能将跨越地球10多个纬度的大运河作为一个保护文化遗产的蓝本来描绘，注意大运河诸多价值的估算，协调各省市做好现代建设和历史文化浑然一体、交相辉映，建设一条大经济、大文化、大命脉的水岸长带，那才是功德无量的战略措施，真正能使大运河成为展示中国古代政治、经济、文化的一条长廊，成为古代名胜古迹荟萃的博物馆，成为古人运用水利工程、地理科学和相关内河航运技术的资料库，也是南水北调东线工作成就理想的主动脉。

目前要求将中国大运河列入世界人类文化遗产的诉求越来越高，表明人们越来越认识到它的重要性和巨大影响，是中华民族对人类改造自然环境与建设人文环境的毅力象征和智慧贡献。尤其是南水北调工程2007年东线通水，2010年中线通水，我们殷切期待与之相接的大运河早日能进入世界遗产保护行列，别再错过历史的机遇，别再遗憾于未来。为了中华民族的整体利益和长远利益，我们必须要给子孙后代留下一条曾经完整流淌的大运河。

本文原题大运河算不算文化遗产——首次发表于《光明日报》文化周刊2004.2.4.B1版。又见《中国文物报》2004.2.6和《中华遗产》2004年创刊号。

济宁在大运河文化遗产中具有着独特的价值

大运河是典型的"线形文化遗产"，贯穿6省市沿途18个中小城市，连接着燕赵、齐鲁、中原、吴越等最集中、最密集的文化区，是科学文化遗产的特殊类型和中国历史文化的物化载体，在漫长历史岁月中形成了内河型的历史生活特征，涉及黄河、长江两个中国古代文明核心区，记录了千年以来不同历史时期的文明特点和社会区域的多样性。其中济宁是整个京杭大运河最重要的河段，既是"齐鲁之南北通衢，水陆之东西要冲"，又是"南引吴楚闽奥之饶，北壮畿辅咽喉之势"；带动了运河沿线经济的发展，形成了济宁至临清运河经济区，并营造了运河两岸大大小小的城镇，培育了沿运河独特的文化。济宁运河的历史文化价值还体现在水环境、城市风貌、古镇特色以及独具"地域典范作用和推动作用"，在运河遗产中作为龙头地位有着独特价值。

一 大运河河道系统管理和漕运转运的中心

明清时期济宁河道总督衙门地处京杭大运河的中段，"南通江淮"，"北达幽燕"，元明清三代，济宁历来得到中央朝廷的重视，重臣驻节，百官聚集，千军防守，万船往来，成为运河河道管理系统中心和漕运的转运中心。据雍正《清会典》载，"顺治初，仅设河道总督一人，又称总河，综理黄河、运河两河事务，驻济宁州"。自顺治元年至光绪二十八年的258年中，朝廷钦命河道总督119任，共101人，其中正一品大员将近一半。河道总督衙门是一个军政合一的机构。河道总督衙门为朝廷六大部之外特设的一个部院级、专门治运司法

静默伫立运河沿线像这样保护
维修后的舍利塔已经不多了

机构，仅在济宁就设有运河道署、运河同知署、泉河通判署、管河通判署、巨金嘉管河主簿署等。加之省道府州县的行政机构和由其派驻的机构，济宁故有"七十二衙门"之说[1]。

济宁河道总督衙门是京杭大运河的标志性建筑，坐落在济宁州衙门东（今济宁二中北操场），占地5公顷，建筑面积达1.6万平方米，设有大堂、二堂、三堂，还有书院、射圃、演武厅等，其规模宏大，布局严谨，气派威严。光绪二十八年(1902年)由于漕运终止，国家停止了对京杭运河的管理。但由于运河在山东济宁以北水运终止，而济宁以南成为区间性航道，所以济宁仍是具有重要地位，当前需要通过考古勘探和试掘，确定现存河道总督衙门的范围和遗迹保存情况，为今后保护性的局部展示做准备。当前需要通过考古勘探和试掘，确定现存河道总督衙门的范围和遗迹保存情况，为今后保护性的局部展示做准备。由于运河通航，带动了沿运河经济的发展，形成了济宁至临清运河经济区，并营造了运河两岸大大小小的城镇，培育了沿运河独特的文化。山东运河的历史文化价值还体现在水环境、城市风貌、古镇特色以及独特的运河文化等方面。

二　大运河线路勘察规划最成功的代表

山东济宁是京杭大运河地理上的最高点，就工程技术史而言，黄河以南运河通航的关键性工程是穿越济宁地区，这段运河的勘察规划代表了京杭大运河的最艰难地段。

山东运河南起山东鱼台，北至德州，全长约300公里。清咸丰五年（1855年）黄河改道前，这段运河的水源主要依靠分布在鲁西南的泉水和地表径流，通过汶水、泗水进入运河。元都水监郭守敬是山东运河—会通河的规划者，至元十二年（1275年）丞相伯颜南征"议立水驿"，命郭守敬自山东德州至济宁、沛县、徐州、东平等地勘察路线，他通过实地勘察，确认了御、汶水、泗水、黄河四河相互沟通的可行性，由是确定了京杭运河的关键河段—会通河南段的路线和水源[2]。这是一次划时代的勘察，不仅为京杭运河的成功奠定了基础，最重要的贡献还在于郭守敬在山东运河的规划中第

一次提出了"海拔"概念[3]。

　　山东运河段地形的最高点在汶上南旺（今东平湖东）。元代通过宁阳
堽城坝和济州会源闸来实现向运河的南北供水。宁阳堽城坝遏汶水入洸河，
至济州会源闸（明清称天井闸）入运河，向南北分流。由于堽城坝分水点位
置偏南，地势稍低，运河北段水源不足，通航受到限制，元代年漕运量不过
30万石左右。元末随着洸河淤积，水源工程已经逐渐失去应有的功能。明
永乐九年（1411年年）工部尚书宋礼主持重开会通河，将分水位置北移南
旺，"筑堽城及戴村坝"，引汶水全部西南流至汶上县鹅河口入运河。汶水

在南旺分流后"南流接徐邳者十之四，北流达临清十之六。南旺地势高，决其水，南北皆注，所谓水脊也。因相地置闸，以时蓄泄"。至此，终于解决了越岭运河段济宁以北水源不足的问题。明代戴村坝——南旺枢纽工程建成后，山东运河水源有了可靠的保障，京杭运河很快得以畅通，到明永乐十年（1412年）以后经由济宁运河北上的漕运量超过了400万石，济宁被称为"南运门户，最关紧要"。

　　因为运河不断受黄河等自然灾害的影响，淤积改道多次发生，明代在治理运河时还重新规划设计，开凿了济宁至徐州段的南阳新河、泇河运河，顺利实现了避黄保运，减少了黄河泛滥的危害，使济宁漕运中转地位保持不变。

　　山东济宁段运河在规划上的成功，在当时是很了不起的成就，不仅使今天南水北调东线工程继续受益，同时也可以赋予这一世纪水利工程传承历史的人文功能。

三　汶上南旺分水枢纽与龙王庙建筑群

　　南旺分水工程是当时世界上最出色的水利枢纽之一，也是古代运河解决分水控制水量的科学工程。其开挖淤塞河道，疏导会通河，引汶济运增大水

破败的运河边建筑，
仿佛述说着悲伤的历史

量，修建水闸水柜陡门，控制湖泊蓄水等方略，不仅创造了"运河之源、分水之脊"的超水平工程，而且对今天南水北调非常具有借鉴意义。东平湖、戴村坝、堽城堰与南旺镇运河段构成古代运河工程（遗址）最集中的三角地带，是解决运河穿越山东地垒技术工程最为艰难的一段。

明永乐九年（1411年），当时人们为使戴村坝所引汶河之水进入运河，在济宁南旺修建了此水利枢纽工程，其主要作用是调节水源，这是为运河全线科技含量最高的工程项目。该工程当与都江堰齐名。万历十七年（1589年），戴村坝改建成永久性的砌石溢流坝，全长437米，最大坝高约10米，雄伟壮观，根据建筑结构与功用的不同，分为滚水坝、乱石坝和玲珑坝。滚水坝为浆砌石坝；乱石坝是堆石坝，位于中部，通沙且渗水，便于排除坝前泥沙；玲珑坝为干砌石结构，可以透水，全坝具有壅水、导流、溢洪、排沙的多种功用，代表了14世纪至18世纪坝工技术的高水平。此外，在南旺引汶河之水与运河丁字相交，人们除在运河西岸修建300米长的石拨岸外，还在河底部设了一个像鱼脊形状的"石拨"，使进入运河之水"七分朝天子，三分下江南"。后来人们把南旺分水工程比喻为运河上的明珠，在此建立了占地1000余亩的著名南旺分水龙王庙。此庙现在毁坏比较严重，龙王庙大殿、水明楼、戏楼、牌坊等建筑被毁坏殆尽。因此作为重要历史记忆遗址，急需对分水龙王庙遗址进行考古挖掘和详细测绘，采取抢救性保护与修复措施，恢复当地运河文化的标志性景观，深入研究龙王庙建筑群的独特内容。

四 大运河济宁段"闸河"等水工设施

元世祖至元年间（1264—1294年），开凿了会通河。由于会通河地处鲁中山区的西麓，地势高亢，水源短缺，除开源之外，亦要修建大量水闸，便以控制水流的蓄泄，济宁至南旺一带的分水脊地，运河主要依靠闸坝工程构成运输链，因此会通河又有"闸河"或"漕闸"之称。元代在会通河上建有多级闸31处，通惠河上建闸24座。当时的闸板有木闸、石闸之分。运河上的闸除了单闸外，还有复闸、澳闸、隘闸和连环闸等多种形式。元代中期以后，诸水闸多见毁坏，元后期又加以修浚，并于临清至彭城间之河道，修建小桥98座、大桥58座，以通纤道。明、清时期会通河上的水闸数量丝毫不亚于元代。据现存资料统计，明洪武元年至天顺八年（1368—1464年）建水闸37座、成化元年到嘉靖四十五年（1465—1566年）48座、隆庆元年至六年（1567—1572年）45座、万历元年至三十二年（1573—1604年）50座、万历三十三年至崇祯十六年（1605—1643年）47座，清顺治元年至光绪二十七年（1644—1901年）51座。其中嘉靖七年（1528年）全面改造闸坝工程，严密闸的管理，不使河水漏泄，同时增开了月河。时至今，会通

拓宽加固的新运河

河段诸闸多已见毁，但尚有部分石闸残存。

　　运河的山东段是京杭大运河全线地势最高的河段，除汶、洸、泗河等水源外，无大江大河可利用，而由南旺、昭阳、微山诸湖补水调节，由于水量季节变化大，成为运河全线水源最紧张的一段。明代的会通河仍以堽城枢纽引汶为主要水源。明永乐九年（1411年），修堽城枢纽之后，又修建了戴村坝枢纽，仍引堽城水为主，戴村为辅。成化间重建南旺南北两闸。南闸称之为柳林闸，位于分水口南五里；北闸称之为十里闸，位于分水口北五里，肥水两侧有了节制，分水效果则大为改善。南旺分水枢纽完成了自汶河引水的任务，水经小汶河至运河，还有一个合理分水的任务，因地势地形，来水时间和来水量对运河水量供给有多方面的影响，所以分水十分复杂。为了解决这一问题，明清两代采用了多种方法来补充水源，如设置专官管理泉水塘泊，"导泉补源"，修建蓄水济运的水柜，修砌斗门，加筑湖堤等。当时在汶上、东平、济宁、沛县诸湖设水柜、斗门。"在漕河西者曰水柜，东曰斗门。柜以蓄泉，门以泄涨。"[4]明代济宁以北形成了马场、南旺、蜀山、马踏、安山5个水柜，所以运河实际是由河道、闸坝和湖泊联合完成的，最集中地体现了古人解决济运水源问题的智慧和高超的技术水平。

　　会通河上的水工建筑除了闸口外，济宁天井闸、在城闸作为拦水船闸也很著名，还有很多大、小的码头和桥涵等。由于水工建筑物建设于元明清不同时期，多为砌石结构，反映了运河关键技术项目，展示了各时期不同的水工规格和建筑风格。这些河段诸水工设施的空间分布与合理设置，不是仅起辅助作用或间接功能，它曾在整个大运河运行功能系统中发挥了关键作用，不仅与其所处地形地貌有密切关系，而且为今天的南水北调工程也提供了良好的借鉴。

五　大运河沿线伊斯兰"本土化"典型的济宁东大寺

伊斯兰教自元明时期传入中国后，在内地获得了比较广泛的发展。特别是随着外来商人的流入和定居，伊斯兰教很快就成为影响较大的宗教。由于京杭运河是外国商队在东南沿海港口泊岸后北上经营的主要通途，所以以随着信奉伊斯兰教的商人在运河沿线的活动，运河沿线的城市、集镇很快就出现了清真寺遍布的情形，甚至在一些大的商贸或中转城市形成了穆斯林集中的区域，迄今在这些城市还保留有穆斯林集中的"蕃坊"和回民墓地等。

据不完全统计，在京杭运河沿线现存的清真寺等伊斯兰教古迹就达数十处，其中包括济宁东大寺等国家级重点文物保护单位[5]。始建于明洪武年间的东大寺，坐西面东，沿东西轴线排列，序寺紧邻古运河岸，"邦克楼"、大殿、望月楼等建筑单体已呈中国传统殿宇形式。这种本土化的外来宗教古迹及其附属的文物建筑，将有助于了解伊斯兰教在中国的传播，认识中外商贸发展的关系，探讨宗教定居落籍与建筑的本土化问题。济宁"临齐鲁之交，据燕吴之冲"的地理位置，决定了以济宁清真寺为中心枢纽，对比沿运河出现的通州清真寺、河西务清真寺、沧州北大寺、泊头镇清真寺、临清南北清真寺等，利用真实文物考察当时的外来文化遗产，研究运河沿线外来宗教传播的影响，是非常必要的。

伊斯兰商人的移动引起了运河区域间的交流融会，从南北货物、文化到

已经多年不用的运河
船闸塌陷败损

原来流水的运河已
成为排污的臭水沟

残存的运河水工石构件
静静地卧地观看

山东运河上的船闸
被废弃已经上百年

宗教等方面均有密切交流，引发了一定的社会流动，《济宁州志》卷八记载济宁每年"四百万漕艘皆经其地，士绅之舆舟如织，闽、广、吴、越之商持资贸易者又鳞萃而集"；康熙时济宁有街道45条，到道光时增加到105条，伊斯兰商人涉入济宁商埠有益于造成经济集散地的繁荣，对这方面社会影响的估计我们还比较薄弱，有的甚至还是空白。

从以上济宁段运河呈现的五个独特价值来看，其运河工程以勘察规划科学、水源开导形式丰富、人工运河与天然湖泊和河道交、水工节制设施完备、沿河建筑文化和谐相融等等而别具特点，其中一些重要的标志性工程，代表了14世纪至18世纪世界水利规划、坝工技术、土木工程和工程管理的最高水平，是中华乃至世界文明最重要的遗产，是推进大运河遗产评估重要而直接的对象。

按照2005年版《世界遗产公约实施指南》附录中所拟定的世界遗产运河价值评价标准[6]，济宁大运河具备了三个方面突出的普遍价值。首先，线路规划与开挖作为"一条人类工程的水道"，"是一件人类天才创造力的杰作"。其次，分水枢纽"对运河工程技术产生过巨大影响"，也是"一项具有纪念性的工程"。再次，闸河"是一个水道杰出的构筑物或特征之范例"，并是"由若干组成部分构成的文化景观的综合体"。特别是大运河作为人类工程化的水道，从历史和技术的角度看，它们可能具有突出的普遍价值和此类文化遗产的独特代表。不仅是具有纪念意义的工程，而且是线形文化景观的核心要素。

我们认为，大运河自元代至元二十六年（1289年）开通，至今已经有700多年的历史，工程运行时间超过500多年，济宁是当时中国经济中心与政治中心之间紧密连接的重要纽带。济宁将大运河作为人类文化遗产大事来抓，就要将大运河作为一个保护文化遗产的蓝本来描绘，不仅是将历史文化遗产作为一种特殊资源，而且是可持续发展战略的重要组成部分。从而使济宁现代化建设和历史文化浑然一体、交相辉映，建设一条大经济、大文化、大命脉的水岸长带，成为展示中国古代政治、经济、文化的一条长廊，成为古代名胜古迹荟萃的博物馆，成为古人运用水利工程、地理科学和相关内河航运技术的资料库，也是南水北调东线工作成就理想的主动脉。

2006年5月25日国务院公布已将京杭大运河列入第六批全国重点文物保护单位，由于"线形文化遗产"保护类型受到国际上普遍推崇和鼓励，集合大运河沿线6省市18个城市提出世界遗产系列申报项目，由分省市分地县研究转变为运河全线整体研究，并以此为契机调动大运河沿线各景点保护文化遗产的民众热情，用运河串通文化区域，有利于文化遗产的整体保护向纵深发展，这也是世界遗产从理论到实践的又一个新视点。在这个过程中，济宁

注释

[1] 姚汉源《京杭运河史》第26页，中国水利水电出版社，1998年。

[2] 岳国芳《中国大运河》第218页，山东友谊书社，1989年。

[3] 周魁一等《中华文化通志·水利与交通志》第160页，上海人民出版社，1998年。

[4] 《明史》卷八十五《河渠志》三《运河上》。

[5] 国家文物局《全国重点文物保护单位名单》第65页，第六批，古建筑，2006年。

[6] 《大运河凭什么申报世界遗产》，《中国国家地理》2006年第5期第67页。

2006年9月在济宁"中国运河之都"高层文化论坛的演讲稿，收录于《中国运河之都高层文化论坛论文集》。

无疑具有龙头地位和不可缺少的独特价值，要做好"运河之都"，唱响运河文化，首先要对自己区域内的大运河主河道及其沿线文物古迹进行认定与评估，明确遗产保护对象，包括：在功能上与大运河的历史渊源关系；在文化上与大运河的传承关系；在经济上与大运河的主次关系；目前遗迹的完好程度和遗产价值的评估依据。我们相信，济宁一定不会错过这个难逢的机遇，一定会挑起这个历史重任。

补记：分组会议上的发言：

《目前妨碍大运河整体综合性保护实施的突出问题》

难点一：水利部门和南水北调办公室为避免穿越人口稠密区产生移民赔偿以及污染等问题，提出避开京杭大运河一部分原河道的建议思路和实施方案，另外选线，不再利用干涸的大运河故道。此方案如被采用，将大大降低大运河文物保护的意义。

难点二：对大运河沿线地区历史文化遗迹的详细调查和考古挖掘，过去重视不够或规模很小，缺少普查勘测基础资料，地面文物异地迁移或就地加固保护歧义较大，尤其是对潜藏于地下的文物新发现估计不足，直接影响到地面和地下文物保护工作部署的最后决策，要在有限时间内拟定不同保护措施非常紧迫。

难点三：各方专家对大运河认识不同，有些人将大运河保护定位为"旅游长廊"、"休闲长廊"，如果将大运河整体保护笼统理解为设计文化景观、修复旅游风光，容易引发歧义和误解。

难点四：东线古运河改道相关遗迹及废弃堵塞河道的文物保护调查是否纳入没有确定。地下文物埋藏区内分别有古化石、古人类遗址、古墓葬等不同类型，为保证考古发掘质量，工作进展可能缓慢的解决措施还未制定。地面古建筑的原地保护、搬迁复建等问题较为复杂，保护经费可能偏高问题需客观、认真考虑。

大运河研究自20世纪50年代以来，虽然取得了一些可观的成绩，但仍然有许多问题有待系统地、深入地的调查和研究。

（1）目前研究运河区域文化的文章，大都只是描述经济文化繁荣的现象，而对于繁荣衰落的原因缺乏深入的探究。运河文化研究大体局限在两个方面，一是文化现象的描述，二是区域文化的理论说明。运河文化的内涵是丰富多彩的，其中有本土的、传统的文化基因，也有外来的、新生的文化因素。就物质文化而言，运河区域属于以农业文化占主导地位的黄河、长江下游文化区，在运河交通最为发达的明清时期，随着商品流通的空前活跃和外来物质文明的不断渗透，在运河区域出现了农业文化与商业文化交融的格局，这是社会转型的重要标志。就精神文化而言，运河区域包括了齐鲁文化、吴越文化、燕赵文化区，随着运河交通的发达，西部的秦陇文化、中部的三晋文化、南方的楚文化均不同程度传入运河区域，使得运河文化具有了多样性、兼容性的特点。从而出现了一种既不同于其母体文化，又不同于其他区域文化的特殊文化现象。运河文化的内容极其广博，举凡商业文化、城镇文化、漕运文化、上层文化（精英文化)与市井文化(通俗文化)、宗教文化、民众文化等都表现出与其他区域文化不同的特点。我们的任务不只是展示运河区域的文化现象，而且还要提示和说明这些文化现象的形成、演变的原因和过程，探究各种文化对于政治社会、经济发展和社会变迁所产生的影响，通过运河文化与其他区域文化比较，说明运河文化之不同于其他文化的特质。

（3）明清时期是运河交通历史上最辉煌的时期，也是社会变迁最明显的时期。明清时期的社会变迁是中国古代社会发展的必然结果，当时的社会变迁不仅仅是发生在运河区域，但是比较而言，运河区域的社会变迁最为剧烈，也最具有代表性。换言之，运河在南北交通和经济发展方面所起的作用，使这个区域社会变迁的深度和广度超过了其他地区。明清时期的运河区域社会呈现出前所未有的生机与活力，也预示着社会转型期的到来。当前，对明清社会变迁的研究已受到学术界的普遍重视，但对于明清运河区域社会变迁的研究却很少有人问津。关于运河区域社会变迁与明清整个社会变迁的关系、运河区域社会变迁的基本趋势；运河沿岸的城乡社区中家庭结构和宗族组织的变迁、商业城镇的兴起和繁荣、以汉族为主体的民族分布；运河区域形形色色社团组织、行业帮会和秘密社会；运河区域的社会流动包括政府移民与南北人口流动、社会层级流动、行业流动、会馆和公所；运河区域的社会经济结构变迁：农业手工业产品的商业化趋势，漕运与南北物资交流，民间草市的兴起；运河区域的文化变迁，实学思想、文学与艺术、学校、书院、科举、文风与士风；运河区域的社会生活方式变迁；服饰，饮食习惯，住宅建筑，交通与器用；运河区域的民风与习俗：年节礼俗，文化娱乐，宗教信仰等等。都是有待深入研究的课题。

大运河保护与申遗中的多元思考

　　几年来，关于大运河保护及其"申遗"一直是热议的话题，不仅各级政协提案见诸报刊，而且各级视察活动屡屡进行，沿运河济宁、通州等城市还举办了"运河之都"高层论坛的大型会议，甚至旅行社也推出"寻访京杭大运河"自驾车大型回忆行程。就官方而言，大运河的文物摸底工作也结合全国第三次文物普查同时进行，国家有关部委需要协调组织不同领域的专家学者编制大运的保护总体规划纲要。然而，在一片呼吁声中仍然存在着分歧议论和各方争鸣，由于不同学科专家学者的背景不一，有一些辩证看法作为一家之言给人很大启发，值得我们冷静沉思。

一　宏观历史上的不同思考

　　目前大运河保护并不是一场有深厚文化根基的活动，也没有深刻理论探讨与多元研究来支撑，它从未研讨大运河兴衰的原因与教训，它更多地表现为被媒体支撑和炒作的新闻花絮，它吸引人们关注的是景观复原、新造景点，在某种意义上它是为房地产开发"水岸人家"、"蒲柳运河"做了舆论广告。

　　对大运河申遗不能只在技术性层面论证，而应从历史观上考虑它的过去与现在。正确的历史观就是有利于社会发展的普世价值，得到大家的公认与尊敬。

　　首先有学者针对大运河保护工程整体思路与"申遗"提出质疑：中国人

山东聊城残留
的运河状况

065

太沉溺于运河，而忽视了海洋，所以不能打开一个宽远的视界。没有峡谷峭壁、险滩波澜的"运河意识"代替了浩渺无垠、追波逐浪的"海洋意识"，大运河的兴盛导致了中国古代对航海的轻视，运河阻挡了中国人迈向海洋的步伐，阻碍了中国人海洋意识的萌生和发展，造成中国近代以来在海疆上"闭海自禁"、处处挨打，这类海疆问题一直到现在仍困扰着我们被动局面。所以，申遗应该先是海上丝绸之路，要有海洋的胸怀和国家的海疆意识。

复旦大学历史地理研究中心葛剑雄针对这种说法，提出中国古代对海洋的重要性主要着眼于"鱼盐之利"，而不是航海，更不是远航。他认为在元代以前，并不存在运河与海运相互矛盾或竞争的局面。元代以后，海运的兴盛恰恰是导致运河衰落的主要因素之一，认为运河的存在妨碍了海运无疑是本末倒置。有人也道：海运或者海河联运，诚然便捷可行，但在科技条件下，人们对海洋风涛无法预测，漂没倾覆之事经常发生，付出的代价是很大的。为此，人们开始探索并凿一条南北直通的内河运道。其实，影响中国古代航海发达的主要原因还是中国本身的自然地理环境、人文地理条件，也与中国航海技术不发达有关。

其次，针对人们在表述运河时充满了江南的诗情画意，甚至有些风花雪月的浮华风格，有学者指出：京杭大运河北方段正在变化、消失的河道留下美丽的影像记忆，作为一种文学怀念是可以的，但很少通过运河来思考中国在15世纪后期政治、经济转型的失败，反思运河商人赚了那么多钱却没有转换成产业资本，为何沿岸那么多商业集镇没有使中国走上现代资本主义道路，那么多清真寺院里的异国外族商人也没有造成对外开放的格局，只有南北的沟通却没有开放的结果。尤其是反思运河的衰落，代价究竟是什么。运河说到底是一条费时费工且效率不高的运输线，竭尽全力一年的运输结果仍得不偿失。

有人指出：我们期望看到的是运河地区"一代一代人活过来的空间"，而不是对于"凝固的过去"的一种迷恋，不是审美情趣的旅游景观长廊，我们不希望对那种架空了的历史、作为传统文化对象的随意讴歌，反对把"现代性旅游风景"当作唯一的历史坐标。我们需要对改造大自然的敬畏之心，强调人的辛劳智慧和血汗之躯，抑制有些"腻"的文化情调，那种趣味化的倾向有可能给人们带来错误的信息。

再次，有人指出元明清历代政府不惜投入巨大人力物力，开挖、维护运河，其目的除了是要保证每年几百万石漕粮进京，更重要的是运送皇家急需和规定的奢侈物品。由于这条航路的水文和地理条件并不理想，许多河段不是水源不足，就是易遭浸决。为此国家只好规定，蓄水放水、闸门启闭，均以便利漕船来往为最高原则，至于一般客商私船，限制很多，航行并不方便。有时闸口堵塞达半月之久，迫使商家运户贿赂管理官员，称为水上腐败之路。

北京通州新扩建运河

　　明清漕运衙门为了保漕保运，引水济运，不惜将运河旁边自然江河湖泊原有水系打乱，都去不同程度地为漕运利用服务，鲁南和江淮一带低洼平原江湖密布，水系紊乱后给河道正常排泄与地面沥水排除造成障碍，人为制造了许多洪涝灾害。运河的开通，本来对于沿岸田地灌溉是个福音，但因为蓄水保运，即使在大旱之年，官府也严禁运河两岸民众私启灌田，往往两岸禾苗缺水枯死亦不敢贸然汲水，连湖泊塘潭因保证运河水量也无法使用，反而因利致害。

　　衙门官府为维修河运，不断向民间征派各种物料、劳工，役使不断，漕运军资、驿站递往等带来的骚扰更使百姓有苦难言。运河衰落和淤废，与无法克服的种种矛盾是密切相关的。我们不能纸上谈兵，只谈运河畅通不讲运河实际的困难和维护的成本。

　　一些人刻意删除现代对运河的破坏，清洗干净人为的隐害，似乎运河只有“物”的刹那间凝固般的存在，看不到时间流变对这些“物”的影响过程，也看不到当时历史社会政治脉络对文物的改变。也就是说，基本看不到人的作用。许多研究者把运河的局限与缺陷掩盖，只留下可以寄托想象的美好的温馨的传说，或者说是可以寄托精神家园的“物”的存在，然而没有人和物所承担的历史的流逝，没有中国几百年朝代与社会变化所留给人的心灵的影响，我们对大运河人文反思的立足点在哪里呢？

　　在我们讴歌传统文化时，当然对增强民族自尊心自信心有意义，但也会造成一种误解：似乎历史和社会发展的唯一动力，就是这样的一种传统文化？是否会模糊或转移我们对社会现实的关注？大运河不能着重描画江南的柔美气质，避免过多的抒情甚至滥情，要考虑运河上的抢劫土匪、护船押丁、漕帮盐帮、官吏腐败、妓院赌场以及战争争夺的惨烈，很多民间记忆与心灵的记忆常常与文人吟诗颂歌是大不一样的，我们不能为“净化”历史铲除作为文物见证的建筑。

北京大学景观设计学研究院建议建立"大运河国家遗产与生态廊道"，声称大运河对国土生态安全和民族文化认同具有关键意义，如不尽快统一规划、保护、管理和建设，必将造成难以挽回的遗憾。大运河能否"申遗"成功，就看能不能逃脱"工地悲剧"，大运河越来越成为一种公共资源，在地产圈地运动中被践踏与分割，历史上各具特色的运河城市现在已是千城一面。

我们可以利用各种方式让传统运河文化发扬光大，但更应该挖掘优秀的文化内涵，而不是把注意力集中在运河曾经繁华表象的复兴上。就像有人要把运河改名为景观长廊，兴建仿古式商业楼阁，甚至在济宁清真寺对面与隔壁大建商贸开发区。现在运河沿线城市表面的复兴，并未涉及传统文化的内核，只是文化表象、符号、载体等形式上的复古，从主题公园到休闲广场，把振兴运河文化弄成劳民伤财的表演秀，连运河两侧也被用水泥砌成仿建的码头步行长廊，唯独不见运河原来的踪迹和遗产的影子。

二 专业实践上的不同思考

大运河"申遗"非常急迫，但是要注意大运河保护中种种不同思考。

争论一：江南运河一些城市往往按照自己城市发展的需要用自己的方式去改造建设运河，甚至改变河道，将穿城而过变为绕城而过，纵穿城市的运河变成了新城的护城河，完全改变了原来的格局和功能。因此，有人认为这样的做法违反了"申遗"的两大原则——原真性和真实性。作家舒乙描述大运河情景："北方的河道全部干涸，污染严重。南方的沿岸古迹被高楼大厦、公园草坪替代，几乎丧失原真性。"但是明清以来真实的城市早已成为历史的遗迹，赶马车的土路不适合现代交通的发展，几米宽的石头桥梁连运输汽车也无法通过，十余米宽的河道不适合现代机推船的通过，早在20世纪50年代已将古运河中的石头船闸炸掉拓宽，能恢复到原真性吗？目前整治和开

山东济宁运河边正在开发的水上人家房地产

068

发已使一些地段的大运河丧失运河的原真性（真实）和完整性，到处是假文物，到处是假码头、假河道（现扩宽至50－200米，当时堤堰最窄处8米，过的船才3－4米宽）。

争论二：京杭大运河固然是中国古代劳动人民的智慧结晶，固然是中国古代的两项伟大工程之一，却更是沿河六省民众的母亲河。专家未必能比运河两岸的居民更了解运河的状况与脾胃。简单保存运河沿岸老建筑的面貌固然是保留了运河的真实性，但难免给沿河居民造成困扰。我们不能随意责怪运河沿岸人民对现代文明的追求，不可能再用柴火去点燃炊烟，用毛驴去驮载沉重的水桶，用油灯去熏黄古老的梦境，用橹桨去划动悠悠的木船。能回到过去田园牧歌式的生活状态吗？

江南一些城市运河两岸的民居，相当一部分都建造于上世纪初，有一些甚至已经有百余年的历史。运河与这些民居已经融合成为"江南水乡"的重要组成部分。但在运河景观的背后，却是沿河居民不便甚至痛苦的日常生活，没有起码像样的卫生条件，运河支流沟叉的污染，臭气熏天的环境，岸边建筑阴暗潮湿的走廊，临河较矮的民居在丰水季节要在低楼铺设垫脚石才能行走，这样的"真实性"专家们了解吗？保护运河的专家们愿意居住在这样的地方吗？

争论三：很多专家在谈到运河保护时，将引水通航作为保护运河的基本措施，没有水叫什么运河，"申遗"必须对运河恢复通航，要坐船从北京积水潭直下扬州，并要求藉南水北调尽快加以解决。不过运河全河道通航所面临的问题却实在令人头痛。沿岸住户居住距离运河太近，倾倒垃圾或泼洒废水都会影响水源，甚至有人认为当南方的水调到北方时已是中水，需要重新进行水处理才能饮用，仅此一项就会增加多少费用，造成的水价之高令人咋舌。

南水北调通过运河调度运送清水，要保持运河50米宽度，加上两边各10－20米的绿化带，植树防风沙，所以初步规划需宽100米左右，而现在一些干涸运河段不足30米，河边还经常有着历史上就已存在的村庄与人口稠密的集镇，要扩展必须搬迁移民，这又要成立移民局之类的机构来具体处理这些问题，成本之大不亚于三峡库区移民。

争论四：运河污染问题。运河个别河段，特别是北方运河在山东、河北两省的部分河道一直被作为排污河道使用，在德州、沧州等地，运河水质基本属于五类水甚至超五类水，这一运河河段的污染情况甚至对南水北调东线工程的运作造成了困扰。江苏、浙江部分运河河段也存在严重污染情况，可以想象，在这种情况下一旦实现运河全线通航，结果就是全流域污染，这对全流域沿河地区环境的破坏是可想而知的，而运河治污的问题，则已经超出了文物保护部门的职能范围，很难靠文物部门加以解决。与此同时，运河部分干涸河段的调水用电问题也无法在文物保护领域得到解决。南水北调耗资625亿美元的工程计划从长江中部通过3条新的引水渠将500亿立方米的水引向华北平原，然而，污染严重的长江水引向北方，会将一大批新的有毒的污染物带到北方主要粮食产地，后果不堪设想。

关于运河保护"申遗"的问题，西方学者库哈斯曾经表达过一个很有意思的意见，他反对一种"起源于西方的保护观"，好像任何东西过了今天明天就要成为需保护的历史对象，并指出："人们的注意力不应该只放在历史的审美情趣上，而更应该放在历史的价值观对现代生活的作用上"。事实上，目前专家与公众对历史遗产的保护正走在这样的狭窄道路上，保护的重点常常只是易于记诵的文本，或者可供观赏的遗迹，却很少有人关注历史遗迹与当代中国人现实生活的沟通与融合。

对于运河这样一个特殊的对象，或许"利用""使用"的重要性要远远超过单纯的"保护"。根据不同地区的实际情况，制定多样的保护办法，才是大运河保护和申遗过程中应该探索的。希望制订中的大运河保护总体规划纲要要少说一些"文化长廊""民族传统"之类的大话，多一些具体操作的细节，理念不应盖过细节，让运河保护变成一个"可执行"的活动。

运河从开通就不是一个仅供观赏的河流，尽管历史上文人们为了丑化隋炀帝说他开运河是为了到扬州看琼花、找美女，实际上运河就是为了运送南北物资，首先是军事运输"漕用"而不是沿途"游览"。

现世申遗绝不能为后世留下难以消弭的隐患。运河不是一个地理概念，更不是一个沿线城镇可以争相抢注的商标。发展经济与生态保护，是当今世界最为严峻的命题。大运河的原始生态，无论如何我们是没有能力复制的。我们不能再蹈"不慎其前，而悔其后"的覆辙，乱挖、乱引、乱导，"开膛破肚"。

有人认为历史价值的观念是有变化的，现在文物与过去遗产差距很大，时限不再是唯一标准，新开挖运河的补充是允许的，只要是延续就可以允许。这个提法无疑是荒唐错误的，1958年新挖和"文革"新开的运河，功能已变成水利灌溉，失去了航运的功能，这也算是古代遗产吗？一个真正的古迹一定不是现代仿制品，不是原生态真实历史的东西，不可能成为历史的纪念物和一个国家真正的遗产。

千里运河水流潺潺，在现代气候条件下无疑会使水流大量蒸发，在运河上用水泥板平铺河道，改变原来的斜土坡河道，防止土壤层漏水渗水，否则将会有30%的水白白地浪费掉。有些河段可能还要在河道上搭设水泥板，防止尘土灰渣污染。运河要穿越黄河等河流，现在已不能像古代那样拦坝堵水、设闸引渡，而用巨大的水泥管道穿河底而过，不说大小船只怎么通过，仅说地表河床来看这还是运河吗？缺乏科学依据。

现在重提大运河保护与申遗，应该是人类心灵干涸的河道上，重新恢复净土的一种期望。

三　遗产评估中的不同看法

万历二十六年（1598年）意大利神甫利玛窦从南京启程乘坐明朝廷的快船，由长江进入大运河，第一次抵达北京。在途中，他不理解"维持这条运河通航的费用，每年达到一百万两白银，这对欧洲人来说似乎是非常奇怪的，他们从地图上判断，人们可以采取一条距离既近又花费很少的海上路线"。利玛窦的疑问无疑是有道理的，所以有不少学者解答。有人认为是害怕海洋季风，有人认为担忧海盗侵扰海岸，这些都会使沿海的海路更加危险。也有人认为传统中国重农抑商，当时对外贸易和商业发展都被置于末位，不需要海洋的扩张。还有人认为大运河是一条向朝廷运送贡品的"贡献之路"，所有船只都要向贡船让开水路，所以运河是特权之路、霸权之路，与国计民生关联不大。

明帝国海运已经被成功试行，但仍被否决使用。关键是统治者心态封闭保守，行政运作迟缓、无序且低效。明清孤立主义的治国思路，惧险畏难，地方官员为了获得私利和地域利益，不惜否决海运，不愿打破从国家层面到地方系统中的利益格局，极力维护漕运制度。

水运史专家认为：内河漕运技术简单，不需要复杂的大型运输技术；海运技术则复杂，需要动力系统、救生设备与航海经验；大运河面临的是河患问题，河水泛滥运道淤塞阻堵，不是漕运航运问题。大运河的河道（合理走向）和水利枢纽（合理调水）是研究的核心，也是大运河的载体，水利枢纽

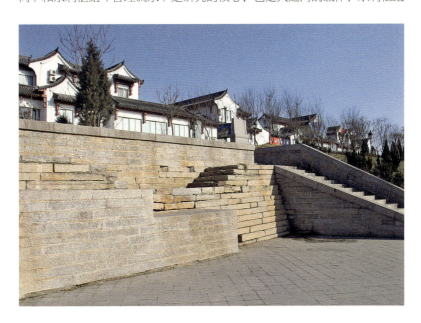

山东聊城新修建的运河码头，与原貌不可同日而语

代表当时的工程技术水平，是遗产最根本的价值。1958年后的新运河与此前不同，我们是保护什么呢？

运河北方段中（山东、河北）昔日的繁华已经荡然无存，只有在经济落后地区还能保持整体风貌，一些古迹文物众多、街巷空间布局完整的运河城镇，亟待整体保护、修建和管理。愿意迁出运河两岸的居民，由政府出资提供经济补偿或安顿住处进行安置。不愿迁走的居民，有关部门统一对其房屋进行修缮改造。历史遗产保护应遵循原真性，普通居民生活是大运河民俗文化内涵的重要组成部分，那么必须想办法留存在其中的社会生活可能吗？

不少生活在运河沿岸历史遗存的居民生活质量普遍不高，一些城镇在复原整修过程中人为割裂了历史遗存与居民生存的关系，甚至以"保护历史遗产"的名义牺牲了居民的生活利益，搬迁拆迁都付出不小的代价。从科学保护文物的角度讲，重视历史文化内涵不仅仅是建筑风格，尊重人的生存同样重要。考虑现实生活因素，不能忘记提升当地居民生活质量。

为了配合运河沿线城市要有赏心悦目的文化景观，大运河也要"整治一新"，沿线城市的房地产开发商乘机上马，鼓励越来越多的人们"择水而居，择水而行"，豪华的"水岸人家"住宅和"我家就在运河边"高楼在一些城市运河段拔地而起，这样的大运河还会是原貌原样吗？地貌完整性、真实性还会延续吗？保护文物就意味着保护历史环境，运河周边环境是文物古迹的组成部分，本身也体现着历史沧桑的信息，如果造成的污染越来越大"申遗"又有什么意义呢？弥漫着高度同质化的高楼和有着浓郁商业气息的商场，还能表明大运河的文化遗产内涵吗？

对大运河保护与申遗有不同观点，这无疑是一件好事。事关千秋大业，有议论总比鸦雀无声一言堂好，科学真理从来不怕不同议论，只有听从各方议论，才可能取得科学发展观的结论。

交通部宣布，"十一五"期间将把充分发挥京杭大运河航运作用摆在更重要的位置，加大公共基础设施升级扩能，改善通航环境，使运河通过能力增长40％。重点设施改造工程，使山东段扩能延伸，苏北段航道三级升二级，江南段四级升三级，可通航2000吨级和1000吨级船舶，济宁、徐州、杭州等六个港口，苏北的船闸以及沿线妨碍通航的桥梁都要给予加高拓展扩能改造。交通部负责人指出，京杭运河是历史悠久的古老航道，申遗活动和充分发挥它的航运功能是不矛盾的，大运河的开凿建设从历史上看首先是作为运输功能来发展的，如果因为申遗就把大运河作为景观河流保护，排斥它的运输功能，这是不恰当的（见《光明日报》2007年7月6日《中国水运：进入历史上规模最大的建设期》）。然而，从1949年后运河屡次扩能升级来看，每次都是炸掉原有的水闸堰堤，现在再升级扩能自然还要改变原有运河面貌，这能保持运河的真实性和完整性吗？发展理念和申遗保护之间所谓的"协调"只不过是美好的说辞罢了。

要动态的运河而不要静态的运河，要有水的运河而不要干涸的运河，要有创意有效益的运河而不要没回报没利益的运河，否则投入巨额资金值得吗？整条运河保护地方政府愿意投入钱，与城镇周边改造环境、开发房地产有关，在北方山东、河北、天津等地的一些农村（鲁西）与破败的小镇，已经夷为平地的河道，还有必要再需要吗？

有人断言：运河通航代价太大，已是一个可望不可及的梦幻。运河沿线城市一波又一波的规划设计中只有主题公园、娱乐广场、地标建筑等等，唯独很难见到真正运河的踪迹，很难见到水流舟楫的影子。

那么大运河有什么历史意义？是否值得原貌复原？这都值得我们进一步思考。如今申遗一条运河变成了58个点，整体不申报是全线保护管理不到位，从没有完完整整讲运河，不讲今天运河濒临危机，保护今天运河，都是分散式选点，连宁波所谓浙东运河也连线到大运河，大运河究竟有多大？是"泛运河化"，时代（隋唐、元明清）、地点（安徽柳孜、洛阳）、水道（新旧不分）都泛化，但漕运着重的终点长安却没有，三门峡漕运遗迹不提，既然说漕运是大运河的唯一功能，为什么不研究陕西境内的粮仓和转运仓呢？

大运河究竟是历史文化价值还是技术工程价值？各地都是宣传人文，保护资金投入的却是景观再现、旅游展示、环境改造（政绩工程），而真正的穿越几大水系的过河工程并未研究。大运河不只是漕运而是一条航道，这是东方亚细亚专制统治下动用大规模民力挖掘的巨大工程，能调动大规模民力是东方专制制度下举国体制的先进性、优越性，不服从不行。其历史价值需要深思。

最后我要顺便说一下大运河遗产保护中的事。一是2007年8月29日记者报道：南水北调大运河山东段2006年先期投入400万元用于文物保护经费，但是190多万被购买汽车、招待吃饭等挥霍，南水北调办公室审计后建议移交司法处理，遭到山东文化部门的包庇，至今双方僵持没有结果。二是大运河申遗技术性文本中历史观很差，不懂历史真实性与现实的差别，用技术取代了运河申遗的文化含量。写运河文本不从《汉书·河渠志》中引用，却从别的现代文献中转引，错别字都不知道怎么校正。特别是运河价值与衰落教训叙述不清，有些甚至失忆、失语，这都是需要我们认真反思的。

大运河并非全是辉煌无比的历史，而是命运多舛，清代以来一些北方河段屡次被废弃、被填埋、被毁损，说明它的使用价值丧失殆尽，从文化空间上我需要再次提醒大家，不能仅注意点状物态的桥、坝、闸、粮仓、码头、会馆等，更要注意制度的、民俗的、精神的多种形态，这才是文化遗产的话语表达和根脉延续。

2008年3月初稿，2012年9月1日星期六在中国文化遗产研究院专题座谈会上主讲发言。

湖北武汉市建黄鹤楼

历史文化名楼：
肩负城市的文化品位和景观功能

中国历史文化名楼既有多层面建筑风采，也有浓郁的文化品位与人文情怀，由于名气大、品位高、影响深，不仅是历史文化名城的重要组成部分，而且其价值与名镇、名村、名街、名寺、名居、名园等一样，也是一个值得分类厘清深入探讨的主题。一座名楼本身就是一个文脉遗产累积的过程，它所肩负的文化聚焦点使命，延伸了城市生活的时空，丰富了城市文化的景观。名楼遗产无疑有益于人们用地域文化优势提升城市文明，用远久历史文脉延续城市文化，用名楼突出的普世价值激活城市活力，这是我们已经做了或正在努力的方向。

一　历史文化名楼的文物价值

历史文化名楼首先要是建筑文物，需要整体保护、具体修缮和立体维护。建筑文物是文化的产物，是人类社会发展过程中的珍贵历史遗存物，是一个精神符号。城市需要历史名楼这类文化遗产，就是要以高雅质朴来弥补

湖南洞庭湖畔岳阳楼

浮躁喧嚣，以精神情操感召文明素养。

历史名楼类文化遗产对城市是一种丰富的滋养，清雅古朴改变城市的视觉形象，享受到市容古雅视觉之美。利用历史文化名楼疏导和化解"城市文化病"，无疑是城市文化功能中的一剂良方，对"宜居城市""都市文化"有着独特价值。历史名楼常常是一处地域文化的主要发祥地和承载地，也是时代发展和城市历史演变的见证者、旁观者。

历史文化名楼也是一个城市的镇城之宝，是一座都市的文化标志。如果说佛塔是一个平面建筑制高点的标志，而阁楼就是文化源流延续的历史标志。历史名楼不是宗教景观，而是文化景观。现在一些地方将佛塔与楼阁混为一谈，用佛塔代替楼阁这是需要区别的。至于寺院里的藏经楼、钟鼓楼、僧楼等只是衍生的附属建筑，例如苏州寒山寺的"夜半钟声"的钟楼，即使意境深幽，也不能列入名楼之内。

一个城市总不能忘记过去，而历史文化名楼就是过去登高望远的瞭望塔之一。名楼不仅是反映一个城市人文风景的窗口，也是体现一座城市文化内涵的缩影，名楼表现出一种独特的文化氛围和历史形态。

由于历史原因，我们中国历史文化名楼有些是毁灭后近些年又"重建"的而不是"复建"的，大多不能进入国家文物保护单位。我们首先必须厘清"复建"与"重建"的概念。在文物保护界，"复建"是对古代建筑的复制，必须按照文物的原形制、原结构，采用原材料、原工艺进行（即"四原"原则）。"复建"十分强调"原真性"，所用数据都必须是来自原文物的真实信息，也就是说，"复建"出来的建筑可以归为文物。"重建"与"仿建"对"原真性"和"四原"原则没有硬性要求，因而建成的建筑不过是仿古建筑，它们都只有与文物本体相似的外形而完全不具备任何文物所承载的历史价值，没有任何文物价值，比如北京永定门城楼重建后不仅偏离原址还偏离中轴线，这就是"复建"与"重建""仿建"本质上的区别所在。有人说复原、重建的古建筑不能以假古董视之，新复建的永定门就是文物，这个观点无疑背离了"古建文物是实物的史书、历史的见证"等基本价值，是值得商榷的。

按照文化遗产代表性建筑必须满足历史真实的根本性原则，历史文化名楼屡屡改建但必须保持原真性，特别是遗址类名楼更受关注。当然如果是建立一个纪念馆性质的文化名楼，搜集汇聚各类文物，把具有古代元素、符号的特色在这里体现、凸显，保存历史文脉，传承一种文化，即使借文物遗址或文化遗产地的名气重新搞一个文化产业品牌也可理解，如果专注于挖掘商业特质或旅游收入，那则是另一回事了。"复建"或"重建"如果搞得好，能找到一个与当地旅游文化市场的最佳结合点，并与其他城市文化景点连成一串，构成一个新文化内涵及其丰富的文化长廊，也许能成为功能城市走向文化城市的一个支点。

当下社会理解的遗产保护价值多是建筑形态，事实上我们更重要的是文化内涵的继承，这既是对本土文化的尊重，也体现人文素养的浸染。国际上对名人故居之类遗产保护都非常注重文化细节和参观者的举止要求。名人的创新思维、哲学基础、核心思想与独立批判意识等等人文精神才是遗产保护的价值所在。

历史文化名楼作为文物实体或遗产载体，其教育使命和精神属性决定了它的价值潜力，提升其价值财富的含金量，既要不落窠臼俗套走在老路子里，又要配合城市改造带来转型新动力，确实需要多元化的认真思考，不能急功近利地显摆政绩，这是塑造人文精神提升城市品格的文化大事，不可留下无法挽回的终生遗憾。我们要将历史文化名楼从一般生活家园保护提升到人类文明成果的传承水平来认识，并不是每一个城市都有炫目的历史文化名楼，所以它不是一个城市独属的印记，不是一个地区有权独自享受的产物，不是对当地经济有促进就可以随意处置的，它是全国人民共享的文物，甚至是人类文明共享的文化遗产。

山东蓬莱阁

二　历史文化名楼的文化品位

云南昆明大观楼

历史文化名楼品牌的深度打造，最重要的就是文化品位的存在和传承。名楼富有文化内涵，享受到文化之美和德行馨香，城市和市民的文化品位都得以提升。名楼润物无声提升着城市文化品位。名楼就是洗去尘埃宁神净虑的名品，金声玉振的名牌，不仅巩固了地域文化的品位，也提升了其中心地位。

名楼作为一种文化符号，是文化品位的象征，每一个城市都想据有自己的著名楼阁，表征自己的文化品位，厚重简朴、形体高大，但是通过强大之美包含着崇高壮美的艺术因子，"有声有韵、有形有神"，使人沉浸在浓厚的人文环境中，这才是吸引人的品位所在。

历史文化名楼的品位需要历史（时间）和文化两方面的检验，不是自说自话、自我肯定，打造出来的文化楼阁就是瞬间或短短几年提升的文化标志，但是文化需要长年累月的积淀，需要细嚼慢咽的认真品味，而不是吃快餐狼吞虎咽图一时之快，新建的文化标志性建筑与保护历史人文资源不是一块天地，没有对文明积淀的尊重与敬畏。我们对名楼不能只讲初级文化开发的故事性、趣味性、互动性，而不讲高级文化境界的独特性、地域性、民族性。"雅俗共赏"互相促进、互相制约才会保证文化的导向。

例如湖南岳阳楼反思自省的忧患文化，历千年不衰；山西永济鹳雀楼黄河横流、天人合一的灵感享誉古今；湖北武昌黄鹤楼崔颢、李白登楼尽收

眼底的吟诵名扬天下；江西南昌滕王阁王勃长天一色的胸襟声闻四海；云南昆明大观楼天下第一长联美誉华夏；山东蓬莱阁八仙过海传奇与寻仙信仰长久不衰；海市、山月、落霞、碧波、丹崖等等都与名楼名阁一起表现了对祖国大好河山的赞美和热爱。历史文化名楼从单体艺术遗留物扩展到文化遗产群体，呈现出主题丰富性、风格多元性、视角独特性和背景包容性，特别是诗章文赋为一座名楼、一座城市增添了无穷魅力，使人心态开放，崇尚自由，宽容神怡，文雅安闲，从而延伸出名楼画派、名楼诗家、名楼乐赋……，"形"与"神"在不断传唱中延续着名楼的鲜活生命，唤起着名楼文化的保护记忆。

西安、北京、南京等地的钟鼓楼是明清古城格局之心，"晨钟暮鼓"承袭了隋唐以来城市管理的理念精髓，不仅是城市中心四条街道轴线交汇的象征，而且是明清时代都市的报时中心，全城生息劳作均以"晨钟暮鼓"为度，背后有着至尊的权力象征。在古代，钟楼撞钟报时，鼓楼定更击鼓，极有规律的钟鼓楼声音成为官吏士民永不消逝的记忆，成为城市百姓报时祈福生活的"魂儿"。浓重的悠悠古韵代表了东亚城市社会和谐的内涵；巍巍钟鼓楼作为司时文化重要节点，也成为城市原住民心目中一道历史印记。特别是钟鼓楼作为古城中心原点，既是中轴线纵横交汇的历史刻度，又是城市文化传承的载体标志，对保护旧城风貌、保护城市个性、改善市中心环境，以及古都风格定位上都具有"完美互补"的积极意义。

各个名楼的文化理念与精神是息息相通的，它是人类文明不断进步的见证，它所展示历史真实的文物轮廓，就是致力于引导人们发现中华文化之美，积淀于精神财富以开辟文明之楼。尽管各地楼阁形态不一、材质不同，但它以文化脉络为线索，串起了历史文明的各个起源和特色。名楼作为文化遗产不仅是让生活更美好，更重要的是提高整体人民的文化品位。

名楼一直扮演着文化创意、建筑创造和文学创新的角色，但它的文化品位不是仅仅为体现古老厚重而翻晒的载体标本，不是为展一时景观之美，而是在激励千秋浩然之气。进入和观赏名楼就是一次人文精神洗礼，感悟经典，对话先贤，树立一种刚健独立的生命之态，淡出社会红尘静思人生的大度，为市民提供高尚的文化空间。

在今天传统文明与现代文明共融交汇的新起点上，历史文化名楼对化解当代人与城市之间日益严重的离异感、流浪感，有着集聚人心和汇聚人气的温情作用。一些历史文化名楼已经成为城市的超级游览区和度假区，或是夜晚的生活休闲区典范，其原因就是文化品位升级。历史文化名楼在一些地区，不仅可以弥补城市文化资源缺乏和枯竭欠账，而且成为大众旅游中心和新的城市形象，增强了城市"借楼造势""宜居环境"的休闲供给能力，有着公众文化品位的普惠性和普适性。

我们不赞成将历史名楼搞成一个热闹娱乐场所或商业交易集聚地，它的基本功能不是举办庙会集市，不是依托大杂院凸显自己身躯，不是街道巷口相接的延长点，它是一个优美的有尊严的综合景观，所以周围环境非常重要。过去很多城市改造模式就是毁坏历史文化资源以获得经济效益，历史名楼周边环境改造必须纳入可持续发展的文化战略，不能用开发商眼光去寻求短时间的经济效益。

　　一个历史名楼的形象是它个性的外化，是一个城市精神气质可视的表现，是一个地域共性的文化审美，有着独特的品位，绝不只是一种单纯景观。但是现在一些重建的新的名楼建筑多是商业性的、时髦的、没有精神内涵的"面子工程"，追求夜晚悬浮迷人的光影盛宴，犹如一座奇特的"太空堡垒"。我们并不简单地否定新的建筑结构和技术工艺，可是新的城市肌体若与历史的肌体在文化基因即文脉上没有必然的联系，则肯定是一种徒有其表的失败的楼阁建筑。

　　一座名楼就是一座神圣城市的精神文化坐标，一个有名楼与没有名楼的城市大不一样，许多没有名楼的城市都想制造名楼来打响自己的知名度，利用名楼创造自己的文化标志，所以，我们历史文化名楼一定要珍惜自己的文化品位，绝不能过度商业化，绝不能大展商业广告，历史文化名楼本身就是文化资源和文化品牌，不仅可为旅游经济、招商引资带来无可替代的经济效益，成为一笔无穷的财富收益，更重要的是也为整个城市带来了勃勃生机。

新修建的滕王阁

三 历史文化名楼的景观功能

我们的历史文化名楼大多都没有被单一地当成博物馆保留，不管是古建筑还是仿建、重建的楼阁都与城市人的生活有机结合起来了，并且常常与主题公园、文化一条街、市民广场等等联系在一起。因此景观特色非常重要，历史文化名楼常常是一个城市的地标建筑，在大量低矮建筑物做背景的情况下，历史名楼犹如一曲高潮屹立在世人面前，直到今天仍在延续着城市文化的长曲。但是历史名楼往往与佛塔、风景区、城市景观等遥相呼应，控制着城市的空间，在城市格局中有着独特的定位，甚至成为"建筑＋地域＋文化＋记忆"的模式。

我认为，以"软文化"提升"硬经济"是需要逐步有一个过程，不可能立竿见影成为文化产业发展的一个神话，如何让新思维植入"单一文化"模式，让文化之花结出"产业硕果"需要不断认真思考与探索。

历史文化名楼不是依靠雄壮巨丽、高大刺眼来显示尊贵威吓天下，而是依据绿地树木等周边环境衬托文化主题，要让这类名楼成为一座都市胸膛上的艺术殿堂。现在有的历史名楼往往被孤立在破碎的城市肌理中，周边杂乱无章、布局混乱，不仅丧失了景观天际线，也割断了历史名楼与城市环境的联系，使得名楼周围景观变得单调雷同，索然无味。

如何让厚重的历史文化名楼重放异彩，不仅是领略建筑的精彩，更重要的是文化的魅力。仅就景观功能来说，历史文化名楼面临着三种危机：

一是城市规划中被"过度化"，将历史上的名楼改造成没有文化品位的现代高楼大厦，与鳞次栉比的大楼没有明显区别，或是周边没有控高的高层建筑疯长，将文化名楼淹没在低洼"盆地"之下，失去了文化地标的作用。

二是城市品牌中被"低俗化"，历史文化名楼是城市形象识别度最明显的标志，也是聚集人气、提升城市影响力的品牌，有些城市为了改变"物质发达而文化简陋"的现状与困境，祈灵建一座名楼干一件大事，以此获得外界的关注与尊敬，将名楼建成一个"洋气十足"的建筑物，特别是在目前"千城一面""楼房一律"的通病状况下，名楼被"妖化""低俗化"，粗俗滥造、缺乏创意，还贴上佛教天堂、道家仙境、天主伊甸园等标签。西门庆的"狮子楼"，也被树立为文化旅游产业的品牌，沦为赤裸裸的物质与欲望狂欢，实在令人难以苟同。

三是城市主体中被"离心化"，随着一些城市新区的建设，有的历史文化名楼被远离新城区，变成了边缘地带的旧迹，使得历史文化名楼的文化功能严重萎缩，游人寥寥无几，拜访者稀少，逐渐冷却了人气，丧失了归属感，新城市文化病越来越严重，历史文化名楼的独特价值与城市功能亦渐渐被弱化了。

我认为，现在各地忙于"申遗热"，对历史文化名楼注入新的人文内涵重视还不够，出现诠释比较单一、造型雷同相仿的图景。其实"申遗"也是文化记忆重塑的过程，虽然原遗址建立和易地重建是记忆变迁的一个分水岭，但名楼具有纪念碑式的提供历史文化记忆的功能，名楼就是记忆的场所和地点。评定世界遗产的过程实质上是将一些重要文化信息提炼出来，评判其文化价值和自然环境。而名楼具有"遗产景观"、"文化景观"的历史价值与建筑艺术的双重功能，具有"天人合一"的思想理念，这些都是需要我们详细认知的。

每一个城市都有过难以言喻的历史伤痕，都遇到过城市改造"旧貌换新颜"的挑战，都面临过文化遗产消失的威胁，在许多古城被遗弃的角落里，只有历史文化名楼不能遗忘，因为名楼有着独特的灵魂和传承的生命，不仅有着地域滋养，还有着精神品质，记录着文明，承载着文化，它已是城市的文化财富和重要遗产。尤其在今天，名楼对引领一个城市文化、传承城市风骨、滋润着文化精神都有着多元的特殊作用，我们一定要围绕名楼的文物价值、文化品位和景观功能做好做强这个课题，让名楼更具魅力风采，活力四射。

本文为第八届中国历史名楼论坛上主旨演讲稿，发表于《中国文化遗产》2012年第3期。

历史名楼与人文境界

（一）

　　历史名楼靠的是千百年来传播的文化名气，依赖的是卓越杰出的人文境界，支撑的是艺术创造的经典样式，而不仅仅是一个自身简单的建筑载体。即使今天复建、仿建的文化名楼不是国家级文物，也是一种活态文化的空间扩展和历史延续。历史名楼植根于文化沃土，必须和人文境界"水乳相融"起来，方能吸引人们或凭吊怀念或追忆理想年华。

　　历史名楼是文化记忆的遗产，是用逝去的建筑、残存的图纸、吟诵的诗歌、赞叹的文赋、流传的碑刻等等共同构筑的祖先遗产。历史名楼有自己的独特规划、整体格局、传统空间和艺术魅力，人们对历史文化名楼有着自己的直观感知和独特认识，长期以来形成的中国"四大名楼"甚至成为世人心中的文学圣地。这是因为历史名楼大多是用很优美的文字描写的对象，既有官方文献、纪念性题刻，也有政府档案、文人游记、民间传说等等的记录，这么多文字的记载不管是官府文献还是民间故事，都是值得记忆的文化遗产。

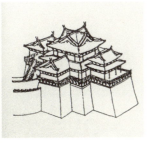

宋代画家描绘的黄鹤楼
湖北武汉新建黄鹤楼

　　历史文化名楼屡毁屡建，就是依靠人文的力量。在漫长的文化旅程中，登楼诗赋作为文学创作起着引导作用和推动作用。历代推崇的江南三大名楼或是中国四大名楼，莫不如此。黄鹤楼有崔颢七律诗《黄鹤楼》"黄鹤一去不复返，白云千载空悠悠"；传说奇雅。滕王阁有王勃骈体文《滕王阁序》"落霞与孤鹜齐飞，秋水共长天一色"；美不胜收。范仲淹散文《岳阳楼记》"先天下之忧而忧，后天下之乐而乐"；感人至深。鹳雀楼有王之涣的五言绝句"欲穷千里目，更上一层楼"；励志千秋。这些名楼都是因诗而名、因文而名、因文人而名，尽管王勃《滕王阁序》抒发的是"小我"，范仲淹《岳阳楼记》抒发的是"大我"，《滕王阁序》没有《岳阳楼记》那样具有高远的思想境界，但是它的名句脍炙人口，流传了一代又一代。正因为名楼承载了人文境界和经典诗赋，四大名楼才能名满天下传诵千秋，才能倒了再建、毁了再重建，才能够建楼千载历久弥新。

　　古人登楼就是要通过审美的眼光表达更高的人文境界，通过朝霞日出、夕阳西下感叹人生的起点与终点，通过楼阁建筑意匠赞美有限人生中的大彻大悟，这不仅充分证明文学的魅力，也说明人文精神的历史穿透力要远远大于任何物质的堆砌。

　　有些历史名楼作为一种仿古建筑尽管不是文物，但是恢复新建的是名楼文化标志，蕴含着许多历史文化信息，按照文物保护法的要求，不可移动文物已经全部毁坏的，只可以在遗址实施保护，不得在原址重建。新建的名楼作为一个现代城市打造文化标志性建筑是允许的，但不必硬将它比作文物，或者拔高说成是历史建筑，关键是赋予它"人气"与"灵性"。

历史名楼由于没有建设部、国家文物局等部门牵头主管，所以其保护、修复一直处于空白状态，按照具有历史、艺术、科学价值的文化资源就是《文物法》保护对象的条文，历史名楼就是文物，但是因为现在名楼涉及复制、复建、复修或是仿建、重建、新建等等问题，容易被人们"误判""误读""误解"，处于有偏差的尴尬地位，所以长期以来没有得到国家层面的认可，仅仅划入文学、史学、艺术等等描述的人文领域内，而在行政层面上则是划归于地方旅游景区管理。

需要甄别的是，目前有的地方追求文化政绩化，搞一些"假古董"，充满了暴发户的色彩，这是绝对要不得的。任何城市的文化都是一个地域人们审美积累的结果，是历史不断形成的积淀，我们正是依据有历史背景、有人文传诵来判断历史上形成的一些名楼文化遗址，尽管它不是原址原貌的建筑物，但是世世代代已经认定而形成的文化名楼遗迹，对今天人们仍有极大的凝聚力、号召力和教育意义，作为悠远的中华文明的见证，则是可以追忆，并在追忆中形成文化认可的共识。

中国历史上改朝换代频繁，社会动荡不断，自然灾害又多，名楼被毁乃属于被破坏之列，有的名楼被侵略者占据作为碉堡岗楼，有的名楼被当地政府作为库房堆积，所以依据历史建筑原来形制恢复轮廓形貌，虽然不是复原了古建筑文物，但是恢复一个文化标志，建立一个纪念地，无疑是应该的，也是符合展示景观文化的标志。

历史名楼建筑多次修复改建，这是形体的变化或是外表的异化，但名楼承载的中华文化精神是始终不能变的，人们到这里来游览怀旧"质沿古意，文变今情"，核心的文化价值是人人必须遵守的，居安思危、砥砺前行、登高望远的人文精神则是永恒不变的。

（二）

在19世纪以前，中国历史名楼往往是城市里最高的建筑之一，堪与佛教寺院中的佛塔媲美，它不是深藏于城市重重围墙之中，或是与中轴线对齐摆正，而是暴露挺立在公共视野里。直至现代，它们的高大形体仍然耸立在周边低矮民宅建筑之上，仍然给人一种建筑高耸、挺拔的强烈印象。

然而，现在各个城市包括历史名城中的楼阁，往往被改造成超高的巍峨新楼，放在中央体现出一场浮华的建筑盛宴。有的安装直达电梯，热闹非凡；有的安装激光灯源，灯红酒绿；有的甚至与歌舞厅连为一体，丰乳肥臀，笨花呆枝；早已没有登高望远、触景生情、心潮澎湃的人文意境。但还是美其名曰历史名楼是文化产业的突破口，将历史名楼作为"民俗风情"第三产业挣钱的大树，精神审美、反省历史的人文境界完全消失了。

目前我国有历史文化名城119个，其中13个城市已经没有历史文化街区，很多城市也没有历史文化名楼，甚至连古塔也没有。加之近年来拆旧建新的城市改造，更是难以保留下我们急需保护的文物古迹和历史遗存。一些文化名楼周边的环境变化极大，昔日的楼台亭阁消磨了昔日那种独立格局和精神高耸的气势，产生不了诗意和激情，只能是一个纯粹供人们游玩的景点，因为原始风貌已经逝去，原始环境已经变化。类似的名楼环境遭遇有很多，人们已经难以细数历史的痕迹，更不要说竞相传播脍炙人口的诗词文赋，那种沉浸文化回味的情感早已荡然无存了。

不少地方对历史名楼的认定与保护思路是以"文物年代""文人来过"等为标准，修建追求也是以青砖黛瓦、明清风范为标准，但是很多人没有认识到，历史名楼并不仅仅是个别名人或是历史事件构成的，普遍意义上的大众生活才是构成文化的根基，人文环境产生的人生际遇、人生感叹、人生抒怀以及对人类的关爱才是历史名楼真正的文化底蕴。

不管是历史名楼还是文化名楼，如果缺少人文环境的熏陶，不能将人们带回遥远的年代，不能让人们浸润文明的体悟而产生联想，就像天地之间缺少平湖烟雨、壮丽山河，那么这座楼也就生命枯竭、岁月停滞，还能引起人们的审美兴趣与文化反思吗？因而，一个名楼有着古典文学和古建风格的双重影响，正是凭借着历史的厚重积淀，古典文学才能穿越时代局限成为名楼的引导，吸引着络绎不绝的参访人们，满足着观众人性的自然流露和人文境界的不灭梦想。

配合岳阳楼环境而新修的岳阳城墙

088

每当我们吟诵历史文化名楼楹联、对联和诗词文赋时，"文藉景生、景藉文传"，就会感到历史的巨变、命运的折冲、文化的选择和价值的判断，这些都是浑然一体的人文境界，跨越了名楼本身建筑的宏阔厚重，有着自己独特的历史定位。在历史文化名楼上，我们感到人文精神不能被现代灯红酒绿湮没，它用另一种方式得到了延续。可以说，游览历史文化名楼不会随着时间的流逝而削减，其生命力反而呈与时俱增之势，根本原因就是人文的力量，看似细微无形，实则绵长深远，不仅深入人心塑造着人们的思想，而且作为名楼建筑与文学艺术的结合体，通过继承传播生生不息，这是名楼长盛不衰的根基所在。

历史名楼其实是人文观照下高度理性的产物，它不仅显示着上千年以来楼阁建筑脉络的延续，更重要的是它属于很重要的城市记忆遗产。历史名楼曾是中国人的骄傲，现在继续催生着城市的知名度，提升着城市文化生活的品位，是宜居、宜游、宜学的城市价值体现。所以，正视名楼的历史是一个城市应有的文化品位，弘扬历史名楼的人文精神更应是一个民族的品格。

（三）

名楼作为历史文化的记忆，构筑着现代城市之美，既为城市增添了一份无与伦比的别样风情，又为城市人民生活增加了人文情怀。名楼是珍稀的文化载体，文化是活着的名楼灵魂。优秀文化和人文景观，是名楼旅游欣赏的发展之魂。

现在不是名楼不高不大，但经常出现实体穿越（名曰汉代实为清代风

民国初年修建的长沙天一阁

格）和灵魂抽离（将家国意识软化为情爱缠绵），时空错位映射着当代人常常失去了人文情怀，阉割了深邃的思想，丧失了激荡心灵的力量，所以再也写不出传诵千年的名楼散文歌赋，来赞美名楼文化的内涵与精神。名楼本身历经千载动荡往往命运多舛、沉浮多变，在一个物欲充斥、光怪陆离的社会里，即使人们登楼凭照，景致欣赏与人文情怀也是分离的，这是一件悲哀的事情。

名楼带来的人文效应是最需要珍稀、挖掘和发扬的地方，名楼延承其所带来的文化独特性，才是城市最有价值之处，构成了城市文化的核心竞争力。尽管名楼历经沧桑早已剥离了古代遗址那种研究功能，可是具有观赏价值的名楼往往就是城市文化的标志。现在没有文化的高楼大厦很多很多，高新奇特的造型也到处涌现，但没有文化的味道与人文的环境，浅薄、生硬、单调的风格四处可见，又能有几座让人留下深刻印象呢？

历史名楼带给人们的首先是创造灵感，是文化的差异。现在一些城市急于修建文化名楼、名阁、名亭，从北京永定河畔仿黄鹤楼造型的"永定楼"到宁夏青铜峡"黄河金岸第一楼"，从西安未央湖仿汉代大风阁到开封仿宋代第一楼；虽高达百米以上，可大多雷同，无非是飞檐翘角、钩心斗角、层层叠压，再不就是圆门壶窗、攒尖闾顶、琉璃套瓦，不分历史年代造型，不分南方建筑风格，不分江河湖海临水差异，统统一个格调一个模式，丧失了历史文化名楼的灵气、灵感、灵魂，削弱了文化城市的尊贵身份和独有特

水天一色的岳阳楼

征，我们搞工程技术出身的建筑设计师对中国文化名楼的文化演进、时尚变奏、文人心理等有多少深入的了解呢？对名楼在记载历史、传承文化、交流情感、享受艺术等方面的作用又有多少感悟呢？没有人文学者拓宽眼界指点迷津，单靠科技先进也不能创造出文明的高度和精深的文化，一座名楼的人文效应可能十几年或者几十年后才显见，而且是一般能工巧匠所无法比拟的施惠。

名楼是一种表达诗人墨客和普通游客心情的终端，具有教化人心的作用。建筑能影响人的思想，也可以让人激发灵感，人文环境非常重要。用名楼讲述中国人对天地宇宙、精神陶冶与文化生活的理解，无疑是为文明发展提供答卷。如果说平庸的建筑与平庸的街衢，是文化灵魂失落的表现，是格调低下、文化稀薄的缺憾，那么历史文化名楼如果没有人文精神支撑，那也就是一座平庸的阁楼，因为它无法将名楼所包含的地域特色、人文韵味、文学典故、民俗风情统统搬上文化景观的舞台。

我们要从历史名楼的内涵、外延、重点、全面等几个方面切入，形成每一个城市的历史名楼都可以带动一条人文线，活动一片保护区，感动一个人文格局。虽然单靠历史文化名楼现在不可能带来一座城市回肠荡气的文化复兴，但是开山立祖的文史作品字字珠玑影响着世人，至少它所能起到孕育文化自豪感的精神作用，带给世人的人文境界是不言而喻的。当前，如何将名楼的无形文化转变成有形的人文价值，将历史名楼的古老价值转化成活的文化生命，仍是我们需要探讨的方向。

名楼建筑有文化记忆价值的历史遗存，更是市民文化生活中的一道"精神盛宴"，承载着多少代人的文化情感，几十年后或是数百年后，子孙后世还能铭记历史名楼带来的人文深思，那就达到我们追求胸怀博大、境界高远的目的了。

回首人类文明发展，每一座具有深厚文化底蕴和时代印记的建筑都是不该遗忘的，有历史记忆才能创造未来，当然更离不开与其相适应的人文环境。中国从唐宋以后形成的名楼文化遍及许多地方，有的历史名楼甚至成为人们心中必须朝拜的地方，人文的力量无疑是最重要的支撑和推动力量。我们绝不能只重视名楼修建的外在造型，而忽视了名楼最根本核心价值是崇高的人文境界。历史的"根"与人文的"魂"是历史文化名楼永远守望的责任，也是永不放弃的使命。

2012年11月3日在长沙第九届中国名楼论坛上的演讲，收入《2012中国历史文化名楼年会暨第九届名楼论坛文集》。

修复后的南京城墙

第四章

城市延续篇

唐长安城毁灭一千一百年祭

904年是唐代天祐元年，农历纪年为甲子年，亦是唐朝末期社会动荡即将灭亡、国难最为深重的一年。这年遭到万世唾骂的军阀朱温命令其部将出兵，强迫驱赶唐皇室及长安士民东迁洛阳，拆毁长安皇家宫殿、百司衙署与城内民房，拆下的建筑木料被推拉至渭河浮水而下，被迁者号哭载道，老幼相随，流离漂泊，月余不绝，长安顿时坍压毁圮变为残砖烂瓦，中国历史上规模最宏伟的都城从此土崩瓦解、一片废墟，成为尘埃落定后人们长期隐痛的记忆和永恒的怀念。

试想如今西安城仍号称历史名城，其实连"历史名片儿"、"历史名线儿"都不见了，至多有大雁塔和小雁塔两个"历史名点儿"以及零散的大明宫、兴庆宫、青龙寺等历史遗迹保护点，谁还能直观地把现在的西安城和比它大7.5倍的唐代长安城相联系呢？回顾一千一百年前这段惊心动魄的野蛮拆迁，祭悼无辜士民的悲惨境遇，铭记历史文化遗产被毁的国殇，对我们还是大有裨益。

（一）

建筑是无字的丰碑，是文化遗产的载体。唐代长安城是中国古代城市建设和建筑发展到极盛期的荟萃之地，代表当时建筑最高成就的优秀精品大都集中在这里，整个城市布局严谨，街衢修直，殿堂宏大，楼阁栉比，有

陕西关中地区古都
帝陵鸟瞰图

皇城、宫城、里坊及东西两市，即使不计大明宫，城区面积已达83.1平方公里，比50平方公里的北宋开封、元大都和60平方公里的明清北京城都大，是公元6—9世纪东亚乃至世界第一大城，也是绵延万里的丝绸之路起点和当时的国际性大都市。

从城市规划而论，唐长安沿用隋大兴城的"创制"规划，一反秦汉以来"面朝后市"的布局，将宫城、皇城居中偏北，更突出周天之内群星环拱紫微垣的思想，强调宫廷不与民居区域混杂。整个城市以150米宽的朱雀大街为中轴线严格对称划分，城内南北大街11条，东西大街14条，全城道路形成方格网状，将城内分割为五类面积大小不等的109个坊和2个市，平面如同围棋盘，呈现出整齐划一、秩序均衡的壮观风貌，成为城市布局演变的新起点。

从建筑环境而论，长安东西17公里、南北40公里的开阔平原以龙首原作为自然分界线，形成东南高、西北低和北部平展、南部起伏的地势，隋唐规划者利用六条冈阜高坡地形布设不同类型的建筑物，皇家宫殿最高，衙署厅堂次之，重要寺观和贵官住宅又次之，它们大都占据高地，与一般下层民居有着鲜明对照，透视这种高低错落的立体轮廓使建筑空间布局更为庄严宽敞，使冈原地理环境犹如一条条横卧的游龙，定位居高临下，选址地设天造。

从建筑组群而论，唐长安的居住庭院和宫殿、寺观、衙署的廊院，在传统的四合院基础上进而组合发展为相当复杂的组群布局，院落重叠并纵横双向扩展，构成参差错落、变幻莫测的群体建筑。如章敬寺建造有48个院落，4130余间房；西明寺有10多个院落，4000余间房；慈恩寺有几十个院落，1899间房。这种大规模的建筑组群构成有层次、有深度又富有变化的空间，犹如一幅展开的中国手卷画，使人在一连串建筑序列中走向艺术审美高潮。

从单体建筑而论，始建于唐高宗龙朔二年（662年）的大明宫含元殿，其遗址经几次考古测量推定为面阔11间，进深4间，横架结构，带有周围

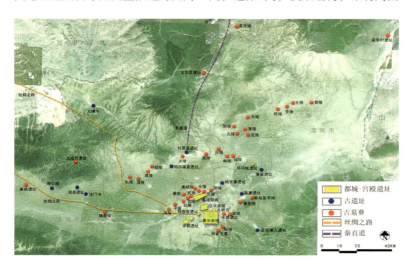

陕西大遗址分布图（局部）

行廊的重檐建筑，是3.2平方公里宫城中的最高点，仅"龙尾道"就长约70米，单体建筑面积2000平方米，内部净跨达10米，与现存中国最大木结构建筑明长陵陵恩殿和故宫太和殿面积相等。而麟德殿南北纵列复合三殿面积达1.23万平方米，在尺度与体量上足可容纳下两个北京故宫太和殿。

从建筑形象而论，唐西内太极宫承天门五个门道宽度分别为8.5米、6.4米、6.2米，明清天安门五个门口则分别为5.25米、4.43米、3.83米，从门道结构的跨度比例可推算出两者的形体高度，如果说天安门建筑形象已十分雄伟，那么承天门的建筑形象应更加巍峨壮丽。尤其是大明宫含元殿左右以飞廊连接的东翔鸾、西栖凤两座阙楼，高出地面15米，整体采用雉门形制，比故宫午门东西二阙距离大出一半，伟岸高峻，气势非凡，成为"盛唐气象"的象征。

从建筑类型而论，唐长安城垣门阙、宫殿楼阁、离宫行馆、府邸住宅、寺院道观、园林造景、别墅亭池等均有自己的特色，建筑类型成熟完备，据考古发掘的单座平面造型式样就有一字形、丁字形、六角形、日字形、山字形等几十种，像翰林院长方形的五座厅堂遗址，西市的毗连圆形建筑遗址，都使人想见建筑类型的多样变化。此外，外旁廓城有近8公里长的复道夹壁，许多建筑内还有暗室"复壁"，皆超出了人们的一般想象。

从建筑艺术而论，唐长安建筑造型艺术比起后世宋元明清各代，远为简明秀拔，其色调淡雅明快，屋顶舒展平远，一些大的纪念性建筑"以木为瓦，夹纻漆之"，或"铸铜为瓦，金粉涂之"。已知使用的琉璃瓦绿、黄、蓝诸色繁多，大理石莲瓣柱础宏大，铺砌花砖打磨光滑，屋脊鸱吻弯弓高直，斗拱毫无繁琐堆砌，平整雄厚的台基和干栏式基座分别使用，仅兴庆宫遗址出土的莲纹瓦当就有73种之多，琳琅满目，变化多样，可谓神工鬼斧，巧夺天工。

如果说唐长安能为中国古代文明充当一种独特的象征，或为人类建筑文化提供一种特殊的见证，那么我们可以看出它具有五个突出特点：一是城市规划气势恢弘，多重格局博大开阔；二是文化品位极高，造型高大构思精奇；三是建筑艺术精湛，变化无穷交相辉映；四是建筑成就辉煌，雄浑屹立别具一格；五是文明内涵丰富，精神理念与物质技术紧密结合。这些特点既具有浓郁的中原地域文化风格，又具有中西文化多种交融的色彩，颠峰之作比比皆是，堪称同时代世界建筑中的创造性杰作，从不同侧面反映了中华文明历史遗产的脉络与进程。

（二）

毁灭建筑就是销毁历史，而愚蠢地毁掉一座城市，更是对整个社会财富的破坏，不仅给全体民众带来巨大的灾难，还造成文化积累的中断。因为唐长安的毁灭与后世的拆除改造，曾经壮丽辉煌的东亚古代建筑遗产无法直接留给后人再去借鉴。尽管唐长安城主体格局经过现代考古发掘有了大致的推测，但唐代建筑所凝固的历史见证、文化标志、审美意识、心灵寄托、精湛技艺、民族风貌却永远的消失了。

建筑历史的阶段性失传，使以唐长安为代表的中国古代建筑成为一个远未被现代人充分认识的智慧宝库，有许多千古之谜历尽沧桑至今无法破解。

在城市环境建设中，唐长安开掘有龙首、清明、永安三条水渠，分别从城外引浐水、洨水、潏水进城，其用途推测大概是北入宫苑解决环境用水。有的渠宽6米，有的渠宽9米，流布穿越全城坊里，需要建多少涵洞和城内桥梁尚不清楚；渠深也各不相同，有些地段渠底比路面还高，水流如何沿岗坡地势提升，又如何穿过城墙与坊墙，均没有探测明白。西市漕渠水深丈余尺运木材、薪炭等储备物资，怎么与市内街巷排水暗道相连接还有待研究。

在皇家宫殿建筑中，大明宫清思殿遗址考古发掘证明，其台基平面呈长方形，南北宽33米，殿面阔11间，进深4间。据《旧唐书》记载敬宗造此殿时，用铜镜三千片，黄、白金箔十万番，金碧辉煌，罕称人间，用着这些贵重材料装饰四壁是否就是史书中"世称其丽"的"镜堂"呢？奢华气势又在何时销声匿迹呢？大明宫西北隅三清殿是皇室崇奉道教的建筑之一，仅版筑夯土台就高出地面15米，周围包砌砖壁，南北长78.6米，东西宽53米，面积4000平方米，考古发现大量绿釉琉璃瓦和鎏金铜装饰残片，证实其豪华宏丽，但装饰工艺世人莫知，具体尺度和分割比例也无满意解答。

在离宫园林建筑中，华清宫皇帝莲花汤是用莹澈如玉的范阳白石所砌建的，并以石梁为顶横亘汤上，我曾推测与古罗马沐浴石构建筑相似，现在汤池遗址上复建的木构大屋顶不知有何依据。唐玄宗凉殿"四隅积水成帘飞洒"和太平坊王鉷宅园 "飞流四注"的"自雨亭"，均为引水上檐、悬波如瀑的消夏避暑建筑，是否模仿拜占庭夏宫建筑还在推测。从曲江苑园区出土的淡绿玉龙首建筑构件，晶莹透亮，娴熟巧妙，但究竟装饰在何种建筑部位上却无人知晓。

在宗庙礼制建筑中，长安明德门以东二里的天坛已被考古揭露出来，祭天圜丘是重叠同心圆的形制得到证实，但没有镶砌砖石，仅仅是素土夯筑抹白灰而成，其简陋单调的筑造方法与人们想象并不吻合，似乎不符合崇高肃穆的祭天建筑规格，隋唐300年间多次修复保护却不用砖石令人蹊跷。而坐落在长安北郊十四里的地坛、春明门外的日坛、开远门外的月坛、通化门外的先农坛等礼制建筑，曾渲染出天人感应、风调雨顺的建筑形象则湮灭荒废，停留在无法探明的书本概念上。

在坊里住宅建筑中，贵族高官的宅第豪华奢侈，宜阳坊虢国夫人的"合欢堂"花费千万，曾有暴风拔树砸到堂顶，竟无损伤，原来陶瓦覆盖下皆用精致的木瓦铺垫，其中木构技术令后人难以推测。安仁坊元载修建的"芸辉堂"，采用于阗出产的洁白如玉、入土不烂的芸辉香草碎屑泥壁，这种植物草用于建筑装修的具体方法，至今不明。唐敬宗时波斯商人千里迢迢专门献上沉香木料，在长安构建费煞匠心的沉香亭子，但其独特构建技术已无记载。

在佛道宗教建筑中，阁楼式大雁塔究竟是七层还是十层？众说纷纭很难定论。密檐式小雁塔究竟是白垩色还是青砖色？也莫衷一是不能确定。丰乐坊法界尼寺对峙并列各高一百三十尺的寺塔号称"双浮图"，因早已坍塌，木结构还是砖结构史无记载。庄严寺、大总持寺的木塔皆为"三百二十尺，周回一百二十步"，按唐尺换算约合90余米，比现存全国最古老的山西应县辽代木塔还高出23米多，其杆件组合技术是否运用了结构力学尚有待研究，为何后世廖若晨星逐渐失传？这一现象没找到令人满意的解释。

在外来宗教建筑中，自中亚传入唐代中国内地的祆教、景教、摩尼教，都离不开其寺院的建立，寺院是其教会传播教义的大本营和教团僧侣活动的大据点。但是否有波斯下方上圆的集中式穹顶建筑，因历史文献和考古资料的短缺，似难确定。长安有祆祠5座、波斯寺2座，然而，摩尼教寺院的位置，一直是千古悬案。本人曾长期寻踪探察，认为唐高宗永徽、显庆年间（650—661年）就曾在长安怀远坊改建有以佛化面貌出现的摩尼教"光明寺"，唐玄宗开元七年（719年）在长安建立的摩尼教"法堂"可能挂靠于怀远坊光明寺，唐代宗大历三年（768年）又在长安开明坊新建有另一所规模宏大的摩尼教"光明寺"，并在唐宪宗元和年间继续修葺扩建，直至唐武宗会昌三年（843年）时被拆除，随着长安的毁灭再无遗痕。但摩尼教寺院位置的推测与分析直至目前仍无法证实。

中国古代都城因自然灾害或灾变威胁造成的消失还比较少见，更多的是因战乱所造成，每一个王朝末期的动荡战乱，都会采取极端手段破坏城市

西安城墙北门箭楼

建筑。为了显示征服者的胜利，甚至不惜摧毁前朝文化和扫荡前世影响，动用非理性的残酷报复手段让都城全部毁灭，付出巨大的代价让被征服者心理震慑。从秦咸阳、汉长安到北魏洛阳城，从北宋东京到元大都，所有著名的都城都经过狂飙摧折和火狱煎熬，除了唐朝延续了隋大兴城和清朝侥幸延续明北京城外，人们历来缺乏对城市保护的道义和责任，缺少对文明积淀的尊重，缺少对子孙后代的永恒之心，没有"隔离缓冲""文物避难"的传统以及抢救保护古迹的措施。唐长安自然也不会历万劫而不死，留下建筑的待解谜团只好凭后世猜测，笼罩在古城的重重迷雾也一直无法消散。

（三）

唐长安城与意大利的罗马、希腊的雅典、埃及的开罗合称为世界四大古城，但相对已经形成完整体系的西方古典建筑学而言，唐代建筑乃至中国古代建筑尽管有现存实例、有历史记载，却迄今还没有明确的理论阐述，况且现存实例也很少，史书记载又很简约零乱，古代工匠地位不高，充其量仅是宫廷的供奉，师徒口头传授不重著述。也正因如此，学术界某些人对唐长安城市规划、建筑设计等创造意匠持有臧否的不和谐声音。

有人宣言唐长安是寰宇大一统封建集权意识观念的产物，是儒家中庸、守旧、抗变思想的缩影，"六街鼓绝行人歇，九衢茫茫空有月"，是实行夜禁严密封闭的军事堡垒。有人贬低唐长安是拘泥硬套《周礼·考工记》等级森严、宗法礼制规范的约束标志，厚重夯土墙继续使用是造型和结构技术上墨守成规的反映。有人斥责唐长安是封建文化禁锢政策下的陈列品，棋格式布局是迎合统治者需要而出现的畸形怪胎。他们认为中国古代木结构建筑形式几千年铁板一块，基本不变，不是美学的物化形式，不是对人体和个性赞美的反映，因此，同欧洲古希腊、古罗马建筑艺术相比，著名的文化遗产相对贫乏。

100

这种情绪化、狭隘偏激地理解唐长安这座具有历史意义的旷世伟构，貌似"现代理念"、"反省意识"，实际上是完全脱离了当时社会背景和时代特点的错位谬误，是对中西建筑传统理念和民族文化差异的迷惘混乱，是对中国古建筑的蔑视鄙夷和对优秀传统文化遗产的摒弃否定，这正是我们民族文明和建筑丰碑长期以来得不到全面评价的原因之一。

　　梁思成先生曾指出："作为政治、经济、文化的综合的反映，唐代的建筑也出现了突出的高峰。在隋大兴城的基础上，当时世界上最大的、规模最完善的都城—长安，建造起来了。近年来对于城墙和宫殿遗址的发掘证明了文献中所记载的宏伟规模和富丽的建筑。"（《中国古代建筑史绪论》第六稿）宋代到清代"这九百多年之间，建筑的气魄和结构的直率，的确一代不如一代"。（《清式营造则例·绪论》）刘敦桢先生也总结说"唐朝的城市布局和建筑风格的特点是规模宏大，气魄雄浑，格调高迈，整齐而不呆板，华美而不纤巧"。"唐朝的建筑艺术，在南北朝成就的基础上，使建筑与雕刻装饰进一步融化提高，创造出了统一和谐的风格，取得了辉煌灿烂的成就"。（《中国古代建筑史》第17页）

　　唐长安在中国古代都市中最具有国际大都会的特质，胡人移民众多，胡风文化盛行，尽管具有东方建筑风格的独立体系，实际上吸纳了许多中亚、西亚和南亚建筑文化的因素，有些石构建筑甚至完全融合了外来文明。砖石佛塔砌作木构形制最先在唐长安蔚成大观，四色琉璃瓦最先在长安宫殿建筑中广泛使用，祆教、景教、摩尼教等外来宗教的教堂最先在长安建立，采用壁画装饰建筑是最先在长安寺院中普及的，"诗情画意"的禅风主题是最先在长安佛寺园林建筑中表现的，可说是有许多中西建筑体系的交融。同样，唐长安的都城规划设计也被邻近国家和周边政权所摹拟仿效，如7世纪后日本陆续兴建的藤原、难波、平城、长冈、平安五座京城，渤海上京龙泉府、

新建的高楼压抑小雁塔

101

中京显德府、东京龙原府三座城，以及中亚碎叶城、怛逻斯城等，朝鲜高句丽时期、新罗时期的建筑结构、装饰艺术、园林景观等遗存，大量吸收唐朝建筑风格，有些佛寺建筑就是唐朝的典型翻版。时至今日，联合国教科文组织仍关注着唐长安建筑史迹的保护，利用保护世界文化遗产日本信托基金对含元殿遗址台基进行保护性复原整修，这正是对古代东方伟大建筑风采辐射作用不容置疑的确认。

时过境迁的是，唐长安建筑的人文环境和自然环境如今已经嬗变，不仅"八水绕长安"的优美景色荡然无存，而且"举目望终南"的视觉环境完全消失，尤其是近年西安大规模跑马圈地开发改造，已使人们无法维持住古城原有的、脆弱的文脉肌理，千古名城风貌愈发名存实亡，在"西部大开发"的旗号下肆意拆毁传统建筑，决策者把保护对象搞得面目皆非，不受约束的"千城一面"规划和短视的"富人区"房地产建设，使一批粗糙模仿"欧陆风"的建筑墩立在历史文化遗产大保护区内，甚至刻意追求用新建的高楼大厦去簇拥古城，改变城市的特质与历史轮廓线，没有文物保护缓冲区，显露出浮华造作的外观，这和千年前唐长安被毁灭在实际效果上如出一辙，有着同样的切肤之痛。

文化遗产不能再生，也不是自生自存自兴的，它要靠积累传承，靠栽培保护，否则再辉煌的文明也会死亡。如今生活在唐长安建筑遗址叠压之上的后裔，或许还有血脉上的延续，但无文化上的紧密联系，许多年轻人不晓得唐长安曾经宏伟壮阔的建筑布局，不记得自己先辈昔日如何建造这座古都，更不知道野蛮拆毁所造成的悲伤痛苦。唐代灭亡的挽歌犹如绝唱，建筑文化也随之永远流逝了，遗产沦为无人问津的遗憾。

健忘的民族是潜伏着悲剧的民族。中国历史上将无数建筑巨匠建造的都城毁灭的事件太多了，代代王朝一茬接一茬另选都城重复建设的事情也太多了，但我们回眸与悼祭一千一百年前被毁灭的唐长安，就是不愿忘记这座中国古代唯一能称得上是国际大都市的消逝，不愿目睹博大丰厚的中国建筑文化遗产继续沉淀冷落，以便在反思中发掘复原出许多蕴藏在各类古建实例、建筑考古遗址中的民族智慧，提炼出中国古代涵盖多项内容的体系完备的建筑学，能对当前文化、经济共同发展有着双重用途，特别是在今天人们慨叹千年前名胜古迹、历史建筑乃至整体性历史文化名城的日见衰微时，颇有沉重的警策借鉴意义。当我们不再一哄而上野蛮拆迁时，不再留下冷森凋败的遗憾记忆时，我们的民族才是真正的成熟了，我们的文化遗产才能长久平安地保护下去。

发表于《中国文物报》2004年8月20日文化遗产版，见《长安客》2005年9月3日新论摘编。

西安是世界遗产中无法淡化的
文化符号

　　在全球世界遗产已达900多处的背景下，中国世界遗产项目也达40处，可是历史文化名城整体列入名录者却很少，已列入的基本是比较容易守护的小城市，像西安这样拥有丰富文化符号的大城市非常稀有。它不仅是中国历史强盛时期秦汉隋唐的京畿国都，甚至是6—9世纪亚洲的国际大都会，这里不断出土的国宝级文物传续着生生不灭的文化精神，而且历史遗产表达的大都是站在国家与朝代抒发的大历史。因此西安数千年文脉有着人文向心力、文明感召力和文化竞争力，这是奠定有国际影响的大城市的坚实基础。

（一）

　　城市文化需要世界遗产级别的文化符号来记忆，特别是一些文化符号具有突出的价值，标志着一个城市是否具备文明传承核心区的品质与地位。全球真正被公认拥有文化品质的城市不过寥寥几十座，浸润世界历史遗产的也

明代修建的西安鼓楼

不多。许多国家将拥有世界遗产的数量视为本国对人类文明进程所作的贡献和影响的指针，是国家文化符号的一种体现。

在世界遗产名录中，整个城市进入遗产名录的凤毛麟角，但西安却拥有世所罕见的整体文化遗产，例如西安地面古迹中陵墓类有秦始皇陵、汉十二陵、唐十八陵等，中国历史上最著名的秦始皇、汉武帝、唐太宗、武则天、唐玄宗等一系列皇帝都是由此传播。皇家宫殿群旧迹遗址中有汉代的未央宫，唐代大明宫、兴庆宫、华清宫等，宗教古迹建筑有大雁塔、小雁塔、兴教寺等，游乐景观有曲江池、昆明池等，博物馆馆藏千年文物更加丰富多彩、国宝连连。古典文学中从汉代司马迁到唐代李白、杜甫、王维等无数大诗人，以及现在流传的秦腔等，这些最外显层面的文化特征，既是西安最具代表性的象征，又是海内外最通俗易懂的文化层面。不管什么地方的人，只要一提起西安，丝绸之路的影响肯定源远流长，这些散播的文化形象，就是我们常说的文化符号。

被现代高楼包围的西安钟楼

（二）

一个城市可以靠建筑材料短时间打造出来，但要靠历史文化熏陶出来就需要岁月打磨。西安在中国或者说东亚地区申报世界遗产的各个城市中，整体申报文化素质很高，它不仅整体上具有突出的普遍价值，而且本身具有遗产价值的吸引力，就是不列入世界遗产名录，它照样有魅力能引起四面八方人士前来的兴趣，仍旧能吸引无数国内外游客到此观光。

我以前讲过大明宫具有世界遗产的特征与价值，不用捆绑在丝绸之路整体申遗名单中也是世界级文化遗产。近年西安的历史遗产唤醒了城市文化活跃的"细胞"，并带动着经济等其他领域活力，惠及人民群众，这是难得的资源和骄傲的资本。可以反思的是，当下社会一直注重的是对遗产实体、本体、物体进行保护，理解的遗产保护多是建筑形态，但对遗产"精神"全面保护却未有加强，很多群众对认定的遗产价值不了解，对其突出的"普遍价值"尚不清楚，如果不能将文化遗产的价值正确展示，即便是西安唐大明宫这样价值连城的考古遗址，在游客眼里也不过是一个景观而已。

事实上，我们更重要的是对文化内涵的理解与继承，是民族开阔大气的人文精神和社会开放交流的核心价值观，这既是对本土文化的尊重，也体现人文素养的浸染。优秀的世界遗产都非常注重文化细节和对多元化思想的包容，甚至参观者的服饰与举止均要求庄重，文化价值不能只顾物质价值而忽视精神价值，反思社会沧桑巨变这才是追溯历史遗产的意义，才是对遗产的真正保护和价值重现。

我们要深入研究一个城市最具根本性的特质，不管是"国际城市"

还是"世界城市"，其高端形态均是文化。德国哲学家康德曾说过，缺乏文化的城市生活是盲目的，脱离了生活的城市文化是空洞的。文化是一个城市的灵魂，也是捕捉其最具根本性的个性特质，西安具有得天独厚的历史文化底蕴与优势，也就具有创造与建设特色城市的基础。可是审视全球城市发展的历史，发展中国家尚无建设成功国际大都市的经验和事例，目前中国京沪穗均不具备西方城市的多种要素。西安提出建立国际大都市其目标深远，如何超越传统建设模式，突破狭隘区域文化圈，真正与世界城市建立城际合作联盟，走出一条彰显独特个性和魅力的道路，从而汲取世界优秀文化的核心理念。

　　西安蕴涵的文化最具推广价值的仍然是世界遗产级别的文物古迹，这是一种创意符号的资源，至少在西安知名度中占据了半壁江山。国家公布首批12家考古遗址公园中西安就有3家，占据四分之一，这表明我们国家对古代文明的记忆不能断裂与模糊，但在创造性保护和文化传播中绝对不要用爆发式的醒目名词来过度阐释，那种泛娱乐化、低俗化的宣传绝对不用追求，一旦炒滥被过度演绎，文化符号被弱化，反而给人留下"文物搭戏台、遗址变地产"的不良印象，给真正的文化遗产带来负作用，也降低了西安文化遗产的品位。

（三）

中国城市建设"形貌变化"近年最快，但千人一面，缺的是文化风貌，也缺失人文理念和遗产保护的品质。我们许多城市都是将自己的历史遗产"供"起来保护，没有参与推动遗产的活力，没有融入日常生活中，西安的曲江模式、大明宫模式在融入城市改造中引起了一些不同看法和争议，这都是文物保护与城市建设中面临的不可避免的难题，没有争议反而不正常。

利用"申遗"这样的口号或是目标，借助文物保护机遇为地方社会经济长期发展、为遗产景区环境治理和可持续发展做许多综合事情，从城市未来发展角度看，肯定是值得的，就是不申遗也要为自己的城市发展投入资金，仅仅为"申遗"完全不考虑遗产地的整体发展是不合理的，每一个地方都不可能单纯花钱去买"世界遗产"牌子。

但是，"申遗"首先是一个公益事业，只是一种"较好"选择而不是"唯一"选择，文化遗产作为一种公共资源、祖先资源和国家公产，应该让城市人民共享历史文化保护成果，提高幸福指数和基本权益，绝不能模糊价值以此去图谋涨价挣钱，甚至将"申遗"经费转嫁给消费者，单一依赖门票升值，只利用"名"不考虑"人"，破坏了历史文化符号的价值。合理利用历史文化资源不是"文化啃老"，否则一边是典范一边是遗憾，一边是赞扬

西安城墙西门瓮城

一边是非议，不仅失去文化内涵也失去文化魅力。

（四）

一个文化品质较高的国际城市必然会保护自己的文化遗产，珍稀自己的历史底蕴与资源。特别是文物作为一个国家精神文化的载体，大量文物流失会造成一个国家文化发展的裂痕，一个国家民族对历史认知的缺失。最近全国纷纷报道西安古迹被破坏、古墓被盗掘的新闻，还在国际上造成了不小影响，大家都在关心西安文物的命运，这不仅造成文化价值的残缺不全，更重要的是危害民族文化的长远利益和发展，甚至影响中华文明历史脉络在世界文明中的地位。

对西安的文化遗产保护，不能仅仅依靠行政法，要制定有自己特色的古都遗产保护法，保护西安文物古迹的权益和文化财产权，我们不能只关注文物实体，不关心法律精神，不关心文化遗产的内涵。目前全国人大刑法修正案比照国际人权法要取消《文物保护法》中的死刑，因为国际上非暴力犯罪皆取消死刑，这引起文物界以及文化界很大反响，现在有死刑都不能制止盗掘古墓文物，废除死刑岂不更是盗掘成风了吗？但是结合西安作为世界性的古都，结合西安是一个文物流失重地，能否走出自己一条新路来实践呢？不管什么心理情感和刑罚潮流，法律定罪问责必须符合国情，都不能以牺牲损失中华文化遗产为代价。

（五）

中国未来的世界遗产申报应该向西部地区倾斜，西安作为具有丰富历史

西北大学校园内
实际寺纪念亭子

107

文化的遗产地，当然具有龙头地位，也是中国西部地区崛起的象征，成为西部地区世界级城市的标志。

由于近百年历史的原因，西安在21世纪新一轮国际大都市之间的高端竞争中步履维艰，很不容易，因为一个城市的"国际化"，不仅依靠经济地位的提升，还要提高城市的国际功能，更重要的是文化的世界性，经济发展往往要与文化发展同步，才能具备和形成对世界的影响力。西安的文化遗产对世界影响最大，所以构想"世界城市"文化形态是最好的切入口。

我认为，西安笼统地期待打造世界一流城市，不如专注发展自己的独特性，与其他城市争国际大都市不如个性化发展，做某些领域拔尖的佼佼者。国际上有的城市规模不大，但是影响很大，比如瑞士日内瓦是联合国众多机构的中心，耶路撒冷是国际宗教中心，意大利佛罗伦撒是文艺复兴的中心，德国法兰克福是国际书展中心，奥地利维也纳是充满音乐情调的中心，如此等等，除了美国纽约是国际金融中心，大部分国际城市都是与文化密切相关，所以西安绝不能忽视、轻视自己的文化符号，在世界遗产中西安肯定是一个无法淡化的符号。

原为2011年1月14日西安市委宣传部、西安文物局联合举办的"文化遗产与现代城市精神"会议上的主旨发言稿，发表于《西安日报》2011年1月20日理论版。

试论"世界城市"与文化遗产

十几年前，中国各地就纷纷提出要建设国际化大都市，全国655个城市中有183个城市要建"国际大都市"。现在又提出要建设世界级城市群，其标准是充当全球或至少亚太地区的重要国际门户，成为全球重要的城市中心和具有国际竞争力的世界级城市群。

由于目前中国的城市都还处于急剧扩张过程中，对城市的品位、城市的世界地位和城市的文化遗产还不是考虑特别多、特别细，人们提出建设"世界城市"概念，虽然是一个理念上的进步，但奔向世界城市还需要做很多工作，需要确定每个步骤推进，不能一哄而上，急功近利，世界城市应该是一个长远的努力目标。

（一）

什么是世界城市？可从金融中心、国际机构的数量（包括大使馆、领事馆）、国际会议中心、跨国公司总部的数量、年入境人数（北京首都机场世界第四）等多方面进行定义，但在这些硬性指标背后，不要忽视一个更为核心的标准，就是一座世界城市，一定会在政治、经济、文化等方面具有全球性的影响力、控制力和辐射力。

目前公认的世界城市有纽约、伦敦、巴黎、东京。其具体特征表现在国际金融中心、决策控制中心、国际活动聚集地、信息发布中心和高端人才聚

高楼林立的上海浦东被称为现代建筑的名片

集中心等五个方面，并具备以下六个支撑条件：一是一定的经济规模；二是经济高度服务化、聚集世界高端企业总部；三是区域经济合作紧密；四是国际交通便利；五是科技教育发达；六是生活居住条件优越。

而当今公认的世界级城市群则主要有美国的大纽约区、五大湖区、芝加哥区、大洛杉矶区，日本的大东京区、阪神区、名古屋区，英国的伦敦城市群，韩国的首尔区，德国的鲁尔区，法国的巴黎区等等。

但是，我们不能只看这些世界城市的经济增长极、产业竞争、空间架构、高楼形态、金融经济、商贸管理、循环运行等等，不能只看商业上的哗众取宠，如果不看这些世界级城市的文化软实力，不看居民文化的消费与欣赏，不顾文化遗产的保护实效，那就会误入歧途。

目前，建设世界城市被北京、上海、广州、深圳等中国城市定为未来的方向。建设国际城市已成为各个城市政府确定的亮点，纷纷提出基本建构、现代化城市（2020年）、国际城市（2050年）三步走的规划。不可否认，国际大都市的高端形态，对全球的经济、政治、文化等方面具有重要的影响力，有着引领发展的标杆作用。但是，更重要的是文化软实力。

厦门集美闽南建筑
沿袭了古代的三出阙

我认为从中国文化遗产特别是唐代长安的历史经验来反思，誉为"世界城市"至少有三点：

首先，外来移民海纳海川。

建设世界城市必须当有大胸怀，要容纳外来者与外来文化。广州、深圳的非洲黑人外来淘金者却闹事，这是当地政府建设"世界城市"所没有意料到的。这样一个世界城市，人口增长也同样会带来忧心忡忡，外来人为世界城市创造财富，但也抢了许多本地人的饭碗，所以要公正地对待各色人种的人民，无论城市居民来自何方，它都能获得平等就业的机会，参与竞争，成为一个实现自己人生梦想的舞台。

世界城市国际化程度肯定很高，外国人口比例应在10%，而目前北京外国人连1%都不到，除了留学生占有一定比例外，北京依靠什么条件吸引外籍人士是需要反思的。

其次，平等竞争减少歧视。

世界城市无论城市中的各类企业是国有的、民营的、外资的，规模是大是小，他们都能获得平等的对待，不受任何歧视，都能获得优质的公共服务，而且资讯极其发达，政府信息高度透明，媒体发达且公正，能获得广泛的传播，居民何时何地都能接触到丰富的资讯。世界城市面临的不是国内的竞争，而是世界范围内城市之间的竞争，如果说高楼大厦等硬件的竞争只是传统的竞争的一面，软实力的竞争在今后时代将越来越成为最重要的竞争。

北京、上海、深圳等城市要成为世界城市，还需要继续致力于各种体制的深化改革，特别是基础的体制改革，允许本市民众参加人大、政协会议，允许外来人参政议政，需要挣脱行政思维的惯性，突破强大利益的阻力，进行有魄力的大改革。打下这样的"地基"，才能营造出城市可持续的繁荣，成为真正的世界城市。

再次，文化多元百花齐放。

世界城市往往是一个国家的首善之区，是其文化艺术中心，它具备多种独特的魅力，其文化是理性的、多元的、自由的，政府以开放的心态对待外来的一切文化，有着坚毅的自信力，不怕任何腐蚀渗透，良好的自我循环力可以消纳一切外来消极文化甚至是敌对势力的挑战。借文化特色可打造世界城市，在某些领域应能引领国际。所谓世界级的城市不光是一个经济形态城市，更是一个文化多元的城市。

一个城市的形象是它个性的外化，是一个城市精神气质可视的表现，是一个地域共性的文化审美，绝不只是一种景观。新的建筑多是商业性的、时髦的、没有精神内涵的。我们并不简单地否定新的建筑，但新的城市肌体若与历史的肌体在文化基因即文脉上没有必然的联系，则肯定是一种失败的建筑，而且不重视历史文化遗产的价值，必然是千城一面。

中国现在面临的困局是你不管走到哪个城市，都是千城一面的格局，历史缺席了，历史的脉络被割断，传统的民族文化不自信了，城市虽然更新，但魂不附体，形神皆散，留下的是一座座受伤的城市。中国人在自己的土地上都难找到具有独特气质的城市记忆和家园之梦。

我们不是爱提出各个城市的精神吗？首先要借鉴"人文古蕴，厚德首善。厚德载物，古今交融"。这可能是我们向往世界城市一个历史的思考。

（二）

世界城市建设需要脚踏实地、循序渐进，需要警惕的是急功近利的思维，希望通过大量政府主导的投资来回避深层次的体制改革与创新，那么它只能建设起一个表面看起来貌似的"世界城市"，也许它距离真正的世界城市目标反而越来越远，因为昂贵的巨型建筑越多，资源就越来越多地被配置在政府主导的项目上，效率就越低。

在建设世界城市过程中，我们需要的是深化体制改革的高潮，而不是一股新的基础建设的高潮。那种用"盖大楼、造大厦、扩广场"的方式来建设世界城市的片面思维令人担忧，不是依靠文化沿袭、精华继承的或是自然环境发育模式来发展，而是依靠政府行政力量来超常规发展推动，这种建设模式迟早会使后遗症爆发。

例如有人提出长江三角洲要建设世界第六大城市群，珠江三角洲、渤海三角洲等地也要迎头赶上。而北京的城市定位是按照"国家首都、国际城市、文化名城、宜居城市"规划定位，其指标是按购物之都、美食之都、商业之都、金融之

福州被周边高楼挤压的三坊
七巷古院落

112

都、科技之都等等规划部署的，对以文化为代表的综合竞争力体悟不深。

目前的城市化不是人的城市化，而是土地的城市化，通过变卖土地搞房地产剥夺人民的基本生存权。现在很多城市搞过了头，引起了震荡。

我们认为世界城市的最终结果是，广大民众认同自己是生活在一个世界城市里，只有市民本身认为达到世界城市标准了，也就是硬件建设和包含市民心理"软实力"都达到建设目标了，这才是真正的世界城市。

我们以世界城市建筑设计来看，亚洲许多城市都处在经济快速发展和城市扩张的进程中，建筑设计市场的繁荣，使建筑师很少能静下来思考设计的社会责任，他们借口设计太忙，不愿反思那些拙劣的建筑作品，更不会考虑建筑如何和城市的气质融合。一些造型独特的高楼大厦被人们调侃为"削尖脑袋、两面三刀、歪门邪道"的丑陋建筑，就是与主流的审美观、价值观、民族观不相符。世界城市的标志性建筑不是个别人博取声名的试验工具，而应是大众都能接受的完美建筑特色作品。

当前许多中国城市都想变成国际大都市，建筑面貌雷同，有些城市多次修改自己的定位，造成资源的浪费和时间的损失。特别是各个沿海发达城市高楼林立，高密度的建筑令城市空间窒息，更重要的是文化含量不高，在设计时建筑预算中就没有单独列入艺术设计的费用，没有艺术的创意。

城市中不只有富人，还有不断增加的穷人，如何为穷人设计住宅是对建筑师良心的考验。但现在政府官员主导开发，地产商又相对强势，让建筑师在设计中处于协从地位，往往只能无可奈何，妥协放弃。

北京作为文化古都，具有成为东方文化以及世界文化中心的巨大潜

力。但是现在北京是一座"土""洋"结合的大都市，一方面保留下的胡同、街道陈旧破烂，给人满目疮痍的感觉；另一方面畸形怪异的高楼大厦拔地而起，给人压抑郁闷之感。与罗马、巴黎、维也纳等城市相比，现代建筑涌现与文化遗产保护结合得并不好。

世界著名城市例如纽约、伦敦、巴黎、东京等等，不管支柱产业如何调

整，始终保持着极强的历史文化名城的创造力、吸引力、辐射力和影响力。明确城市文化理念和定位，塑造宽松健全的文化环境，坚持文化共享以及推进文化创新，这是所有世界文化中心的共同特点。

政府主导体制是保证文化名城统一形象和声音的主要力量，虽然政府不干涉市场运作，不参与艺术创作，但应该给予有力政策支持并投入基本保障经费，从而使得创作者有着文化艺术持续发展的自由空间。

回顾世界城市发展史，一个城市就像一个人，不能抽象地讲知名度，知名度要跟文化观、荣辱观、是非观相结合，既要有文化涵养、自身传统，也要有科学规划、创新特质，要放在精神和物质的统一中、正面与负面影响的统一中、历史感与现实感的统一中去考虑。

城市是文化的载体，是文化的延伸，城市创造和容纳了几乎人类文明的全部。人类在千百年来的生产生活中，逐步形成了城市，并依托城市积累了人类的几乎全部文明。现在一些城市出现了历史街区保护走样、假古董充溢的状况，甚至以私家豪宅、富商公寓为标志的改造工程，以及高度商业化的街铺，失去了文化的味道。

特别是历史文化名城是全民的共同遗产，我们应考虑当地居民的身份认同与长期归属感，区分物质的与非物质的城市文化。城市历史文化遗产常常是活态的生活延续，不同于纪念性的国家文物，适度的利用和死守的框架怎么协调，需要注入新的活力与功能来和谐。

物质的城市文化是指展现城市风貌的有形的物质设施：建筑、道路、桥梁、园林等，它们是城市的外在标志。

非物质的城市文化包括居民家庭制度、经济制度、政治制度以及生活方式、休闲娱乐方式等等，它更多地表现为一种特征、一种气质、一种灵魂，

114

高楼林立的湖南长沙还能体现楚汉历史名城吗?

这种特殊的文化品位和精神气质，构成了城市独特的魅力。

谈到世界城市，我还想起世界著名城市都有小吃，闻名于世的"当地小吃"快捷便利，独此一家，口感独特，有些甚至闻所未闻，令人新奇吃惊。所以小吃与世界城市密不可分。如罗马的匹萨，东京的料理，北京的烤鸭，西安的羊肉泡，成都的麻辣烫……这是城市饮食文化的一部分，也是非物质城市文化的一部分。

城市是人性生长和人际交往的空间，不是钢铁水泥丛林，而是人文居住之城，所以要留出空间给予市民，城市的灵魂首先要考虑的是人的生活感受度、舒适度和归属感。

（三）

一个城市能否成为国际公认的世界城市，取决于本地人的认同感和外来者心目中的美誉感，如果没有市民的文化认同和自豪意识，文化资源被建设性破坏，城市景观乱七八糟，更没有文化艺术活动的影响，没有人文科学的支撑，世界城市就很难得到承认。定居在要申请进入世界城市的大师、名家、学者太少，或是不能引起国际一流学者对这个城市的关注，无法吸引更多卓越人才来定居，也就是说，一个世界城市不能成为文化人和学者适宜居住的城市，那么就不能将文化价值观、文化理念、文化品牌、文化力量传播到世界各地，也就不可能成为世界城市。

建设世界城市不仅仅在于硬件配套，更在于重在提升城市软实力，政治有公平力，经济有影响力，文化有辐射力，认真研究"世界城市"所具有的特点和规律，包括城市居民的素质提升，鼓励海外人士和各类人才来世界城市创业发展。我认为，世界城市一定是移民城市，富有民族或种族融合的温情、亲情、人情。这就是"纳百川，凝千载，恢弘气，容创新"。

世界城市必须要有自己的符号，城市形象是一个城市重要的无形资产，需要全体市民共同构建，洗尽铅华，褪去冷漠，因为城市形象的传播是一个动态的过程，只有充满着时尚与暖意的城市符号才能彰显文明的高度和厚度。例如全球生活费最贵城市中，日本东京高居榜首，上海与北京分别列入第十六和第十七名，从住房、交通、饮食、服装、日用品等等方面的开销均排在前列，这么高的生活成本，确实够得上世界城市的消费水平，但是贫富差距和社会不公带给人们的生活苦闷也是不可忽视的。

一座城市能否让生活更美好，不仅仅是看这座城市的硬件，更重要的是要考察这座城市的神圣保障、居住安全、商业繁荣、医疗条件以及居民生活的幸福指数。所以城市不是追求"庞大"而是走向"伟大"，不需要抄袭历史但却要重构历史。

国际化城市不等于文明化城市，与其要建设国际化城市不如先建设文明化城市，即使是一个中等规模的城市，只要文明就是适合人民居住的诗意之地。

城市的魅力，不在于鳞次栉比的高楼大厦、车水马龙的城市交通，更在于城市自身厚重的人文气息及人文关怀，城市的发展，应当在于让人产生更多的归属感和幸福感。

一个世界城市必须要有开明的政府和活跃有生机的管理机构，各种服务能配套实施。一个世界城市的领导必须全力以赴地把人才作为城市发展的战略，必须要重视教育，这是人才的源泉。同样一个世界城市不能没有世界一流的大学、科研机构，更重要的是要有世界一流的学术大师，文明对话能碰

集美嘉庚建筑风格，
西式廊柱与中式房顶的相结合

116

出精彩的思想火花。

按照世界公认的标准，一座城市文化繁荣的标志是出大师、出精品、出流派。这是一个城市乃至一个国家文化知名度和影响力的关键。大师、精品、流派的出现，是与具有宽松兼容的文化环境紧密联系在一起的。文化发展必须尊重人才和创新，大师产生必须保护文化人的能动性与创造性。美国纽约高校外国留学生高达45.5万人，纽约作为移民城市常住外国人口比例约为20%，文化宽容和环境宽松以及文化形态的多样化，这是产生大师的必要条件。

一个世界级城市要实现质量稳定和全面发展的道路，需要长盛不衰的学术文化支撑力，需要学术导向的引领和学术厚度的深度积淀。城市发展需要借助文学艺术所营造的文明与诗意，要让城市生活更加富有诗意。

文明让城市向世人展现一个怦然心动的形象，人是城市的主人，是城市文明的创造者，是决定城市走向的力量，人的素质、公民意识、社会道德、公益责任等等都是城市最大的财富。特别是城市的文化遗产是人文精神"固化"下来的坐标，是沉甸甸的历史真谛和成熟坐标。

21世纪城市竞争的标志之一就是文化，以文化论输赢、以文明比高低、以精神定成败的理念正成为一种共识。世界城市的使命就是以创新求发展，创新是带领整个人类向前进步的一个最基本的动力，只有不断地创新才能保持自己的竞争力。但是当创新与历史相遇时，如何成功转型才能让文化遗产惠及民众，成为怀旧情感的宜居地和健康的理想家园，仍需要我们进行多元思考。

今年是国家历史文化名城设立30周年，全国现有118座国家级名城，这是我们共同的文化遗产，但是地方政府政绩观的建设性破坏与保护性破坏仍在发生，要建设"世界城市"与文化遗产之间的矛盾仍在冲突，保护走样、拆旧造假、失去原味的现象层出不穷。我们如何在对抗中找出一种平衡，如何进一步提升文化遗产的价值理念，仍需努力。

最后，我想用"四种力量"来表达我对世界城市的向往：创意，一种让城市腾飞的力量；文明，一种让城市温暖的力量；遗产，一种让城市理性的力量；文化，一种让城市幸福的力量。

2012年9月11日在文化遗产保护与城市建设问题研究高级研修班上的培训讲稿。

复原的大明宫宫城马道

大明宫：宫殿废墟的考古
震撼历史的建筑

全球各地似乎不缺少因天灾人祸而以建筑群的姿态留下来的废墟，这类废墟当年不是皇家群殿或公共建筑，就是宗教圣庙或军事要塞，著名的有希腊雅典卫城的神庙遗址，罗马历史中心区的宫殿废墟以及斗兽场等遗址，以色列玛萨达宫殿遗址以及耶路撒冷旧城建筑遗址，伊朗波斯波利斯宫城遗址，韩国庆州历史区宫殿遗址……世界各国类似的例子不胜枚举[1]，这些废墟遗址都是人类历史的有形的永恒记录，与人类的命运永远不可分割。

在中国早期历史建筑中，安阳的"殷墟"，镐京的"周墟"，荆州的"楚墟"，咸阳的"秦墟"，长安的"汉墟"，都是掩埋在几米厚黄土之下的城市与宫殿废墟。甚至近代的北京圆明园也是一方遗址废墟。而隋唐的长安作为独特的国际化大都会，其建筑更是中国中古社会盛世的代表作，但也绝大多数成了废墟。断垣残壁下令人瞩目的当然是曾经恢弘灿烂的标志性皇家建筑——大明宫[2]，如同一个城市没了记忆就没了文化特征，唐长安没了大明宫就没了震撼历史的建筑文化。

一　含元殿"前朝"组群建筑区

号称"西内"的太极宫是唐王朝的正式宫殿，而称作"东内"的大明宫在一定意义上则是具有离宫性质的皇家宫殿。大明宫位于长安东北城边，实藏禁苑之中。尽管高宗以后的唐朝皇帝大多都住在大明宫，使得大明宫取代了太极宫的正统地位，但开元时编的《大唐开元礼》规定举行各种仪式时，仍在太极宫设置。可见在唐人心目中仍以太极宫作为正式宫殿，二者之间多少是有些差别的。然而，由于始建于贞观八年(634年)的大明宫最初是给太上皇李渊颐养天年避暑用的[3]，龙朔二年(662年)又为高宗李治医疗风痹而增建，因而不论是它的平面布局还是建筑构成，自由度更大。它的二十一门、二十四殿、四阁、四省、十院等分布的地域和组群的大小，都有很大的空间调节余地。它可以位处"瑞云深处见楼台"的龙首原顶，也可以深入到"阙下蒙蒙坂底尽"的坡麓塬边。它可以包围在起伏跌宕的人工建筑环境之中，也可能坐落在树青水秀的自然景观之内。它可能是一所独院的耸天建筑物，也可能是有十数院落的庭院。总之，大明宫并非神秘莫测的天子居处，也并

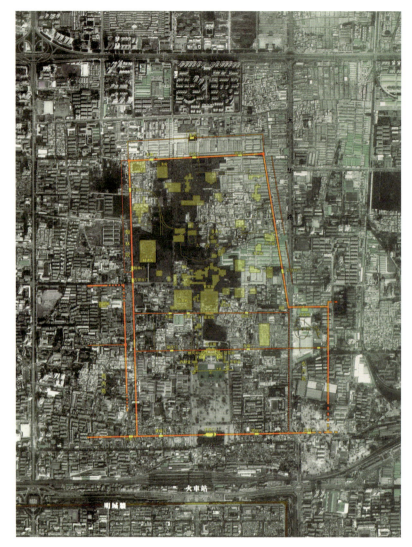

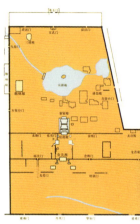

大明宫遗址平面图

拆迁前大明宫遗址
卫星图

非典雅华贵的皇帝寝室，它不是发射出毫光的"神"的空间，而是凝聚着浓烈的人情味的"人"的空间，是渗透着中国传统文化理性精神和浪漫情调的大观园。

　　大明宫南部的形状呈长方形，北部呈梯形，周围共7.6公里，面积约3.2平方公里[4]。在东、西、北三面，有与宫城平行的重墙，两墙之间为夹城，可通往兴庆宫和曲江等地。宫城共有十一个城门。南面为兴安、建福、丹凤、望仙、延政五个门。丹凤门为正门，有五个宽8.5米的门洞，南北进深33米，门道之间两个隔墙均宽3.8米[5]。门的基座平面呈长方形，长51米，宽16米。丹凤门是大明宫最大的一个门，建有高大的丹凤楼，与含元殿互为呼应，改元、大赦、宴请等重大典礼在此门楼举行。广明元年(880年)，黄巢攻入长安即皇帝位时，曾登丹凤楼宣布大赦，谕示天下。城门南有宽176米的

122

复建的大明宫国家遗址
公园卫星影像图

丹凤门大街，通往城内各处。宫城东面只有左银台门，西面为右银台门和九
仙门。宫城北面有青霄、玄武、银汉三门，中间的玄武门与北夹城的重玄门
直对，距离约160米。宫城墙底阔为10.5米，高为7.15米。重玄门门墩高度
为9米，门道为宽5米、进深16.4米的梯形构架。墩顶宽12米，长29.2米，砌
有砖壁。墩顶平座上建有面阔五间、深进二间的单层单檐庑殿顶城楼。整个
城楼面阔27.2米[6]。玄武门与重玄门建筑形制基本相同，两座城楼虽比不上
正门巍峨高大，但位置重要。玄宗平韦皇后和代宗除张皇后，皆赖此门禁军
力量成功。德宗时又外设两廊，持兵宿卫，谓之北衙。尤其是中唐以后，宦
官把持北衙兵力，以此控制宫廷，可见城门驻守的作用是非常重要的。

　　宫城的中轴线上前后排列着含元殿、宣政殿和紫宸殿。含元殿是"外
朝"，《剧谈录》称"每朝会，禁军御仗宿卫于殿庭，金甲葆戈，杂以绮
绣，罗列文武，缨佩序立，仰观玉座若在霄汉"，可见其宛如天上琼阁的
壮丽气象。含元殿之北300米为宣政殿，为"中朝"之处，常在这里举行朔
望、册拜、宣制等大典。紫宸殿在宣政殿北约100米，为"内朝"便殿，有

保护修复的大明宫含元殿广场

保护修复的大明宫宫殿
夯土墙遗址

时也在此举行朝会或大典，群臣入此称为"入阁"。

含元殿作为大明宫的正殿，是当时唐长安城内最宏伟的宫殿建筑，也是唐帝国凯歌式的纪念碑。这不仅是它的"荆扬之材"，"朝泛江汉，夕出渭河"，异常巨壮，而且是由于它建立在丹凤门正北160米处龙首原的南沿上，殿址高出南面平地15.6米[7]。天气晴朗时，站在含元殿前，远处"终南异五岳，列翠满长安"，近处"水穿诸苑过，雪照一城寒"，视野开阔，意境相当高远。

含元殿是大明宫中轴线上第一座大殿，南对丹凤门，"上皇一御含元殿，丹凤门开白日明"。它是举行元旦、冬至、阅兵、上尊号等一系列重要仪式或朝会的场所。据《唐六典》所载，含元殿的政治地位相当于西内的承天门，是"外朝"。以含元殿和承天门相比，二者都有两阙、朝堂、肺石、登闻鼓，都是大朝会的场所，都在中轴线的起点上，左右都有宫墙，等等。所不同者只是一为殿，一为门，这是由于冈原地形影响，势必建殿。由门改建殿，不仅使门侧二阙改称二阁，而且把上城门用的坡道变为龙尾道，修于

124

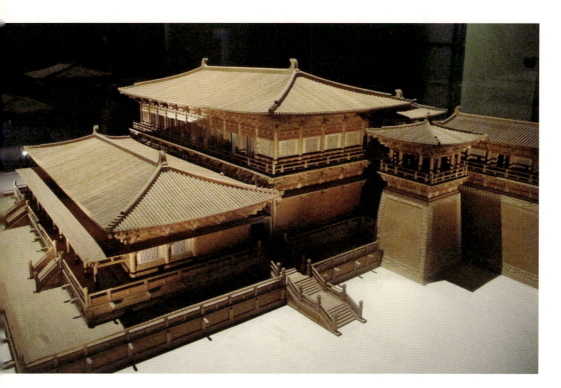

殿前，使人直接上殿入宫，少了一道防御城门，大大拓展了宫殿建筑组群的空间，形成了气势磅礴的特点。由含元殿开始的外朝三殿相重的布置方式，为后代宫殿制度所承袭。明清故宫太和殿的性质不但近似于含元殿，而且明清故宫"三大殿"的造型布局也是综合了唐代三殿和宋元以来工字殿的特点而形成的。由此可见含元殿在中国古代宫廷建筑制度上的重要地位。

从丹凤门入口起步，首先是至含元殿阶前呈凸字形的广场。广场长615米，宽740米，与丹凤门外的"纵街"彼此呼应，构成了一个中心广场群。从广场任何一个位置观赏，都可看到含元殿仿佛在空中驰骋。着力扩张的广场空间，痛快淋漓地抒发了奔放的热情，造成震撼人心的强烈效果。解放性灵，释放感情，是这一时期唐代建筑的一个重要课题。建筑工匠们并不把它同统治者倡导理性、倡导"君王至上"的伦理道德对立起来，而是把真正科学的理性精神带进了浪漫的建筑领域。在广场上端，将金吾左右仗院与东西长廊结合在一起，既起到了拱卫主殿的作用，又不影响广场宽阔的空间，反而将金吾仗院与朝堂、钟鼓楼等一起凝集在宫殿建筑北边，拉开了正门到殿前的距离，给人心理以过渡的庄严感。

顺着御路穿过广场，来到登高上坡的"龙尾道"。长约70米的龙尾道其断面呈折线形，北接龙首岗，南及丹凤门地面，宛如龙尾下垂于地[8]。该道是高度不等的阶状，平段为素面方砖，坡段为莲花纹方砖。道两下侧为砖壁加红粉刷涂，道两上侧缘畔有雕饰莲花的青石栏杆。栏杆顶上还有形象生

动的螭首。龙尾道经过踏步坡折，自南端逐渐升高10米多，丰富了建筑的层次，颇具崇高之感。加之斜坡铺以防滑的花石砖，行走其上，节奏缓和，又给人以登高轻松的感觉。能工巧匠们的创造真是阔大不羁。

经龙尾道登上"陛莹冰级"的石踏步，便进入含元殿。据现存遗迹可知[9]，殿面阔十一间，进深四间八椽，内槽两排共二十柱，外槽前檐十二柱，左、右、后三面为厚2.35米的承重墙，殿外四周有宽5米余的副阶，建造面积2000平方米，内部净跨达10米，和现存最大木构建筑明代长陵棱恩殿与故宫太和殿面积相等。这就表明早在一千三百多年以前木构建筑的工程技术已发展到惊人的水平。复原推测含元殿那高10米、径1米的朱红高柱，如天枢支撑玉穹，阑额重木"神标峻摘，鬼叠层楣"。那外面四跳、里面二跳的华拱，似彩霞流溢切合，承托重檐，"耀明紫纬，飞冲殿外"。那长36米的庑殿式黑灰屋顶、石绿屋脊，像华盖敞驰云霄，四个鸱尾"合角相吻，百禽来止"。那殿内相通的房、厢、室、序，犹如千门万户洞开，铺有涂红莲形方砖的地面仿水池，莲花盛开，席地而坐，"彤椑夜明，金铺摇吹"。那用壁柱、壁带、桎木加固的承重外墙，均布梁架传下的荷重，高达4.7米

126

的墙增添了雄厚的重量感与稳定感。整个含元殿，除顶为绿色屋脊、黑灰色筒瓦外，全部以红、白两色为主，间以金饰:柱、额、门窗、勾栏为红色，墙壁内外涂白色，绘红色线脚，拱用红而斗用赭黄，门钉、肘叶、栏杆饰件则用闪耀的鎏金，廊下挂金钩竹帘，仿佛是"炯素壁以留日"，"炽丹镤于交曾"[10]，红装素裹，分外妖娆。这盛妆艳饰、活泼热情的建筑性格，这金碧辉煌、气度非凡的建筑形象，是理性精神和浪漫情调融合的典范，是统摄着世界规律和主控着世间万物的整体和谐。难怪唐代李华在《含元殿赋》中颂发出了"进而仰之，骞龙首而张凤翼，退而瞻之，岌树巅而崒云末"的赞叹。

含元殿左右两侧各有向外延伸并向南折出的飞廊，东西行廊为宽6米的单廊，南北行廊为宽9.3米的复廊，东西开间各十一，南北开间各十五，廊面阔2.94米，进深3.4米，廊基为夯土包以砖壁，铺砖地面[11]。这两条飞廊横穿东西，贯通南北，向东穿通乾门，向西过观象门，"夹双壶以鸿洞，启重闱之呀嚇"，向北延伸，与宣政门东西廊相接，向南各与殿东南、西南的翔鸾阁、栖凤阁台基相连，在南端接近双阁时升高近30度角的斜坡，长廊好似腾空欲飞的凤凰躯体，在烈火中诞生。

翔鸾、栖凤两阁台基高出地面15米，周围包砌60厘米厚的砖壁，台角为刻卷草纹的石砌。两阁又称两阙，"左翔鸾而右栖凤，翘两阙而为翼"，就可为证。汉以来，阙为三等:一般官僚用一对单阙，诸侯、太守秩二千石以上用一对二重阙，皇帝用一对"三出阙"，计一母阙二子阙。据懿德太子墓壁画三出阙形象和乾陵土阙石基为"三出圈"式，可以肯定翔鸾、栖凤两阁也为三出阙式。阙台上母阙面阔三间，进深一间。四周平座出廊，绕以勾栏，上施二层阑额，造单檐歇山顶，使得三阙竞相争出，直指云天，显得是伟岸高峻，气度尊严，又是纵横展开，长卧欲起。

从含元殿平面俯视，中央是正殿，左右阙台上各建有三座阙楼，中间以飞廊相连，平面向前略伸，使总体平面呈一浅"凹"字形。这种宫阙造型，是从周秦汉阙发展而来的，并与东汉至北朝盛行的坞壁阙有更密切的传承关系。"阙"之一名，首先见于《诗经·郑风》:"纵我不在，子宁不来?挑兮达兮，在城阙兮。"证明西周已有了阙。《左传》也记载"昭公二十年过齐氏，使华寅肉袒执盖，以当其阙"。自周以至东汉，阙主要作为一种礼制性建筑而存在，形制是两座孤立的台，台上有屋，对峙于宫门、城门、墓道或庙门之前，起标表入口、以壮观瞻的作用。大约自东汉中期开始，直至南北朝，坞壁大量兴起，在坞门外往往也建阙，不再孤立于大门外边，而是紧挟在坞门两侧，突出了它的物质性功能(即军事防御作用)。也有些中央屋顶比双阙高，显示以中央屋顶为构图中心的新意境。隋唐以后，随着国家的统一和中央集权制的加强，这种本来在汉代具有严格等级规定的阙又恢复了它昔日的权威性，而且专属于帝王宫室，除了个别帝陵有墓阙外，阙都建于宫门处，形成了宫阙独步的局面。从含元殿宫阙形象可知，唐代左右两阁不再像坞壁阙那样与大门在一条直线上，而是更向前推移出去，说明阙的防卫性意义又降到次要地位，重新实现了它的礼制性意义。但唐阙不是汉阙的某种恢复，唐阙是在阙台与门楼之间有墙连系，或是阁台与正殿之间有廊相连，并特别强调高大巍峨的中央建筑位置后退，与前伸的阙楼形成犄角之势，三者共同组成一座极富统一感的建筑整体。

含元殿凹形平面拉开的整组建筑深度，不仅使它比坞壁所能控制的空间大大扩展，而且由于它的绝对尺度的增大，造成了雄伟的气势，平面的进退又加强了对立面高低错落的感受，丰富了建筑造型的层次。人们在远处时更多的是对全景范围的大整体的感受，走近之后是中央殿楼的统一构图随之突现，在整个行进过程中，含元殿都以其不同规模的完整艺术形象吸引着人们的注意。凹形所围的封闭空间，本身就具有压抑感，其内界面又是大片的墙面，更使人们感到森严，对人发挥了强烈的震慑作用。晋人崔豹《古今注》中说："阙，观也。古者每门树两观于前，所以标表宫门也。其上可居，登之可远观，人臣将朝，至此则思其所阙，故谓之阙。"这话虽不免有望文生义之嫌，却也透露了礼阙的精神功能作用。人臣至此，就会自然而然地想起自己的"缺点"，顿起警惕惧怕之心。阙，充分体现了它作为君临天下的皇权象征的意义。至德三年(758年)，唐肃宗在翔鸾阁楼上检阅军队，即出于这样的目的。建筑就是通过这样的空间造型手段来发挥它的艺术作用的，在这种场合，恐怕像绘画、雕塑等其他艺术的感染力就无法和建筑平分秋色了。

东都洛阳宫城的正门则天门，也和大明宫含元殿一样，都具有左右阙，纵轴都和正中建筑平行。则天门在开元时改名为五凤楼，名称一直流传到北宋。辽、金、元和明清各代，宫阙形制基本都追循隋唐，没有太多的发展。至今北京故宫的午门，就是明清宫阙，也叫做五凤楼。不过明清午门左右阙的上部建筑已改为重檐方亭，无所谓纵横轴，且中心城楼也没有突出于外的城台，墙面森严单调，下辟门道，冷肃阴暗，气氛更加威严沉重。端门至午门之间，在狭长的庭院里建造低而矮的廊房(朝房)，显得臃肿疲沓，通尺冗长，造成压抑收敛的对比效果。若和含元殿相比，含元殿虽然也是仪表堂堂，威风凛凛，但却没有更多的森严禁锢气息，相反显得比较开阔明朗，翔鸾阁与栖凤阁之间约150米的距离，比午门东西二阙楼距离大出一半，更显出唐朝当时博大的胸怀。这不仅是两个时代建筑风格上的差别，而且也反映了不同时代皇权思想甚至整个时代精神的变化。唐帝国的建筑气魄确实是辉煌壮丽，给人以标志性的震撼。

正因为含元殿那居高临下的气势，抬头仰望的地形，严格对称的布局，富丽堂皇的色彩，巍峨壮丽的两阙，宏丽庄严的正殿，蜿蜒曲折的飞廊，使得无数英雄竞折腰，无数诗人竟自豪。追求田园山水诗意的王维却写下了"绛帻鸡人报晓筹，尚衣方进翠云裘；九天阊阖开宫殿，万国衣冠拜冕旒"的诗句。擅长描写塞上风光与军旅生活的岑参，也写出了"鸡鸣紫陌曙光寒，莺啭皇州春色阑，金阙晓钟开万户，玉阶仙仗拥千官"的名句。注重反映社会现实生活的杜甫更是写下了"五夜漏声催晓箭，九重春色醉仙桃；旌旗日暖龙蛇动，宫殿风微燕雀高"的诗篇。如果说唐代诗歌离不开对"唐盛气象"的理解，那么唐代文化也同样离不开对恢弘气慨的宫殿建筑的赞美。营造大师宇文恺、阎立本他们是以建筑作史，文学大师李白、杜甫他们则可以说是用建筑赋诗了。杜甫在颠沛流离、穷滞困顿之中，还要表现对长安深切的眷恋，高吟"蓬莱宫阙对南山，承露金茎霄汉间"，还要时时想着"云白山青万余里，愁看直北是长安"，"夔府孤城落日斜，每依北斗望京华"。尽管他们作诗写赋有恭颂大唐非凡伟大的意愿，有着称颂帝王的愚忠和思想的局限，但是他们对建筑的歌颂议论，反映了文人对建筑的认识和诗意的理解。如果将唐代皇家建筑与明清宫廷建筑作一比较：午门东西阙楼宽度只及大明宫含元殿两翼阁楼间宽度的二分之一，故宫太和殿面积仅是大明宫麟德殿的五分之一，而紫禁城宫城面积更只有长安宫城之一太极宫的六分之一。与唐人所倾心的宫廷建筑比较起来，明清的紫禁城是多么的局促、狭小，因此建筑工匠通过建筑对文化的推进又何止是表象呢？能工巧匠不光用他们的血汗建造了宫阙楼阁，而且更多地是在用他们的情感，用他们的审美感受力和创造力，在文化领域里创造了无数类似含元殿的纪念碑。所以，只要想象一下唐代宫殿建筑究竟有着怎样惊人的气魄，想象一下在建筑基础上升华而成的诗歌文赋，难道人们还不应该有着宏大丰碑的震撼吗？

曾被推测为皇帝沐浴的
麟德殿圆形建筑遗址

二　麟德殿"后宫"组群建筑区

建筑被称之为"凝固的音乐"固然有诗意，但首先是"凝固的财富"，建筑的质量与财富成正比，经济发展了，建筑的宏伟美观与装饰艺术才会受到重视。物质条件的改善对建筑活动的影响直接又明显，建筑的变化是社会发展的一种见证。而在大明宫后半部分生活区中典型表现了古人精致生活的咏叹。

在300万平方米大明宫的宫城中，含元殿以南为宫城前部，从含元殿后到紫宸殿为中部，紫宸殿以后即是宫城后部。宣政殿东西两侧称两披，东有门下省等机构，西有中书省等机构。而紫宸殿是大明宫中轴线上的最高点，建筑艺术也达到顶点。紫宸殿西有延英殿，是皇帝召见大臣的地方。此殿之后便因坡而下，或殿宇相望，或宫室连绵，建筑布局分为园林风景区和后宫居住处。蓬莱殿经过太液池直至宫城北面的玄武门、重玄门，布置有殿堂楼阁，如段秀实向唐代宗画地以对安边之策的蓬莱殿，唐玄宗曾和李白论当世事的金銮殿，白居易等人活动过的翰林院，穆宗不顾帑藏空虚盖起的百尺楼，敬宗用南海舶贾献材建的沉香亭，以及肃宗居住的长生殿，宪宗生活的中和殿，文宗寝居的太和殿，德宗居住的浴堂殿等。这些遗址至今颇引人注目，考古已探得亭殿遗址三十余处，1981年于大明宫遗址东部发掘的清思殿，台基平面呈长方形，南北长28米，东西宽33米，殿面阔十一间，进深四间，东西有廊道相连。《新唐书·薛延老传》记载唐敬宗造清思殿时，用铜鉴三千片，黄白金薄十万番，金碧辉煌，罕称人间。宫城西北隅的三清殿，则是另一座高台建筑，版筑夯土台高出地面15米，周围包砌砖壁，南北长80米，东西宽50余米。上殿的阶道在南端的正中，并发现大量琉璃瓦和多件鎏金铜装饰残片，证明这座宫内建筑非常豪华宏丽，是李唐皇室崇拜道教、供奉老子的建筑之一。又如1983年于大明宫宫城遗址西部右银台门以北夹城内

麟德殿内部复杂的建筑遗构

发掘的翰林院遗址，共发现厅堂建筑五座，一号遗址台基平面呈长方形，高出当时地面0.7米，东西长23.3米，南北宽15米，是翰林院广五间、进深三间的北厅五间建筑，其中三座居夹城之中，南北排列整齐，形成一条轴线。此外，还发掘出了有门楼的"翰林门"，宽5米多，进深8米多，有磨制的石门槛两道[12]。这都使人想见大明宫皇家生活区里的建筑有着非同一般建筑的风貌。

如果再作一次比较，含元殿表现的是人的意气和功业，向往有广阔的眼界和博大的气势，那么，麟德殿呈现的则是人的心境和意绪，突出驰骋飞扬的动态和承贯连接的旺盛生机。麟德殿建于唐高宗麟德年间(664－665年)，略迟于龙朔二年(662年)兴建的含元殿。它位于大明宫太液池西南隆起的高地上，是宫内地形最高点之一。殿东七八米下坡东至太液池边，因而便于从殿中眺览水面景物，把人的视野带入流动而富有诗画的意境。殿西90米就是宫城西墙，又近于臣僚出入的宫城右银台门，给人以尺度适宜、历历奔赴的印象。所以在大明宫创建时，便有意将此处作为皇帝非正式召见亲近贵族、百官臣僚和举行宴会、喜庆欢乐的场所。这与明清宫殿区里戒备森严、素雅肃穆的环境是截然不同的。

据文献记载，麟德殿的使用从唐高宗开始，历经玄宗、肃宗、德宗、宪宗、穆宗、文宗、武宗，最后到僖宗时期。在这漫长的历史中，麟德殿主要功能性质见于文献记载：

(1)接见外国使臣。被接见的有室韦、奚、回纥、南诏、日本等国使臣。如长安三年(703年)武则天在这里宴请过日本的遣唐使粟田真人。王建宫词"直到银台排仗令，圣人三殿对西蕃"，描绘了皇帝在麟德殿欢宴西蕃的情况。

(2)观赏舞乐。如贞元年间，德宗在这里欣赏过"南蛮诸国"舞乐和南诏异牟寻作的奉圣舞乐。

(3)设内宴慰劳。如永隆二年，因太子初立，宴请百官王公等贵族。元和十四年，宴田宏正等二百多位地方官。大历三年(768年)宴请"剑南、陈、郑神策将士三千五百人于三殿，赐物有差"。

(4)召见臣僚奏事。如长庆三年(823年)"裴度来朝，对于麟德殿，伏奏龙墀，因叙河北用兵，呜咽流涕，上改容慰劳之"。

(5)设佛事道场讲座。如肃宗上元二年(761年)，于三殿置道场，求佛保佑。

(6)殿前比赛马毬。《类说》卷七引《教坊记》说，玄宗"尝三殿打毬，荣王堕马闪绝"。贞元十二年(796年)寒食节，德宗来到麟德殿东亭，观览武臣及勋戚子弟会集打马毬。元和二年(807年)，宪宗以寒食节在麟德殿宴宰臣，皇帝亲自上马与群臣击毬于殿内庭院。

关于麟德殿的活动情况，张籍《寒食内宴诗》描写得很具体："朝光瑞气满宫楼，绿纛鱼龙四面稠。廊下御厨分冷食，殿前香骑逐飞毬"；"瑞烟入处开三殿，香雨微时引百官。宝树楼前分绣幕，綵花廊下映华栏"。这不仅指出宴会是在"三殿"举行，而且庭院内有"宝树"，竖着彩旗，张着绣幕，廊下有彩花，广场中还跳舞奏乐，骑马打毬。有学者认为麟德殿一直主要是作为宴会的场所[13]，其实它可能更像一个"多功能厅"，是大明宫内部又一处匠心独运的标志性宫殿建筑。

麟德殿打破了宫城内中轴线的设计形式，东北与皇帝寝殿仙居殿相毗邻，西南是翰林院，和两者都有旁门可通。皇帝小宴或休假游览，常在麟德殿东侧亭阁。如《南部新书》记贞元时，德宗宴宰相于东亭；《松窗杂录》记太和九年文宗至东亭观赏"开元东封图"等事；《旧唐书》记贞元二十年皇太子于西亭召见奏事官；都说明在悠然自得的休息中，凭借麟德殿的高阔地势，领略到整个大明宫舒展明快、自由驰骋的轮廓开襟。

据考古发掘资料[14]，在麟德殿南北长130.41米、东西宽77.55米、高5.7米的长方形双重台基上，建有毗连的前中后三殿。中殿左右有方形台基各一处，后殿的左右各有一处矩形楼台台基，并有向南延伸的廊址。这三种殿串联的平面，在外形上造成了丰富的单体组合，特别是在侧面上，三殿高低错落，与楼亭组合在一起，非常壮丽。殿基在宫城西部风景制高点上，不仅可以使宫内各地都能够看到它，而且从全宫的中心地区瞭望，正好可看到它最美的侧面。如果由太液池回望，宏大高耸的楼阁，衬以水光倒影，人工建筑与自然景色融为一体，极为壮观。可见麟德殿在总体位置、平面功能和外观上都是经过一番周密考虑的，反映了唐代建筑设计师们驰骋的想象力，这正是中古文化处在顶峰时期的折射。

就麟德殿的本身来说，这样一个巨大体量的建筑布局在宫城西侧高地上，在大规模宫廷活动中既便于大量人流出入方便，不影响宫内中心部分的安全与安静，又可炫耀皇家的权威与建筑的华贵。三殿串联也是很合理的布置，在断面上呈"品"字形，联系三殿的枢纽是中殿下层的过厅和过道，利用它们可以把三殿中的任意两个连在一起，而同第三个隔离开来，也可单独使用两侧的楼亭，以适应不同规模和性质的活动。三殿的灵活分割，正如李庾在《西都赋》中描写的："其乐人也，启九重，开三殿，齿群官于次座，征公族于内宴，戏族咸在，百弄迭改，阅仙童之霓裳，睹壮夫之角觝，御阶昼阴，帝坐春深，缤纷官闱，窈窕寝林……"可知比例多么和谐，建筑总体形象中包含了庄重而飘洒的气度。

假如看惯了明清以来的四合院式宫廷建筑，往往会囿于成见，认为自古如此，提到中国建筑就不由自主地想到四合院。然而在敦煌壁画和一些古代绘画中却往往相反，如唐李昭道的"洛阳楼图"、郭忠恕的"明皇避暑

132

图"，元王振鹏"阿房宫图"、李容瑾"汉苑图"、夏明远"岳阳楼图"及"滕王阁图"等，其共同特点是在巨大的台基上，以一个或一组高大的建筑为主体，紧贴着它的一些附属的廊子、抱厦、小亭榭。在它的周围可以是长廊围成的庭院，也可以空无一物。这种形制不是封闭的四合院雏形，而是古代台榭建筑的遗制演变。麟德殿正是属于这类建筑。尽管它可能有围廊，但廊与主体之间的布置相差过于悬殊，与后世的正房两厢组成的四合院概念相距甚远，三个主体建筑紧密相连一起，不必经过庭院之间交通。这是唐以前常见的以远廊围绕中心主殿的布置形式。麟德殿以三殿合一的独立单体形象与后代分隔配列的传统组群布局是不一样的，这是中国式的单体建筑风格，它容易造成一种卓然逸群的气概，引起人们的景仰崇敬。世界各地的单体建筑都常用这种构图，只不过是西方把它当作神的住所，而中国把它当作登天的台阶，当作"高山仰止"的崇高象征。然而他们几乎都从审美的角度来看待它比一切寻常的东西高大、深邃，难于攀登又不容人轻易征服。除此之外，它又具有完整的形象，不似旷野那样漫无边际。如果说罗马万神庙、拜占庭君士坦丁堡圣索菲亚大教堂、巴黎圣母院、伦敦圣保罗教堂是令人瞠目的单体建筑，是将空间序列在一幢建筑物里展开，同样麟德殿也是从中国传统文化土壤里生长的一个震撼人心的单体建筑，同样也是将空间序列在一个总体建筑里开拓。

麟德殿作为规模巨大、结构复杂、功能多样的唐代建筑，确是令人叹为观止的。它的前殿面阔约58米，十一间，进深四间、八椽、单檐四阿屋顶，殿前有5米宽的前廊，廊外沿台基边缘设勾栏，当心间开有龙墀[15]。这是麟德殿的主要殿堂，大历三年神策军将士三千五百多人的大宴会就以此为中心举行。前殿后面为一宽6.2米的过道，其北接中殿。前、中两殿及过道地面皆铺对缝严密的磨光矩形石块，宛如镜面闪闪发光。中殿下层的过厅、走道，与后殿连在一起，是楼阁的下层。中殿上层面阔十一间，进深五间，约合20米，也是单檐四阿屋顶，即文献记载的景云阁，皇帝多次"御麟德殿之景云阁以宴群臣"。阁内以墙隔为中、左、右三室，可能为皇帝专用的内室。附属建筑面阔相同，进深三间，单檐歇山屋顶。中殿屋顶较高，压在附属建筑屋顶的上面。殿四周安装门窗，平座四周安勾栏，便于人们从楼上远眺。后殿面阔十一间，进深三间，并另附面阔九间(约合48米)、进深三间的单檐歇山屋顶建筑物，左右两端还附有耳室，地面则换铺方砖，大概是侍从、妃嫔等休息或供给杂务之处。三殿前后连接总长约85米，二百多个大莲花形柱础石整齐排列。中殿东西的方台基底为10.15米×11.15米，顶8.5米见方，四面包砖，上建有方8米的四角攒尖亭子，并与中殿及郁仪、结邻两楼之间用飞桥相通。后殿东为郁仪楼、西是结邻楼，楼阁台基底26.3米×10

米，顶24.5米×8.5米，台高11.8米，楼阁正面七间、中央五间，面阔4米，屋顶为单檐歇山。全部建筑面积达12300平方米，约等于明清故宫太和殿面积2400平方米的五倍[16]。

据平面推测，麟德殿前还应有开敞的广场，常有许多盛大的活动在此举行。同时，高大的殿堂本身也需要在前面有一个二倍至三倍的视距，以便完整地展现景观全貌。此外，四周围有东西宽120余米、南北长220余米的长廊。南面开面阔五间的门，其余三面开面阔三间的门。广场里外若种植树木，在郁郁葱葱的环境下，更会衬映着建筑的虚实结合。

麟德殿丰富的整体轮廓，呈现出前殿是单层，中、后殿是二层楼阁，中殿下层是连接三殿交通的过厅，最后的附属建筑又回复为单层。中、后殿左右各有一个建在高台上的亭和楼，紧挟着耸立的楼阁，并用飞桥相接，再连以长段低平的廊庑，然后以突起的角楼与门楼作结。这座巨大的建筑单体，是中国古代高台建筑发展到最后一个高峰的代表作。特别是唐代宫殿建筑师竟肯牺牲中殿下层的采光和通风条件，只作通道放弃了使用价值，来换取高出一层而展示的空间体型变化。人们说建筑是凝固的音乐，麟德殿这种高低起伏和左右串联的旋律感与节奏感，就正是建筑和音乐重要的共同特性之一。假如仔细观察麟德殿总体位置，就会发现它是一个很严谨的有机联系体。例如贯通左右侧门的飞廊源于秦汉时期的飞阁复道。它在庭院横轴位置上连接得恰到好处，既不太靠近前殿，使建筑主体过于拥挤，又不距前殿过远，而减弱它们的呼应。角楼也是这样，它只能放到左右廊和后廊的转角处，不能随意移动位置，造成过于空旷或过于拥挤。这些有机联系，在各个局部之间织成一张无形的但可以感觉到的建筑理性的网，使麟德殿全局浑然一体，完整无缺。

麟德殿的建筑艺术生动地体现了审美心理的节奏感在形体、空间、色彩等方面采用了一系列的对比手法，造成了多样的和谐之美，反映了唐人智慧、灵巧、才能等品质。例如：

大与小对比：在高屋建瓴的中殿下，巧妙地安置了两间四面用柱的方亭。这方亭除了它的特定用途外，在造型艺术上起着对中殿的烘托作用。在雄浑厚实的后殿二楼两端，也设置有类似的平座台楼。有没有这种对比虽然并不改变麟德殿原有的主体，但经过对比可以使人对麟德殿的峻峭挺拔产生更强烈的感受，就像在巨大的金字塔旁边衬托几个附属小的建筑，大小的反差更显出建筑主体的雄伟高大。

高与低对比：为了烘云托月似地突出麟德殿的崇高，前殿采用单层单檐四阿屋顶，中殿采用二层单檐四阿屋顶，后殿附属建筑则又是单檐单层歇山屋顶。这样由低到高，由高又到低的错落尺度，同样使麟德殿表现出巍然屹立的形象美。加之庭院周围采用了低矮连续的回廊，从远距离上也朝揖了中殿的颠

134

顶，正像王维《画学秘诀》中记的"主峰最宜高耸，客山须是奔趋"。

宽与狭对比：从麟德殿院门到郁仪、结邻楼形成由前殿面阔58米到后殿紧贴两楼边端85米的悬殊对比，采用了欲放先收的手段，调动人们的视线。殿外上下两层的宽阔台基，也与主殿墙壁之间形成依次递减的宽窄对比，建筑正面形体愈来愈开展奔放，使人在视野层次中心情逐渐开朗。

动与静对比：麟德殿本身是静止的，但由于形体的变化却呈现出流动感。这不仅有前殿序曲、中殿高潮、后殿尾声所造成的韵律，而且由于前殿的飞廊与中殿亭楼之间的飞桥，造成整个建筑展翅欲飞的动态。特别是殿顶触目动人的反宇曲线和前弯外弓的鸱尾，更增加了三殿不可遏制的动势。

明与暗对比：麟德殿在色彩基调上给人的强烈印象是焕然和光。磨光的黑色筒瓦与白色的墙壁相对比，红色的直柱与汉白玉柱础石相对比，绿色为基调的檐饰与朱色的两跳华拱相比较，使整个主殿在蓝天白云的辉映下，显得万颜千彩。尤其是屋脊上灰色琉璃瓦与红色台顶阑额冷暖色调的比较，再加上瓷釉的光泽，使人感到斑斓淋漓，浪漫情调里增加了理性色彩。

繁与简对比：中殿厚达5.5米的山墙与后殿精致木隔墙相比，铺地石块与花面方砖相比，垂脊端面兽纹瓦饰与黑色磨光瓦相比，组合复杂的平棊与简洁挺拔的廊柱相比，形成了镂金错彩与单色油绘的反差，傅粉施朱与淡墨素妆的反差，繁工缛匠与平铺直做的反差，体现了美观与实用的结合。

这一系列大与小、高与低、宽与狭、动与静、明与暗、繁与简等对立因素的统一，犹如众多的哲理命题，体现在建筑的实践运用中，体现在一种和谐美的形象中。麟德殿的设计不仅有它审美的思想，也有它深刻的哲理性，而且建筑形象的哲理是其审美功能的基本要素。当然，唐代文化的特点决定了唐人的哲理往往是恢弘阔大、开朗豪迈、情重于理；不大容易具有宋代那种敏感恬淡、细腻缜密、理多于情的狭小心理。这是在领略唐代建筑风貌时需要甄别的。特别是唐以后，像麟德殿这类以单体建筑布局方式表现宏大空间的例子已很少见到，无论如何配置规格化的单体类型，在空间体量和深度的对比变化上，在造型艺术的错落丰富上，再没有达到这样的成就。随着砖木结构技术的进步，震撼人心的建筑艺术感染力却逐渐衰退了，这正是时代精神的变化。

三 "太液池"为中心的皇家园林区

在长安宫殿区内的皇家园林有着各自的风韵。隋代太极宫内的园林是方方正正，北海池、西海池、南海池都被宫墙隔绝在一个个方框子内，甚至还建有规则整齐的山池院，而唐代大明宫的园林则是曲曲折折，平原地带开朗恢阔，山塬地带错落有致，低洼地带水面烟渺。造成这种现象的基本原因，主要还是隋唐两个朝代政治生活和审美理想的不同。

隋代太极宫几何式的园林布局和唐代大明宫自由式的园林布局，是当时统治集团审美心理上的直接表现，因为太极宫园林的方正是经过大动乱之后，隋王朝重新统一全国后中央专制君主的审美心理，以继承秦汉传统旧规为宗旨，建立集中的、秩序严谨的政体，尽管在规划设计方面已经有了较周密的考虑，园林造景也更细致精练，纵然心机很巧，却局促闭塞，摆脱不掉那一套封建礼制和皇家隔绝的束缚。

唐代大明宫的曲折性园林是唐王朝政治上和经济上的黄金时代所建，固然也有传统皇家园林的影响，但更多地是汲取了魏晋以来私家园林的养分，在曲折幽致中开阔山水气度，在摹拟神化境界的同时追求着人性的感受，在模仿自然时自在地开放，使皇家园林呈现出浪漫主义的色彩。特别是唐高宗开始，皇家贵族在大明宫里不是标榜悠闲地吟诗作画的生活，也不是隐秘地寻欢作乐的生活，而是讲排场、显富豪、宣皇威、震四海的生活。

大明宫以太液池为园林中心，周边建有能同时容纳上千人的廊庑建筑四百间，打马毬，划舟船，演百戏，奏胡乐，跳胡舞，天天车水马龙，像过节一样。甚至许多宫廷的露天活动，就在园林中举行。这跟后世皇家园林或江南私家园林没有打算要容纳许多人，更没有打算要举行公开活动的格调完全不同。所以，大明宫园林不仅增加了理性的层次深度，而且丰富了浪漫的园林画意，在秦汉以来传统的园林格局基础上，创造了新的园林建筑艺术。

大明宫园林的第一个特点是宏大。在紫宸殿东西向的宫墙北部全是园林区，面积约1.8平方公里(1355米×1200米)，占整个大明宫面积的一半左右。这是因为它不仅是皇帝游憩和居住的地方，也是处理朝政、进行各种政治活动的场所。它既不同于太极宫御苑，和一般的行宫园林也不一样，而是兼具园苑和宫廷双重功能的园林，这是唐代皇家园林中的特殊形制。这种离宫型的皇家园林，均被兴庆宫与华清宫所沿袭。大明宫初建时，就是为李渊夏日在此"清暑"，所以唐代帝王"园居"遂成惯例，园林也必然在规划设计上体现"普天之下莫非王土"的思想。无论是太极宫园林中的孔子庙、佛光寺、鹤羽殿，还是大明宫园林中的昭德寺、大角观、元元皇帝庙，都充分表现了"万物皆备于我"的皇家意识，也是儒、道、释作为统治者精神支柱在园林艺术中的集中反映。

它的第二个特点是景深。大明宫园林不再是太极宫园林那种单纯的几何对称中线，也不像明清皇宫御花园、圆明园、颐和园等那样有着十分严整的中轴线来统率全局，而形成以太液池为突出的园林艺术中心，外围是密密匝匝的园林建筑，有直有斜，纵横交错，放射性地编织成一个主次分明、纲目清晰的园林网络。在这种景色层次深远的基本特色下，园林要表现人在自然

注释

[1] 《世界遗产名录》，见晁华山编著《世界遗产》，北京大学出版社，2004年。

[2] 葛承雍《唐都建筑风貌》第46—82页，陕西人民出版社，1987年。

[3] 贞观三年后唐高祖李渊自己徙居于山庄别业的西内苑(亦称北苑)，住大安宫垂拱前殿里，一直到死，并没有住在初建的大明宫。见《唐两京城坊考》卷一。

[4] 《唐长安大明宫》第12页，科学出版社，1959年。

[5] 《西安市唐长安城大明宫丹凤门遗址的发掘》，《考古》2006年第7期。

[6] 傅熹年《唐长安大明宫玄武门及重玄门复原研究》，《考古学报》1977年第2期。

[7] 马得志《1959—1960年唐大明宫发掘简报》，《考古》1961年第7期。

[8] 对龙尾道位置、长度与形制学术界有不同认识，见安家瑶《唐大明宫含元殿龙尾道形制的探讨》，《新世纪的中国考古学》，科学出版社，2005年。

[9] 傅熹年《唐长安大明宫含元殿原状的探讨》，《文物》1973年第7期。

[10] 《文苑英华》卷四八，李华《含元殿赋》。

中的生活之美，必须通过建筑来体现，因建筑是园林中的点睛之处。像环抱太液池四周建造的蓬莱殿、清晖阁、含凉殿、珠镜殿、紫兰殿、长阁、元武殿，以及元和十二年沿池边修建的四百间周环回廊远近相呼，而太液池西北的斗鸡楼、走马楼、三清殿、大福殿与池岸互成对景，既显示了建筑物沿水流夹岸错落配置的景色，又以远处的楼阁借景作为衬托。

它的第三个特点是集中。大明宫园林造景大部分是以水为主题，因水而成趣。著名的太液池位于大明宫北部中央，龙首塬的北坡之下，是园林的中心。现残存的西池平面呈椭圆形，是一个长484米、南北宽310余米的中央水面凹地，面积14万平方米；距宫城东墙仅5米多的东池，南北长220米，东西宽150余米，圆形面积3.3万平方米；池岸高出水底5米多，从自然的低洼水塘整修为一个诗意的园林水面[17]。加之宽、深皆3米多的渠道回环萦流，把大小水面串联为一个完整的河湖水系，构成全园的脉络和纽带。在太液池中有一残高5米、长宽均近30米、平面近乎方形的土山，上堆石块，称蓬莱山。其上曾建有山水辉映的太液亭。唐穆宗曾召侍讲学士韦处厚于太液亭讲《毛诗》《尚书》，唐文宗则纂集《尚书》中君臣事迹，命工匠画于太液亭上，以备观览。在中国古代从汉到清的二千多年时间里，皇家园林里总是要仿造蓬莱、方丈、瀛洲三岛，那是神仙居住的长满了长生不老之药的地方。于是，诗人们在这里尽情咏唱，像王涯的"宫连太液见沧波，暑气微消秋意多，一夜轻风萍未起，露珠翻尽满池荷"；李绅的"宫莺报晓瑞烟开，三岛灵禽拂水回，桥转彩虹当绮殿，舰浮花鷁近蓬莱"，都是对大明宫太液池园林景色的赞叹。近年考古发现的水上干栏式廊道建筑[18]，说明当时水榭建筑非常发达，水榭和池岸之间的廊桥又为园林区增添了美景，假山石群、卵石铺底、石雕石柱等等已发现的景观遗存，均表现了"一池三岛"的古典传统园林精髓。

它的第四个特点是点缀。大明宫的园林既以自然风景作为创作的依据，就不是简单地抄袭或摹仿自然，而是有意识地加以提炼、剪裁，结合建筑配置花木，使之更具有皇家园林的性格。整个宫城最初曾广植挺拔的白杨，后又改种碧绿的梧桐，并按宫内不同区域种植其他树木，南部正殿区植长青苍劲的松树，含元殿南植槐树，中部两披衙署植青翠欲滴的竹林，北部后宫则是品名繁多的杏、桃等树木与牡丹、幽兰等花卉，沿池渠岸边植依依摆拂的柳树，池中荷花竞开，并多次派宦官去江南采移奇花怪竹，使整个宫城笼罩在葱郁的林木之中。华宫飞阁隐于云树之间，望去一片潺潺流水，绿荫茸茸。

大明宫皇家园林的这些特点，确实是国家气运昌盛的反映。虽然大明宫园林区受面积的制约，与它紧连的"三苑"（北苑、禁苑、西内苑）不一样，不能进行"截轻禽、遂狡兔"的狩猎，不能利用广阔土地种植果蔬，养殖禽鱼，但在游赏乃至求仙中，一方面继续开掘六朝潇洒旷逸的流韵，另一方面走向"城郭连增媚，楼台映转华"诗情画意的境界。殿宇楼亭配合，力求在皇家园林里再现一个更精炼的、典型化的自然，在一定程度上追求自然情趣摆脱传统束缚，使之更丰富了中国园林的抒情性。这种形式的文化思想也只有在气魄宏大的唐朝才能产生。朝鲜半岛上的新罗国就深受唐代园林的影响，在庆州东南月城附近造园作池，建阁设亭，叠石为山，栽植花草，基本构思就是源于大明宫为代表的皇家园林，可见大明宫建筑模式对东亚地区的影响，见证了一种园林建筑观念的进程。

把大明宫皇家园林和明清紫禁城的御花园略加对照就可看出，御花园中几乎一切建筑景观都是严格按照轴线对称原则安排的，尽管造园者极尽新巧，在宫苑严整的体系规范中倍求变化，但采用的是千篇一律中强做出的均衡对称布置[19]，它的布园艺术特点就是在不违反森严等级制度的基本前提下，极尽错综变化之能事。这当然绝不仅仅是对技巧的炫耀和欣赏趣味的偏颇，而是末世封建社会封闭体系禁锢的反映，不得不用越来越多的局部和技巧上的模拟来勉强维持封建文化在建筑体系上的形而上学。人们只要看看御花园中那斋轩堂阁，就会感到满眼雕绘的富贵气所掩饰不住的冗缓疲沓，乾隆风格的屋顶琉璃脊瓦上塑满各式龙凤麟麒，令人感到追求刻板的装饰完全背离了结构的力度，看看那叠山怪石造成的风景建筑小品，就会感到毫无自然的气质与浅薄陋俗的寓意。总之，御花园违反或歪曲了中国园林追求阔大变化和自然美学的原则，失去了隋唐皇家园林使用价值和存在意境的秘诀。历史的差别奥秘是意味深长的。

历经千年的浩劫磨难，大明宫尽管现在成了一个宫殿废墟遗址，但它是城市历史、文学想象和考古佐证的混合物，也就是说大明宫有历史文献的记载，有诗歌文学的描写，有考古挖掘的遗迹，汇合一起给我们保留了丰富的想象空间。留存了宫殿类型的遗址也就留存了废墟之上的历史文化，留住了历史的辉煌也就留住了城市的记忆与见证。如果说宫殿遗址是中国古都独特身份的标志，那么世界历史名城也都是以保存著名宫殿建筑遗址来吸引人的。所以大明宫遗址蕴藏的建筑智慧、文化艺术、精神理想、历史价值等等，既是一个时代建筑营造力的表现，也是未来城市发展的文脉和延续。

废墟上残留的建筑遗迹越少，无声的悲怆就越强烈，作为一种深沉悠远的历史沧桑感，废墟往往有着文明毁灭的沉思。现在大明宫遗址的保护，唤醒了千年的灵性，唤醒了全社会关注的责任，唤醒了现代人的文化梦想。我们对大明宫的学术研究越深入，认识历史就越深刻，我们研究的历史面貌越真实，其价值也就越大越长久，因为这是后人叩问历史恢复文化理想的前提，从这个角度上讲宫殿废墟不仅仅是心理的失落，也是一种历史的美。

[11] 杨鸿勋《唐长安大明宫含元殿复原研究》，收入《唐大明宫遗址考古发现与研究》第400页，文物出版社，2007年。

[12] 马得志《唐长安城发掘新收获》，《考古》1987年第4期。

[13] 杨鸿勋《宫殿考古通论》第443页，紫禁城出版社，2001年。

[14] 《唐长安大明宫》第33—36页，科学出版社，1959年。

[15] 刘致平、傅熹年《麟德殿复原的初步研究》，《考古》1963年第7期。

[16] 据1983年对麟德殿重新发掘所测数字，见1984年《中国考古学年鉴》"考古新发现"专栏，文物出版社，1985年。

[17] 《西安市唐长安城大明宫太液池遗址》，《考古》2005年第7期。

[18] 《西安唐长安城大明宫太液池遗址的新发现》，《考古》2005年第12期。

[19] 于倬云：中国宫殿建筑艺术，见《中国宫殿建筑论文集》148页，紫禁城出版社，2002年。

原文刊发于《中国文化遗产》2009年第4期。

唐大明宫的世界遗产特征

　　大明宫是唐代"天朝"的国家形象，是大唐帝国首都的政治心脏，也是中国历史上最强盛帝国史的一个缩影，它的兴衰是与欧亚大陆上以中国为中心的世界秩序相始终的，曾经是亚洲一颗闪亮的明珠。大明宫先后耗费了两个世纪无休止的营造，汇集结晶了几代工匠的智慧，成为7 — 9世纪中国最雄伟的宫苑相环抱、水景相衬托的帝王宫殿群。

　　大明宫性质是由一所园林式离宫逐步变为皇家正式朝会的宫殿群，并由禁苑避暑的大观园成为具有正统地位的正式宫殿，所以它是浪漫的园林建筑结合理性的礼制建筑，是自然景观与人工雕琢的双重文化遗产。

　　大明宫作为一个文化遗产，其本身遗址历经千年就存在，不需要什么官方"权威部门"确定、指定，大明宫需要的是学术研究认定和考古研究鉴定，而不是政府部门的判定、裁定。不需要所谓的申遗程序确认，就是不列入申遗名单，不进入世界遗产名录，也无法抹杀它的伟大，也不能降低它的

复原的大明宫丹凤门

历史地位和举世声誉，大明宫的性质、本质照样是世界级遗产。相反，即使一些进入世界遗产名录的地方，也不见得就是够条件的达到了世界遗产标准。现在一哄而上的"申遗热"带来种种非文化、非科学、非学术因素，只会使一些所谓的世界遗产名不副实，像河南登封嵩山申遗落败后，又依据所谓周公测景台、登封观星台构成的"天地之中"宇宙观从而列入世遗，这种现代编造的思想概念和人为拔高，缺失了相当的公信力与权威性，只能在质疑声中给后人留下历史遗憾。

一份世界遗产名录和进入名录的遗产，必须是经过长期检验的文明结晶或是独特的文化思想，至少是能为已消失的文明提供一种特殊的见证。

从大明宫10世纪被摧毁后，中国的北宋王朝就有文人专门去追寻它、记载它、描写它，吕大防石刻的《唐长安城图》奠定了以后考查的基础，其中"大明宫线刻图"成为后人研究的必备资料。特别是60多年来众多历史学者、考古专家、古建专家都曾研究过它、复原过它，所以大明宫是经过长时间的综合严密考证，甚至经过激烈争论后，在学术界研究中逐步形成的统一认知。

按照世界遗产的遴选标准，大明宫遗址具备考古性质成分，具有突出的普遍价值和保留了以下历史信息：

政治特征。从唐高宗龙朔二年（662年）正式建宫后，唐朝历任皇帝在此执政，接见各国首领和使节，实际上成为朝会之所、正衙之殿，其含元殿、宣政殿、紫宸殿"三殿"形成的外朝、中朝、内朝制度一直延续到明清。麟德殿则是皇帝设宴的大殿，诏见百官大臣的欢乐场所，在长200米、宽120米的庭院里演出音乐歌舞，招待内外宾客，大历三年神策军3500将士在此庆功宴会，这种宏伟的宴乐大会堂，不见于明清戒备森严的故宫。这种建筑的政治功能在一定时期对中国文化区域产生过巨大影响。

建筑特征。含元殿高出地面15.6米，冈塬上立体布局气派宏大，北京故宫太和殿台基不过7米，是中国古代高台建筑的最后顶峰。麟德殿也在宫内高地上建有5.7米的台基，其三殿合一的巨大体量是故宫太和殿的五倍。还有高出地面15米的三清殿，这座高台建筑发现大量琉璃瓦和鎏金铜装饰残片。此外，唐后期穆宗不顾帑藏空虚盖起的百尺楼，敬宗用南海舶贾献材建设的沉香亭，以及考古探得五十多处大型建筑遗址。最著名的清思殿，史书记载敬宗曾用铜鉴三千、薄金十万番来装饰殿宇，金碧辉煌，罕称人间。考古已发现其殿面阔十一间，进深四间，并有廊道相连。这些都是前代建筑没有的登峰造极之作，是中国古代建筑的代表作，代表着一种独特的杰出创造。

文化特征。大明宫就是唐朝一个文化符号，当时有多少诗人文客咏叹歌颂，比喻为北斗之城、紫薇之星，甚至贬谪边远、流放塞外仍然将大明宫作为心中的寄托（类似中南海、天安门）。王维的"九天阊阖开宫殿，万国衣冠拜冕旒"；岑参的"金阙晓钟开万户，玉阶仙仗拥千官"；杜甫的"五夜漏声催晓箭，九重春色醉仙桃"，"蓬莱宫阙对南山，承露金茎霄汉间"；李白的"一为迁客去长沙，西望长安不见家"。描写大明宫诗赋的文学作品要比其他地方丰富得多，蕴涵深邃也是无法比拟的，文化遗产遴选标准第六条就要求与文学艺术有直接联系，或至少为文化传统流传提供了一种文学证据。

礼制特征。唐朝的朝会、册拜、改元、大赦、宣制等国家大典在大明宫举行，尤其是阅兵、元旦、冬至等重要仪式在此举行，体现了封建礼制的肃穆威严。至德三年（758年），唐肃宗在含元殿翔鸾楼上检阅出征军队。广明元年（880年）黄巢即皇帝位就在丹凤门楼宣布大赦，谕示天下。等级森严、形式繁琐，使得大明宫突出皇权至上、唯我独尊，利用建筑群展示了历史上这个时段宫廷建筑杰出的范例。

宗教特征。上元二年（761年），唐肃宗在麟德殿设置道场讲座，祈求佛祖保佑。实际上众多寺院和道观分布在大明宫内，昭德寺、大角观、元元皇帝庙等等，殿宇内的私人袖珍精舍更多。特别是中唐以后"玉晨观"崇楼高耸，现出土的多方墓志印证了道教在大明宫的风光地位。佛道两家宗教在大明宫异常浓烈，法门寺迎佛骨首先在大明宫内道场举行，也是轰动一时的大事件。

财富特征。全国的财富精华集中在大明宫，左藏、右藏、大盈库和琼林库以及种种库藏在此，是国家财富的象征，出土的银铤、进贡的酒瓮就是明证。出土的墓志还记载曾经将废弃的佛寺改建成有五百间房的库房。每当社会动乱发生时，皇家的库房作为财富储藏就成为抢夺的目标。何况大明宫本身就是经济实力的象征，全国经济收入良好时屡屡修建，衰落时拆殿补窗则无力整修。

园林特征。以太液池为中心的园林疏通渠道以水为丰盈"底色"，回廊建筑分布四周，元和十二年（817年）沿池边修建了四百多间周廊，叠山理水、楼阁借景、小桥串流、林木点染等等园林艺术手法已经成熟，太液池的蓬莱、方丈、瀛洲三岛是模仿神仙居住的地方，皇帝在山水辉映的太液亭讲书绘画，宫女们在池边射禽逐鸭，樱桃树、石榴树、白杨树等植物散布全宫园林，既有田园风光，又有皇家气度。

此外，还有利用考古出土的文物，可以研究的装饰艺术特征等等。可以说大明宫留给后人丰富的想象力，具有原真的设计思想，其建筑布局"繁"而不"烦"，景点形状大小千差万别，虽然我们不知道拜占庭风格的"凉殿"是否被搬进大明宫，也不知道西域风格的建筑形制是否在这里点缀成"园中园"，但史书里记载唐玄宗的凉殿无疑给当时长安带来了新鲜的景观。如果说大明宫具有记忆历史"宫廷建筑"的作用，那么最鲜明的特色就是它体现了皇家纪念碑的历史见证。

鉴于以上这些历史信息和考古实证，充分彰显了大明宫的世界遗产特征，它就是古代皇家离宫式建筑和皇帝生活的记忆，与唐代历史和政治权力密不可分，是中国古代最强盛时代的独特见证，就是不进入世界遗产的名单，也仍然是世界级遗产，甚至在某一条超越了世界遗产的入选标准。

现在大明宫建筑遗址有许多问题还没有搞清，例如为什么在当时已经成熟的砖石建筑中还使用大体量夯土手段来用于建筑结构中？大型宫殿中是否建有用于隐秘藏身作用的暗室、地道、复壁、夹墙等？含元殿前龙尾道究竟是中间三道还是分叉两道，与史书文赋描写的为何不同？大明宫宫殿屋顶用瓦是否有统一标准，出土的黄、绿、蓝单色琉璃瓦证明当时有剪边琉璃屋顶，是否被广泛使用？清思殿作为古代最有名的"镜殿"其真相究竟是什么？三清殿作为唐朝后期道教达到崇奉高潮而营造的高台建筑，是否反映了登天求仙的思想？出土的石鹰首与曲江出土的玉龙首类似，还有石兔等作为高级建筑构件究竟位于什么建筑装饰之上？如此等等，急需搞清，没有历史与考古的结合，没有学术研究的支撑，展示什么内容、表现什么主题都不知道，只顾规模宏大不顾历史本色，只顾视觉冲击不顾恬淡优雅，最终凸显的景观缺乏历史遗产沉淀和考古发现的诠释，只会成为不可信的现代艺术，那就不是考古遗址而是现代公园。必须清楚考古是每一个遗址公园的前提和灵魂，考古遗址公园只有考古发现新成果不断，才能真正保持活力。

申遗的出发点是文化，是浸润在文化遗产中的传承思想，将大明宫作为丝绸之路申遗的龙头，作为鼓动人心调动积极性的口号是可以理解的，但是把大明宫当作丝绸之路捆绑项目会带来许多弊端，将大明宫比作文化线路的

用10年时间复原的日本
奈良平城宫朱雀门

"亮点工程"也会造成许多歧义,千万别作为丝路不可分割的挂靠部分。大明宫有着自身不可磨灭的文化,不是依靠申遗提高自身的影响,不是现代申遗才发掘出来的遗产,将申遗变成"唯一"主题,只会缺乏自尊自信和文化底蕴,反而会流失中国古代文化信仰的信息,也使得现代保护运营创意贫瘠枯萎。我们一定要区分文化景观与考古遗址的差别,区别文化价值与风景公园的不同,区别遗址保护与城市规划的不同。

现在大明宫权威地位的确定过于依靠政府部门来主导,依赖政府财力支持这没有错,文化遗产政府不投资保护谁保护?但是大明宫的地位和名声影响不是要靠政府"权威部门"提高的。1994年日本平山郁夫先生通过联合国教科文组织投资保护修复大明宫遗址,并不是依靠政府的鼓动,而是因为大明宫重要地位影响过奈良、京都皇宫建设而引得千年后日本人捐资的。我们反思的是,平山郁夫为什么集资捐款只保护大明宫和敦煌两个地方,而不去保护其他所谓的世界遗产预备单位,就是因为敦煌、大明宫这两个地方有着举世不可磨灭的文化遗迹与千年流传的影响。

需要提醒大家的是,对大明宫的科学研究不必掺入太多急功近利的目的,频频宣传大明宫申遗本身就是一种浮躁,真正的世界遗产,从来不以列入名单为目标,自身价值即使历经千年沧桑也不会磨灭,每个中国人心中都会有自己想象的盛世时代的大明宫。

143

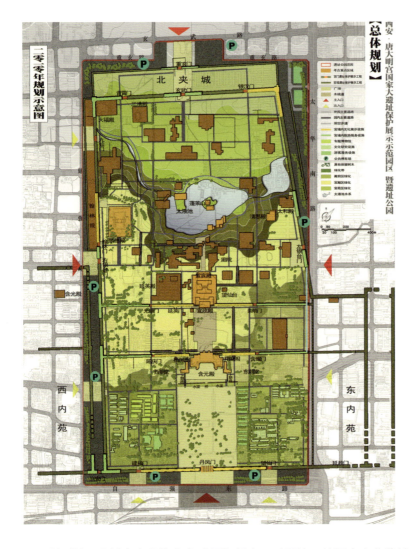

　　既要让一个城市文化软实力"硬"起来，又要让一处历史文化遗址"活"起来，积极保护与合理利用是各个历史文化名城都遇到的尴尬问题，大明宫在全国"申遗"高潮下更需要的是理性，近年来欧美有不少国家已不再热衷于申遗，不断减少申报数量，1995年美国就不再申报项目入围于世界遗产，它们更注重将保护资金转移到已进入"世界遗产名录"的文化遗产和自然遗产。大明宫不必陷入"中国式申遗疯"的怪圈里，保护发展比盲目"申遗"更有意义，大明宫渴盼的是惠及百姓的福祉而不是耗费庞大人力物力的申遗虚名，所以坚持自己的考古遗址特色，坚持固有的文化价值，坚持正确的申遗标准、责任和精神，我们需要的是对大明宫为代表的盛唐文明所作的郑重承诺，需要敬畏和尊重祖先赐给我们的珍贵遗产，需要思索曾经辉煌的文明怎么会衰落，让超越国宝价值的文化遗产永远传递下去，让历史记忆永不磨灭，让人类共有的遗产延续生命。

2010年9月28日在西安大明宫文物局举办的中英文化遗产学术研讨会上的发言稿，删节版《用世界遗产的标准看待唐大明宫遗址》，刊登于《中国文化遗产》2010年第6期，《新华文摘》2011年第5期论点摘编。

全文发表于《大明宫研究》院刊2012年9月总第五期。

大明宫：珍贵的记忆遗产

　　举世闻名的唐长安大明宫是城市历史、文学想象和考古佐证的混合物，也就是说大明宫有文献典籍的记载，有诗歌文学的描写，有考古发掘遗迹的佐证，汇合一起给我们保留了丰富的想象空间，从而使大明宫不再是一个空泛的历史概念，而是一份珍贵的记忆遗产。但踏访实地，观览旧迹，毕竟离不开那些林林散散记录的历史文书，编纂汇聚一部史料集就成为文史、文博工作者通力协作且迫在眉睫的一项工作。

　　可喜的是，大明宫文物局怀着对文化遗址的敬畏，怀着对千年前先辈建设宫城的敬意，组织专业人员搜集相关史料，并聘请有关专家连续不断地整理鉴别，拟定细目，撰写提要，编制索引，耗费数年时间终于编成了这部著作，其中的认真态度令人欣赏。特别是他们关注的不仅仅是宫殿建筑、都市规模，而是宫城与人的文明关系，关注的是历史与文学兼有描写，关注对城市形态、历史脉络和精神的把握，这需要跨学科的视野和坚实的专业知识，真正可以说是一本了解大明宫原始资料的实用指南。

　　首先，具有"史考"的实证价值。

　　大明宫作为一种文化遗迹，在抵抗了千年时光侵蚀之后，还要继续诉说历史当然离不开最原始史料的支撑，因而大明宫史料愈发显得重要，也是古人留给后人的一部教科书。

保护修复后的大明宫
含元殿遗址

古往今来，面对故垒如许的残垣断壁、荒城古冢的破砖碎瓦，人们总不免触景生情，历史的失落感油然而生。即使是宏伟的城市、辉煌的宫殿，也因经不住人世的沧桑和岁月的磨砺而面目全非。更何况许多往事已经湮没、失落于岁月的迷雾之中，既不可见亦不可知。它们当中有的涉及一时一事，有的扩及一国一族，还有的牵扯到一个失落的世界。

这种历史失落感，往往正是人们搜集史料与研究的起点。每当我翻开大明宫史料看到那些宫门的记载时，我就想宫城里的城门是一个特殊的建筑符号，有着特殊的文化效应，因为各个门禁之地非常重要，除车马交通、人员出入功能外，"以伺动静"守卫监管、禁军防护预防不测、奏事延迟停留手续等等，一套有机的配置亦成为人文定式，所以史书对宫门的记载非常重视，这也正是史考的关键点之一。

需要指出的是，大明宫宫墙实际上是这个城市皇家与其他人生活的边界墙，确定宫墙就是确定宫廷范围与城市生活区规模的界线，也是为现代文物古迹保护提供的"史考"依据。大明宫遗址上那些失落的文明如果不能被系统地释读出来，被复原出来，它将是一个零碎的永远的不解之谜。因此搜集汇编记载大明宫的史料不是一个简单的叠加，它具有文献价值、学术价值、社会价值。但由于历史文献分散，不易查找，限制了许多学者对这部分史料的使用，无法快捷便利地发挥更大的作用。

要让大明宫对构建唐朝世界风采具有说服力，就必须依据大明宫史料中记载、诗歌文学中描述和多年来的考古成果互为印证，互为补充，从而给人们留下深刻的印记，而不能搞那种空中楼阁式的描画，让人们模模糊糊地看

大明宫遗址出土的具有外来
艺术风格的石雕飞兽

146

到一个影子，不了了之地消失在了历史深处。特别是大明宫名称繁多，有错讹疏漏的，也有因承杂乱的，似不可尽信，很多宫殿不知明确的所属宫区，可能隶属大明宫，也可能属于太极宫、兴庆宫以及九成宫、玉华宫、翠微宫的殿名。所以需要参考各类记载，审慎斟酌，互相印证，这次搜集汇编者按照史料编纂的年代排列顺序，越接近历史年代也就越接近史实真相，打破了原先以钦定正史、官府史书、地域方志、笔记小说排版的顺序，这无疑是正确的方向。

其次，具有"史鉴"的研究价值。

大明宫—盛唐文化的圣殿，这是一个国家最清晰地表达自己引以为豪的宫殿空间。在大明宫产生过民族文化的传灯人，孕育了城市文明的承担者，贡献了跨越时代的思想者，至少现在人们已经达成了共识：大明宫不是一个地理名词，不是一件城市空间的摆设物。大明宫是中国古建历史的补白与钩沉，是我们追溯城市生活的一个源头。

1906—1910年的晚清时期，日本学者足立喜六利用受聘于陕西大学堂任教期间，勘踏西安地区古遗址，撰成《长安史迹研究》一书，描述了大明宫遗址的位置、规模和形貌，并配以大明宫图，使文献记载与景观重叠在一起，尽管这是一幅静止画面的概图，但给我的震撼触及心底，它不仅穿越时空使人遥想千年前宫殿台阁的兴建毁灭，也让我佩服日本学者对历史古籍和唐代古迹互相印证的"史鉴"精神。

20世纪90年代初致力于中日友好交流的日本画家平山郁夫先生带领访问团参观大明宫遗址时，西北大学曾派我陪同他们进行讲解，但大轿车一进入道北拥挤不堪的自强路竟无法拐弯，旅行社导游小姐抱怨来这破烂地方看什么，我们只好步行走到含元殿土丘前，平山郁夫撇开我们自己一人走到土台上激动地向日本访问团成员讲述大明宫的概貌，我们中方人员面面相觑，当时我心里非常惭愧，中国古迹竟由外国学者关注，大明宫既是他们心中的圣殿，也是他们万里来访寻求"史鉴"的动力。

或许是千年前唐朝已经潜藏的"万邦来朝"世界观念成就了长安的独特，因为长安发展的基础很不一样，一开始它并不是一个商业城市，它的第一批永久性建筑就是宏伟的宫殿以及寺观，唐文化的繁荣就是文学界、艺术界的代表人物都是在这座国都城市产生，许多诗歌创作的领袖人物吟诵过仰慕大明宫的诗篇和文赋。其实赞颂长安的诗歌很多，大明宫作为皇家景物的象征，有着引以为荣的建筑特殊成就，自然更会成为艺术浸润中的主题，文人们用艺术灵感回应了大明宫的特殊性。

我常想，文化繁荣依赖于不同文明的交叉连接，活跃、包容和开放是长安的优点，但并不是单纯对胡风的模仿。大明宫在唐朝近三百年历史中也是在不断变化的，除了一般维修外，还不停建造新的楼台亭阁，"内作"与"外作"的百工营造也不统一，这也是文献记载前后有些杂乱的原因，但毕竟使后人可以看到一部多维而非线性的历史。

再次，具有"史貌"的审美价值。

如果说大明宫是历史遗址上的圣殿，是岁月废墟上的巍巍楼台，成了今天田野考古研究的对象，后人无论再怎么阅读文献史料都只能留下历史的影子。然而今日走在这片土地上，即使看到一些夯土台基，也会让人产生一种时光倒流的感觉，想象中仿佛回到了煌煌隋唐时代，既有晴空万里的日子，也有阴霾密布的时候，既有滂沱泪雨冲洗的遗痕，也有万国来朝伏拜的绝唱，当时作家和诗人纷纷拿起笔"录制"下了称为史诗的文字：

"绛帻鸡人报晓筹，尚衣方进翠云裘；九天阊阖开宫殿，万国衣冠拜冕

龙头建筑构件显现了皇宫的等级制度

考古发掘大明宫丹凤门遗址

旒。"（王维）

"鸡鸣紫陌曙光寒，莺啭皇州春色阑；金阙晓钟开万户，玉阶仙杖拥千宫。"（岑参）

"五夜漏声催晓箭，九重春色醉仙桃；旌旗日暖龙蛇动，宫殿风微燕雀高。"（杜甫）

诗人们既有全景式的视点描写，又有独特角度的侧面叙述，把大明宫原貌的特征发挥到了极致，亲历目睹者的真实叙述，犹如把我们带入了第一现场，长久地撞击着人们的心灵，使那些轻描淡写、粉饰生活的敷衍作品，立马现出苍白的原形。

众所周知，大明宫突出的皇家之尊、王者气象，宫殿建筑尽可能壮丽无比。含元殿面阔67.33、进深29.2米。面积近2000平方米，与北京紫禁城太和殿相近。从含元殿到丹凤门为615米，其间是朝会集合百官由廷殿围合的大广场。含元殿台基高出地面15.6米。殿堂居高临下，康骈《剧谈录》记载"仰瞻王座，如在霄汉"。而故宫太和殿到太和门才186米，台基高度也只有7.12米，与含元殿相比就不免瞠目结舌了，落后了许多。大明宫的面积是北京故宫的3.5倍，巴黎凡尔赛宫的3倍。所以说，大明宫是西安值得追溯的唐代"故宫"。

我不希望大明宫成为一座史诗的空架子，用历史典籍的文字来丈量长安，用饱蘸深情的诗句来观察宫殿，索证稽核，实对臆作，所以殷切希望通过这次对大明宫史料的梳理铺陈，在时间的线性展现中构造一系列绵延的历史景观，不再用虚幻意念去关闭想象的空间。

最后，具有"史识"的释读价值。

昨天是源，明天是流。准确地诠释历史是为了更好地观照现实，精细地研究历史是为了反思未来的道路。

大明宫让我们看到了一座城市的文化追求，看到了一座城市的文明律动。只要不完全被经济利益所左右，不完全成为一个旅游景点，而是作为一个经典文化符号，大明宫对于西安的意义，好比卢浮宫对于巴黎的意义，卢浮宫对巴黎意味着什么？意味着巴黎这座城市独一无二的文化品位，这一伟大的艺术杰作，成了法国近千年历史的最真切的见证。同样，我们也希望大明宫成为千年遗迹的典范以及西安文化品位的代表。

宏伟建筑是一个城市的名片。城市建筑承载着诸多功能，名字首先应易于识别，便于记忆，作为城市的组成部分，它还应该符合这个城市的历史文化特质，并与周围建筑环境相谐调。在隋唐长安的城市规划中并未有使用外来的"洋名"，什么波斯邸、天竺房、突厥帐等等，那个时候"安宁""太平"等名称响彻中土，增加了民族的向心力和自豪感。独特的个性风格、文化内涵是一个城市赖以生存发展的重要基石。

现在有人认为富于中古气派和中国风情的名字太土，或者听不懂，热衷于起洋名，似乎洋名字有异国情调，貌似贵族化外国化，以便吸引一些崇洋心理的人喜欢，满足他们的猎奇心理。所以一些承载着珍贵记忆的老地名渐渐消失，这种反差不仅令人遗憾，而且损害了城市的历史根基。

唐代长安一直是一个废墟之城，它充满着盛世的荣耀，也充满着帝国斜阳的忧伤，在这样一个横跨西部与东部前后脚的旧都城市，大明宫牵动着城市记忆的苏醒，目前正在建设的考古遗址公园已经部分利用考古成果再现它的轮廓，再加上通过历史文献的疏通，就会使历史碎片拼成文化的风貌，为我们认识文脉留下了一份宝贵的文化遗产。

历史是有记忆的，古籍文献就是记忆的遗产。只是在浮躁浮夸浮华的风气下，越来越少的人能够平心静气地做一点哪怕是很粗略的历史文献浏览，检索一下古代史学方面的研究论文，捡拾起已被丢弃的学术前辈的科研成果，做些踏踏实实而默默无闻的学术修行。

本文为《唐大明宫史料汇编》序言，文物出版社2012年，发表于《中国文物报》2012年8月3日。

大明宫史料汇编作为一种珍稀的"全景图"，综合性地将古代建筑、城市布局、历史地理等汇聚成古籍整理成果，实际上不仅是唐代历史的记忆，也是中国古代城市建设史上的记载，对我们今天保护、修复大明宫文物遗址以及建设国家级考古遗址公园，都有着重要的与难得的一系列价值。大明宫文物局吴春、韩海梅、高本宪等研究者抱着"促进使用，资治当代"的态度，主编推出这部史料汇编，无疑值得称赞。

大明宫文化策划方案的评审思考

　　西安美灵广告公司为大明宫管委会所做的大明宫文化策划方案，信息量比较大，吸取了许多唐史研究的内容，围绕大明宫遗址公园展开了一系列的展示构想，试图通过综合性、全面性的文化展陈集中展现唐文化的特点，但是我建议弱化对文化遗产本身的消遣功能，特别是大明宫精神遗产层面的价值是值得我们高度重视的。

　　一个文化方案规模越大，复杂性也越高，容易落入形式主义的套路。涉及唐文化内容异常繁杂，由于方案策划者可能不是专业从事历史文物研究，故存在一些无法回避的错误信息和缺憾之处，需要进一步讨论和及时改正。

一　基本概念方面

　　由于"国家遗址公园"的基本概念现在还没有一个准确定义和说法，国家文物局系统行业内专家也有不同的争议，目前一般都用遗址或遗存地，如果仅仅是比照"地质公园""森林公园"等自然环境类的说法，那么我们自定义的"国家遗址公园"是否合乎国际惯例，需要谨慎对待。而且大明宫具备的"遗址性"与美国纽约中央公园不能相比，环境类型也不相同。笼统地说"世界一流的遗址公园"不仅有过头之嫌，而且含混不清。

　　这一基本概念直接涉及将来大明宫文化定位，是否要建成一个"公园"的问题，我们现在的遗址保护与公园设计是否能互为依托、互为映衬？正如方案策划者也认识到的：究竟是"宫"的遗址还是"园"的休闲娱乐之地？

大明宫含元殿模型

具体问题：

P.5 遗址保护的品位问题，包含一种文化修养、环境道德，"环境道德"指什么？

P.5 "大唐文明的集中展示地"，只能说是"宫殿遗址"的展现地，因为它只是唐长安主要宫殿区之一，并不能代表整个"大唐文明"。

P.5大明宫建设要求中的"性质"为"伟大的文化复兴工程"，像口号而与性质似乎无关。方案中诸如此类空话、大话过多，应注意减少。

P.6大明宫建设特色要"展现现代中国的精神姿态"，"文化表现符合现代审美与感知需求"，与保持文化遗址的原真性能否统一？

P.6大明宫的历史沧桑如何体现？应该具有凭吊纪念地的联想，都搞成花花绿绿的集中展示是否符合历史的原真性？

P.6"大明宫文化解读"这部分撰写值得认真推敲：

（1）不要使用一些拔高的概念与语言：诸如"公元7－9世纪世界文明的制高点"，"以大明宫为代表的唐朝更是世界文明的制高点"，不要动辄就说"大明宫作为世界文明的制高点的文化载体"，如果去过一些欧亚古国就会知道并不完全我们什么都是第一，没有必要将唐朝或者大明宫推向文化的极端。

（2）不要随便说我们的文明如何了得，而其他欧亚国家都不如我们。实际上古希腊古罗马文明的许多成果要高于我们东亚一些国家，这一影响从1世纪直到9世纪。

（3）不要随意抬高唐朝方方面面，比如唐朝制度文化形态毕竟是封建专制制度，说它"给世界提供了难得的模本"，容易引起负面误解。

P.31唐文化总述，讲到大明宫表现唐文化必要性与可能性，不要就认为

"大明宫有资格、有市场、有支撑……"对比分析似乎西安市其他唐文化项目都不行。显得唯我独尊、霸气十足，应该是各有特点，百花齐放。况且大明宫与现代城市商业经营相融合，极有可能搞得不伦不类，所以策划应该多出思路，吸取以往的失败教训，而不是随意贬低其他文化项目。将大明宫说成是"顶级演绎"，本身就值得怀疑。

P.34说唐朝"是世界的经济、文化交流中心"，可能太夸张了，这是不了解世界史的臆想，当时也达不到如此高的水平，顶多说是东亚的中心。

P.40最好不要用什么"无与伦比的颠峰文明"之类的形容词。不要搞什么与世界各国文明对比，因为我们对世界文明中很多内容并不了解，盲目地说会造成夜郎自大，会引起一些批评。

二 史实错误方面

P.18皇帝礼仪事件

"则天登基"，武则天登基是在洛阳，根本与大明宫无关，方案策划者说"67岁的武则天在6万民众与官员的拥护下在大明宫登上皇帝宝座"，完全搞错了。

P.18御道礼仪功能，御道是当时国家举行祭祀天地等大典或者皇帝出巡时使用，但据《唐六典》规定，迎宾（尤其是外国宾客）不能使用此道。

P.18唐太宗时虽然开始修建大明宫，但他本人的活动一直是在"西内"太极宫，太极宫是当时祭祀祖先的正殿，而且一直延续到唐玄宗盛唐时期。

P.22唐玄奘并没有亲历110国家，此数字不知根据与来源。

P.22玄奘取经与大明宫有什么直接联系？鉴真和尚更不知与大明宫有何联系？如果都这样展示，那人就多了。

P.25典故轶事中，史馆与弘文馆发生的事，根据时间，应分别是长安太极宫和洛阳弘文馆，均不是大明宫的事，因为太极宫、华清宫、洛阳皇宫都有过史馆与弘文馆。

P.26胡服不仅是当时男子喜爱的常服，也是一些女子的经常服饰，即"女扮男装"蔚成大观。

P.27宦官中最著名的高力士为何没有出现？将宦官作为一种文化展示，其中的内容与东方专制体制紧密相连，不是随便点出即止。

P.27唐代马毬来源于波斯的波罗毬，应该结合中西文化交流史展示。

P.28"唐代妇女离婚改嫁和寡妇再嫁也受到国家的提倡和鼓励"，这种说法过高估计了封建制度下妇女地位，与史书记载和出土墓志均不符合，唐代前期妇女离婚改嫁一度比较宽容，但并没有得到"国家的提倡和鼓励"。

P.28唐代妇女中安乐公主、太平公主都是参与政治的著名人物，为何不提？

P.29围棋文化中，杨贵妃"智救残局"主角是"康国猧子"，即后世的狮子叭儿狗，康国作为国名即今天中亚乌兹别克撒马尔干，而不是动物名。

P.34陆上丝绸之路"晚唐时向东延伸至洛阳"，这是错误的，汉晋至隋唐都离不开洛阳，甚至一度是国家的首都。

P.34将大明宫列为丝绸之路的起点，就和"大唐西市"置业公司将西市确定为丝绸之路起点一样，过于具体，目的都是为了替自己争利益，非常不妥。《南部新书·己部》等史料明确记载长安城开远门外立有烽堠，"云西去安西九千九百里，以示戍人不为万里之行"，这是真正通往西域的起点。

P.35玄奘、鉴真、义净等都不是"唐朝著名外交人物"，而是求法护法的高僧。

P.35"留居长安的胡人多达4000家－5000家"，这是违背史实胡编的数字。安史之乱后长安检括人口，外来胡人四千余人编入神策军，没有几千家。

P.35外国留学生到中国学习唐朝先进文化，"仅日本留学生最多时达到一万多人"，这种留学生人员数字是从哪里找出来的？

P.39唐诗描述的长安百姓生活，所列不具有代表性。刘禹锡《乌衣巷》写的是金陵而不是长安。

P.42"祆教"不是"祅教"，"祆"读xian，是波斯琐罗亚斯德教进入中国后的称呼。

P.42伊斯兰教在唐代长安传播现在还没有任何证据。一些人望文生义的猜想不足为凭。

P.42直接写大明宫的诗歌并不是太多，需要认真鉴别与收集，李白《清平乐调三首》写的是兴庆宫不是大明宫，白居易《勤政楼西老柳》也是写兴庆宫。

P.48唐代乐舞文化中，梅妃这个人根本不存在，是宋代文人编造出来的，所以将梅妃作为舞蹈家不合适。

P.59"唐朝允许外国货币流通"的说法没有根据，尽管中国境内发现许多北朝到隋唐时期的阿拉伯金币、波斯银币等，但它们一般只是作为交换品保留在商人手中，或是作为达官贵人收藏品，并没有在市场上流通的记录。

三　值得推敲的内容构想方面

P.19宫墙作为一种防御性隔离带，可能展现了皇家的威严，但更多是冷森森的界限，将宫墙提高到"反映了中华民族的精神姿态"是否合适？

P.32唐器物文化展示中列出了铜镜、金银玉器、陶瓷、唐三彩等，这是否就能反映唐代的最高文化呢？其他器物也很多，如翰林院使用的文房用品，大圣遗音唐琴，镶嵌玎瑅纹琵琶等等。关键是器物是否大明宫遗址出土的，是否大明宫曾用过的，或是唐代大明宫宫廷作坊出品的，这样才能拉近历史的距离。

P.34为什么"重修玉门关"？唐朝安西四镇（今新疆库车等地）是保障

丝绸之路的前沿重镇，而不是玉门关，汉代才是玉门关。

P.35注意不要什么都加一个"文化"词，没有"唐代外交文化"这一说，正式叫法就是"中外文化交流"或是"中西交通史"，即使用"丝绸之路"也知道是对外交往的历史。

P.35近年发现的日本留学生井真诚墓志应该是在长安的代表者，建议纳入。

P.35"文成公主入藏"因与现实有联系，最好不要列入"外交文化"内容里，容易给人造成吐蕃（西藏）是一个外国的感觉。

P.37－38关于唐代的饮食与酒文化，内容较为丰富，并有宫廷与民间之分，现在所列过于单薄，可再找出具有典型意义的史实来描述策划，具体内容见有关书籍。

P.42晁衡作为外国人是否参加过唐朝科举？

P.42外来的"三夷教"进入唐长安后都与中国本土的儒佛道发生了激烈的争论，不是"非常平静的相安而居"。方案策划者说袄教、景教、摩尼教"它们在当时的唐朝之外的疆土上其实已经互相消灭"，这个结论不知从何而来？事实上景教延续到元代，摩尼教也是延续到明清时代，改名为食菜事魔教和白莲教。

P.42唐代乐舞应关注西域外来乐舞对中原的改造和融合，隋唐宫廷"十部乐"中有八部来自外域。

P.46唐代绘画作品还可收集选择，有一些著名作品没有收入，查《中国美术全集·隋唐卷》。

P.48可参考学术界多年来对"敦煌乐谱"的研究，这是真正的唐朝音乐。

P.54标志性艺术品：丹凤门广场将唐太宗、武则天、唐玄宗三人作为纪念性主题雕塑，这种构想是否合适，可再考虑。这三人在唐朝历史上是著名帝王，但并没有在大明宫做过大的活动。最好在丹凤门广场不要竖立什么人物雕像，画蛇添足。（又见P.62）

P.54主题艺术品所列太多，反而不知主题是什么。应集中体现宫廷文化的精华，而不是遍地开花，越多越好。

P.54专题展览馆、博物馆、艺术馆太多，实际操作和日常运作会遇到很大困难。

P.54展示及经营中心：宦官文化如果要展示，其他诸如后妃、宫女、奴婢等是否也要展示？

P.54"大明宫学"的提出涉及各个方面，正如现在所提的"长安学"一样，能否落实？现在各地都爱提这个"学"、那个"学"，诸如法门学、清宫学等等，实际最后坚持下来有几家，大多都不了了之。

P.57御道形制展示，要设计大体量的龙柱灯，要在御道两旁摆设大型瑞兽、祥兽，以及摆放功臣、使节像，这是绝对不好的构想，这是古代陵墓神道的布置，会造成贻笑大方的败笔。

P.60著名军事人物和著名战役需要重新考虑，所选人物是否合适，如安禄山；对外战役是否展示得合适？如征百济之战和白江口之战。

P.63大明宫规划建筑艺术表现，是否要建设350亩的缩微景观园？至于再用350亩精选世界15个宫殿建筑群，通过缩微对比说明大明宫高超、伟大，这种构想实在不可取，只能造成败笔。中国土木结构无法与西方石构建筑硬性对比，双方建筑艺术各有特点，不需也不必作一"竞争性"的比较。

P.64文化艺术品表现基本原则中，"尊重历史、真实复原"不可能做到，只能是"接近历史，限度仿建"。

四 图示部分

P.6选用的历史绘画，千万不能使用后世例如明清人画的。如P.59玄武门兵变，P.60隋唐十八路好汉图，否则就会造成很大的纰漏。最好选用唐墓壁画、敦煌壁画等。

P.25搬殿营居、敬贤怀鹓，这类现代画家所绘之图，低劣应付之作，必须摒弃。

如果新创作唐风绘画，则一定要有历史根据。

P.68文化导示系统可参考意大利罗马城市、日本奈良、京都的文化标识设计。

总之，我期望大明宫遗址如果能成为一个各方面都公认的"考古遗址公园"，其总体风格上既宏伟大气、又静谧肃穆，不要一开始就搞得花花绿绿、热闹非凡，不要一提就是"世界文明制高点"，不要把一个遗址遗存所有的空间都填满。而是吸收各国展示文化遗址的方法之后，像画卷一样一步步来展开，留给后来者更多的思考空间。拓展需要深层的研究和规划，呈现更大的图景。

至于展览活动（见P.54）要搞时装展、汽车展等，要搞企业产品发布会、企业形象展等，我不能持肯定态度，对样样俱全的琐碎堆砌，需要进一步思考。现在面临的矛盾是投了大量资金搞保护又想通过娱乐旅游收回来，这确实是两个功能产生的全新挑战，无论是建筑遗产还是文化遗产的价值，都是追求真实性、完整性，不复制、不改造、不轻易做加法，如果对大明宫抱着消费心态去期待打造成游乐休闲的公园，那就不是文化遗产本身的价值了。

2008年11月8日

补记：

根据大明宫文化策划方案，大明宫要耗时耗资地进行再造工程，但从耗时之长，耗资之巨，设计者声名之响，我们不难想象出该工程规模之大，设施之奢华。遗址公园不是欢乐谷、游乐场、嘉年华，不是主题公园或庙会，游艺项目风格雷同，创意已是江郎才尽，黔驴技穷。

如今，一些地方打着保护文化、传承文化的旗号，动用大量的人力物力财力，大规模兴建所谓的文化建筑。这些工程主要是供人们观光游览，或是借遗址公园之名拉动周边房地产产业，而对弘扬中国文化并无实质效果，反而会助长一种奢侈享乐之风。弘扬中国古典文化或是传统文化不是单纯的复古，更不是不顾一切投资修建几座大型建筑所能做到的，文化弘扬更应在丰富多彩的文化中动态传承，要"活"不要"死"。多在有创意的文化活动中下功夫，不是在固定的建筑里转圈子，何况很多仿古建筑不伦不类，留下一笔笔炸不掉拆不了的劣质水泥建筑。

2009年1月31日

乾陵神道上的仪卫石雕像

唐乾陵懿德太
子墓阙楼壁画
之一

唐乾陵列入世界
文化遗产名录的三大价值

在万众瞩目的《世界遗产名录》中，全世界788处文化遗产和自然遗产里共有21项陵墓与墓地被列入，仅占2.66%，分布在不同国家，体现于不同时代。著名陵墓有埃及的金字塔墓区，希腊的马其顿王陵，印度的泰姬·玛哈尔陵、中国秦始皇陵、明清皇家陵寝等。墓地有保加利亚色雷斯古墓，丹麦捷林古冢，匈牙利佩奇（索皮亚诺）早期基督教公墓，突尼斯布匿人墓地等[1]。这些陵墓与墓地都是体现人类伟大创造力的智慧杰作，是各民族文化发展非同寻常的证据，与各国社会流行的生死理念、灵魂观念有直接联系。

相比之下，我认为以唐乾陵为代表的唐代帝王陵也具有列入世界文化遗产名录的普遍价值、独特价值和记忆价值。

一　唐乾陵具有文明见证突出的普遍价值

按照保护世界文化遗产的定义[2]，有文物古迹、建筑群和遗址三种分类标准。从历史、艺术和科学的角度看，文物古迹具有突出的普遍价值的建筑物、雕刻和绘画，具有考古意义的部件和结构、铭文、洞穴、居住区及各类文物的组合体。建筑群则在建筑形式、统一性及其环境景观结合方面，具有突出的普遍价值的单独或相互联系的建筑群体。遗址从历史、美学、人种学或人类学的角度看，具有突出的普遍价值的工程或自然与人类的结合工程以及有考古发掘遗址的地区。

唐乾陵是7世纪东亚"依山为陵"纪念性建筑工程的杰作，陵墓建立在海拔1047米高的石灰岩质圆锥形山峰上，体现了古人对高山景仰的崇拜，这是埃及金字塔墓区依托沙漠戈壁、印度泰姬·玛哈尔陵依托加木那河畔所没有的宏伟高大气势[3]。

唐乾陵创建了一个围绕山峰整体安置灵寝的自然效果，奠定了唐代"依山为陵"葬制的基本模式，它包括内外两重城墙、两组双阙楼、两个碑亭、一条神道、成组石雕和石雕群等，整个设计是为了适应230万平方米地带中变化的地形，与周围的自然环境和谐地融为一体。

唐乾陵神道从外城第一道门上笔直向北延伸到地宫墓门，沿山脊全长约4公里，比古埃及卡纳克著名阿蒙神庙前2公里的圣羊夹道长一倍，深远的透视感加深了祭祀仪典的庄严过程，为以后历代陵墓修建神道所效仿。

　　唐乾陵南北中轴线和左右对称相结合的布置建筑组群，使整个陵区交替出现三次建筑艺术的高潮，从任何一个景区都能看到主峰之巅，提升了祭拜者对皇帝敬仰的心理[4]，为后世陵墓设计者所沿袭仿效，证明唐代纪念性建筑规划的理念和实践具有很高的水平。

　　唐乾陵陵园的所有建造工程历时长达57年之久，经过了武则天、唐中宗、唐睿宗三个时期才全部竣工[5]。唐德宗贞元十四年（798年）又造屋378间，虽在中唐后遭到破坏，但在千余年历史中有过几次大的维修重建，历史遗痕没有彻底消失。

　　唐乾陵和昭陵一样，受北方突厥民族拜高山、祭祖窟信仰风俗浸染，突厥人认为祖先亡灵理想的住宅是天神（即日神）照耀的高地或高山，所以唐

人"依山为陵""旁凿石窟"修建陵墓，将梁山和九嵕山作为心目中的神圣之山，表现出文化渊源的多样性。

唐乾陵建立对中国古代陵寝建筑制度的演变具有重要的昭示作用，关中18陵中有14座依山为陵，以昭陵为开创，以乾陵为定制，这种以巍峨峭拔山峰为不朽陵寝的做法，是东亚北方陵墓建筑设计的最佳典范，也是已消失的唐代草原文化和农业文明融合的独特见证。

唐乾陵覆斗形封土陪葬墓有着壮观的地下建筑，斜坡墓道、过洞、天井、便房（小龛）、甬道和前后室层层相连，室内还有房屋石椁，充分表露了当时贵族生前庭院深深居住生活的片段缩影。特别是前后室为集中式穹顶建筑形制，与波斯火祆庙穹顶极为相似，也与拜占庭所发展的古罗马教堂穹顶基本形制非常吻合，说明了中西建筑文化交流的切实存在。

乾陵俯视图

唐乾陵的真实性可靠，原生性完整，不存在遗址移植性和后代的复制品，历史记载、考古勘察和出土文物均能互为印证，陵寝特色鲜明，文化内涵丰富。出土的墓志精湛，书法艺术价值上品；三彩工艺品造型别致，许多独一无二；壁画题材广泛，从建筑阙楼、山川树木到出行仪仗、狩猎娱乐，琳琅满目；天象绘图则反映了当时人的宇宙观；尤其是文臣、武士、宫女、宦官等人物画线条流畅，色彩鲜艳，生动传神，栩栩如生，堪称绘画艺术佳作。

唐乾陵建筑遗址、出土文物这些中华民族瑰宝，完全达到了世界文化遗产三种分类标准的定义，世界各国专家学者都给予了高度评价，赢得了各国首脑的赞叹和大量观众的喜爱，可与欧亚已列入世界遗产的同类项目相媲美，具有人类普遍价值的文化神韵。列世界遗产数量第一的西班牙和第二的意大利都没有陵墓与墓地类项目，这正反映了东西方历史文化遗产的差别。

二 唐乾陵具有艺术精湛丰富的独特价值

凡提名列入世界文化遗产的项目，必须符合下列一项或几项标准[6]：

（Ⅰ）代表一种独特的艺术成就，一种创造性的天才杰作。

（Ⅱ）在一定时期内或在世界某一个文化区域内，对建筑艺术、纪念物艺术、城镇规划或景观设计方面的发展产生过重大影响。

（Ⅲ）能为一种现存的或为一种已消逝的文明或文化传统提供一种独特的至少是特殊的见证。

（Ⅳ）可作为一种类型建筑物或建筑群或景观的杰出范例，展示出人类历史上一个（或几个）重要阶段的作品。

乾陵北门（玄武门）
门阙前仪仗石马

164

（Ⅴ）可作为传统的人类居住地或使用地的杰出范例，代表一种或几种文化，尤其在不可逆转的变化之下容易损毁的地点。

（Ⅵ）与某些事件或现行传统或思想或信仰或文学艺术作品有着直接和实质的联系。这一条只有在某些特殊的情况下，或此条件下标准与其他标准一起使用时，才能成为列入世界遗产名录的理由。一般情况下，此条款不能单独成立。

对照入选世界文化遗产6个具体评定标准，我们不难估量出唐乾陵的文化魅力，至少符合其中（Ⅰ）（Ⅱ）（Ⅲ）（Ⅳ）（Ⅵ）条。

唐乾陵是中国历史上唯一的女皇帝武则天与其夫唐高宗的合葬墓。秦汉以后，皇帝、皇后多不合葬，而乾陵夫妻"二圣"合葬墓独树一帜。在男尊女卑的中国古代社会里，对女皇武则天一生活动的评价争论激荡了上千年，对中国文化血脉有着深远的影响。

唐乾陵是唐代帝王陵墓中唯一发现有双重城垣的墓葬，其内城象征京城长安的皇城，外城相当于官员和士民居住的郭城，反映了当时中国古代都城的整体格局。

唐乾陵也是唯一历经千年未被盗掘的唐代帝王陵，其地宫隧道编号刻字砌石已被发现，出土有细腰铁拴板、锡铁锭等，这是一般陵墓所不清楚的有价值线索。

唐乾陵是中国帝王陵墓中第一次出现大量种类繁多石刻的陵园，124件石雕艺术作品表现了不同题材的内容。特别是61尊蕃王石雕像真实记录了7世纪唐帝国与周边民族政权以及与亚洲各国的政治文化交流状况，反映了中外文化互动的高潮，这是其他历代陵墓所少见的稀世物证。

唐乾陵蕃王石雕像群艺术作品深受6－7世纪突厥等草原民族丧葬习俗中立"奸敌石"的影响[7]，用被臣服者的灵魂来增加逝去帝王"天可汗"的光荣，这正是乾陵蕃人石像群规规矩矩表示忠诚与臣服的肖像，与神道旁象征传统文臣武将的"翁仲"截然不同的原因。

唐乾陵第一次出现具有犍陀罗雕刻风格的翼马、驼鸟、蹲狮等，取代了原有的朱雀、石虎等，运用了线雕、半浮雕和浮雕等生动传神的技法，很有可能深受波斯公元前4世纪苏萨遗址中翼兽形象影响，不仅是汉魏南北朝以来中国传统石刻艺术与外来雕刻艺术的结合，而且开辟了以后帝王陵墓前也大量置刻翼兽的做法，烘托了陵区建筑的艺术主题。

唐乾陵17座陪葬墓数量上虽然没有昭陵194座多，但是迄今为止所有唐陵陪葬墓的规格都没有它们大，等级都没有它们高。懿德太子墓中第一次发现唐皇室玉质填金哀册，永泰公主墓则是发掘最早、等级较高的女性墓葬，戴步摇凤冠又袒胸露乳的宫女图超出了人们的想象，叹为观止。

唐墓壁画有一半精品集中在乾陵陪葬墓中，章怀太子墓中第一次发现了7世纪《外国蕃使图》（客使图）、《打马毬图》等，如波斯传入的打马毬活动在当时非常流行，但唐以后却在中国失传了。总计约有近千平方米的线刻画也是一种独特的艺术作品，其人物肖像和信仰装饰均为皇家高手匠师写实所作。

可以说，唐乾陵稀世珍品多，文化底蕴厚，建筑、绘画、雕塑皆反映出当时流行的艺术风尚与美学特色，表达了当时人们深邃的精神世界，无疑是一曲凝固的眷世音乐。乾陵文物多次跨出国门展览，引起各国人民的赞美，但由于局限于地方区域、一个朝代或丝绸之路的专题，没有提升

2004年中日石刻保护实施项目乾陵考察

166

注释

[1] 晁华山《世界遗产》第247—280页，北京大学出版社，2004年。该书世界遗产统计数据截止到2003年7月，不包括2004年7月第28届世界遗产委员会审议通过的马里阿斯基亚王陵和中国高句丽王城、王陵及贵族墓地，作为明清皇宫、皇家陵寝拓展项目则有沈阳故宫、盛京三陵（清永陵、清福陵、清昭陵）。

据统计，列入世界遗产的陵墓有：埃及孟菲斯与吉萨至达舒尔的金字塔墓区，希腊费尔吉纳考古遗址（马其顿王陵），印度德里胡玛云皇帝陵、泰姬·玛哈尔陵、中国秦始皇陵、明清皇家陵寝、高句丽王城、王陵及贵族墓地，哈萨克斯坦考迦阿赫迈德雅萨维陵墓，马达加斯加安坡希曼加皇城与皇陵，马里廷布克图清真寺及陵墓和公墓、阿斯基亚王陵、乌干达卡苏比的布干达王陵。墓地有：保加利亚卡赞勒克的色雷斯古墓、斯维什塔里的色雷斯古墓，丹麦捷林古冢、石碑群和教堂，瑞典斯科格吉斯克加登基地，匈牙利佩奇（索皮亚诺）早期基督教公墓，埃及底比斯古城及王家墓地，伊拉克哈特拉遗址与墓葬区，韩国高敞、和顺及江华史前石板墓遗址区，突尼斯布匿人旧城及其墓地。

到世界文化遗产的高度来认识，错过了最先申报世界遗产的机遇，起步太晚，使人痛心。

三 唐乾陵具有文化品位很高的记忆价值

截止到2004年列入世界文化遗产名录的有611处，数量相当多的是历史文化名城、名镇、宗教建筑群、古遗址与岩画等，古代皇族生活的宫殿也不少，但陵墓与墓地只占3.44%，相对较少。唐乾陵作为人类遗迹和地下宝藏，饱含着前人对后人的奉献和功德，与其他种类文化遗产相比更显得珍贵，特别是作为7—8世纪人类社会发展史上东方帝王顶级权势造就的伟大陵墓，唐乾陵历经千余年始终没有被盗掘过，有一些陪葬墓未发掘，一旦文物保护技术达到永久无损的高水平时，沉睡地下的宝藏未来经考古出土的可能性极大，必将引起全世界的关注。

唐乾陵还是文化遗产中具有神秘色彩的陵墓，其一系列谜团至今未被破解，例如我们只知道乾陵营建时监督管理有山陵使韦待价、将作大匠韦泰真[8]，但陵墓的直接建造者是谁，建筑与规划的设计者是谁，有无外国吊唁客使或外来工匠参与建造，无字碑为何没有记功的文字，61尊蕃王石雕像中已知36条衔名外其余是何人[9]，八面方棱纪念柱究竟是传统华表还是摩尼教胡桃形宝珠柱头，文献记载17座陪葬墓是否与实际相符，这些谜团都有记忆价值，"能为一种已消逝的文明或文化传统提供一种独特的至少是特殊的见证"。

目前中国已有30个世界遗产项目，位列世界第三，这对于加入《保护世界文化与自然遗产公约》较晚的我国来说是个骄人的成绩，但与中国作为一个具有世界文明古国的地位相比，还有很大差距。过去各国对世界遗产申报并不重视，现在激烈竞争以体现自身创造的文化价值，177个缔约国有134个国家有世界遗产，还有43个缔约国没有世界遗产。从2006年起世界遗产委员会每年只受理45个新的世界遗产项目，考虑到更具有广泛代表性、平衡性、可信性问题，采取了限制政策，每个缔约国每年可申报2项，其中1项必须是自然遗产。

由于当前世界遗产发展呈现出新的趋势，即由过去的"点"发展到注重"线"和"面"，由保护单体文物发展到成片保护和整体保护独特文化资源，所以唐乾陵作为相关唐代帝王陵的龙头要加强合作，注意线性文化遗产区域的整体申报，首先要做的工作是进入申遗"预备清单"。

现在中国各地申报世界遗产的积极性非常高涨，可以列出近30个项目要进入预备清单，如澳门历史建筑群、安阳殷墟、福建土楼、开平碉楼、北京卢沟桥、山西应县木塔等，还有几十处跃跃欲试等待被接受，但候选者中作为有宏大气魄的陵墓还很少见，唐乾陵完全可以突出特色抓住机遇进行申报，当然，启动工作首先是要依法保护有步骤达到评定标准，其次对历史遗痕要有计划重点勘察，再次对唐乾陵周围环境有目标进行和谐配置，并刻不容缓地划定保护缓冲区。

我认为，唐乾陵自1961年首批进入全国重点文物保护单位以后，在考古发掘、墓葬保护和文物研究方面取得了巨大成绩，若按照1972年《世界遗产公约》新理念、新要素来说，乾陵的保护规划与修复设计还有待进一步研究加强，复原的南乳峰阙楼不仅没有考虑排水系统，而且造型臃肿笨拙，被群众嘲笑为给奶头山上搞"隆胸"，不说是一大败笔，实在是考虑欠周。朱雀门两阙楼砖石复建后从视觉上竟将无字碑和述圣纪碑压迫得变矮变小，平淡无奇，失去了高大雄伟的效果。陵园区域内还有农民居住，并继续翻修扩大住宅，从朱雀门下望非常醒目刺眼，应立即搬迁。神道旁和朱雀门旁的纪念品、土特产商店和停车场还需要重新规划，保持陵园的肃穆宁静气氛。梁山下还有一些生硬制造的"假古董"与"单调媚俗"的旅游项目，也要尽快清理。翻开现在世界遗产名录可看到，进入文化遗产的项目往往不以年代悠久论英雄，不以大小见短长，不以虚实划界桩，先保护后开发非常明确，这些世界文明的新视点、新理念挑战着我们传统的概念，需要我们站在全人类角度重新认识唐乾陵的保护标准，警惕破坏性维修，谨防走向平庸。

唐乾陵如能进入世界遗产名录，将会提供人们认识6—9世纪时世界上最强盛帝国的新视点，将能得到国际社团的帮助而承担起共同保护的责任，建立起高效的遗产监测与信息化动态管理系统，并能借助无损伤地球物理综合探测等现代科技手段进行玄宫和未发掘陪葬墓的勘测，利用数字化三维虚拟现实技术向全世界远程传播和展示。

世界文化遗产是不可再生的珍贵资源，也是全人类的共同财富。唐乾陵申报世界文化遗产既要抓住机遇加快步伐，又要积极采取一些有效措施进行科学保护，让这座中国古代盛世建造的帝王陵墓真正成为世界文化遗产的代表之一，成为中华文明的最好见证和不朽丰碑，成为人类走向未来留下难以磨灭的记忆。

[2] 刘红婴、王健民《世界遗产概论》第26页，中国旅游出版社，2003年。

[3] 姚晓华《世界文化与自然遗产》第56页、360页，中国文史出版社、光明日报出版社，2004年。

[4] 葛承雍《唐都建筑风貌》第196页，陕西人民出版社，1987年。

[5] 一般传统看法认为乾陵营建时间从李治埋葬到武则天合葬长达28年，本文同意刘向阳的看法，因为武则天与李治合葬后，朝廷经常派人祭祀朝拜守陵，并不断修建陵园，直到开元年间才减少。见刘向阳《唐代帝王陵墓》第80页，三秦出版社，2003年。

[6] 晁华山《世界遗产》第10页，北京大学出版社，2004年。

[7] 葛承雍《唐昭陵、乾陵蕃人石像与"突厥化"问题》，《欧亚学刊》第3辑，中华书局，2002年。

[8] 有人认为将作大匠韦泰真是乾陵建筑设计者，但实际上韦泰真担任将作大匠只是工程监督管理者，自己不会承担设计事宜。见《武则天与咸阳》第224页，三秦出版社，2001年。

[9] 陈国灿《唐乾陵石人像及其衔名的研究》，《文物集刊》（2），文物出版社，1980年。

《乾陵文化研究》第一辑、三秦出版社2008年出版。

乾陵文化价值的升华与发展前景

唐乾陵作为中国陵墓类博物馆的领头羊，作为中国古代最鼎盛时代的文化代表之一，具有现存面积大、建筑体量大、雕刻尺度大、文化意义大、等级品位高、中外知名度大等等优势，以其历史性、真实性、完整性等独特魅力，涵盖了古代陵墓承载的历史特色，典型地体现了那一时代中国的最高水平，与现在已进入世界文化遗产的明清皇家陵墓相比毫无逊色，一点也不比高句丽王陵和贵族墓地差，文化价值和艺术特色甚至还远远高出这些已进入"世遗"的陵墓，因为恢弘鼎盛的唐代毕竟高出处于封建末世的明清时代，融合中外文明交流的唐代毕竟不是处于闭关自守的明清王朝，两个朝代的世界性是不一样的。

尽管国家文物局按照联合国教科文组织和国际古迹遗址保护组织（ICMOS）的一些官员多次提议，将以乾陵为龙头的唐代帝王陵墓列入世界文化遗产预备名单，但现阶段还有许多障碍和困难，一些地方出于狭隘的政治动机和唯利的经济动机申报有形遗产或无形遗产，影响不见得好，我们不必把精力过多地放在"申遗"项目一座独木桥上，而是要切切实实地做好自己的定位和发展目标，着眼于可持续发展前景多走几条宽畅大路。

乾陵的定位就是唐代十八陵历史文化旅游景区的"龙头"或者"领头羊"。

乾陵有了这样的定位，要发挥引领作用，在凝聚统一大中国认同感和归属感方面，在唤醒大众历史记忆方面，在促进丝绸之路传承过程中，都要起到领头羊作用。尤其是古代帝王"事死如事生"的永恒主题，融会突厥风俗

从乾陵神道远眺双阙门

开创了"以山为陵"的新格局，我们期望有一天乾陵将成为开启6—9世纪地下陵墓内涵的金钥匙，仅就陪葬墓中发现其《客使图》、《马球图》、《狩猎图》、《宫阙图》等壁画内容来看，至少在亚洲是独一无二的，反映了唐人的眼界和艺术的创造。

如果说文化价值升华与遗产保护有着密切关系，那么乾陵作为中国历史上唯一的女皇武则天与唐高宗李治合葬陵墓，有着其他遗产地没有的知名度，问题是我们怎么创意利用，与世界上其他国家的女皇能否互为参照对比，或做一个有特色的三维幻像成影展览（目前的数字电影还需提高身临其境的活态性），或创作一个大型山陵型印象景观，使文化价值得到飞跃提升。

乾陵是唐陵一串珍珠中的最大一颗王冠珍珠。不能将乾陵作为一个孤零零的单体陵墓看待，它是整个唐十八陵摆在关中北部（渭北）一条弧线中最重要的关键部分。我们以乾陵为依托，推动联合行动，上下串联汉阳陵、茂陵等汉代陵墓，左右串联昭陵、桥陵、泰陵、顺陵等唐代陵墓，至少乾陵和昭陵可以构成东西"双璧"的唐陵历史中心区，延伸形成一个中国陵寝文化特色廊道，串联贯通构成别具一格的线性遗产转折点纽带。

乾陵的方向就是建立真正的符合标准的"世界文化遗产"，前景就是完成向国际历史旅游景区和生态环境友好区域的升华。

1.有"世界"眼光，与国外陵墓类或者皇家类博物馆积极合作举办大展，特别是中亚地区和伊朗西亚地区更容易从文化上联系，学习北京故宫、首博、中华世纪坛引进国外皇家博物馆办展经验，扩大自己的知名度，在竞争中创出自己的品牌，积累旅游资本，依靠大展传播效应吸引更多的游客，使观众能有进行中外交流对比的启发，能有跨文化的收获。

2.有"文化"品位，提高有特色的展览水平，在主题、内容上挖掘新意，在展陈手段上突出创新，如最近筹备的"唐代陵墓出土胡人俑展"就很有特色，是全国第一次，可以集中陕西地区胡人俑，展示当时中西文化交流，反映古代丝绸之路"胡风胡韵"的面貌。乾陵的文化品位就是"皇家"的而不是"民俗"的，坚决关闭拆除"假地宫"之类粗糙蹩脚景点，剔除不真实造成的实质性损害，只有唐代的气魄和皇家的气势才能赢得海内外游客，才能"复活"文化精华，增加人们的文化自信。

现存唐乾陵朱雀门外六十一蕃王像

170

3. 有"遗产"氛围，结合乾陵保护区发展规划布局，结合原来有外城内城的双重格局，结合陵寝天造地设的山川形势（选址的风水地貌），在祭祀下宫旧址或者其他合适地方，适度建筑新的展览场地，按照唐代建筑风格恢复部分陵园祖庙建筑群，扩大地上展馆与地下展厅面积，增加更多的常设专题内容，增加陵上祭祀、陵下守卫的定时表演，让人看到一个具有相当"历史原整性"的遗产风貌。

我曾经说过，乾陵早就具备作为世界文化遗产的一些基本要素，它历史久远，开创先例，与其他国家陵墓类的世界遗产相比有着自己不同的文化特质，例如六十一蕃王像、波斯类型卷翼天马等石雕，最能物质地生动说明中国古代社会高峰时代对欧亚大陆的跃进性影响，具有"突出的普世价值"（Outstanding and Universal Value）。

世界文化遗产的影响是广泛而深刻的，其遗产所在地的金字名片价值，也是难以准确量化与评估的。乾陵作为传统老景点遇到人气不旺的困扰，遇到周边环境不理想的困扰（永泰公主墓比邻国道），但我们不能急功近利径直以申报"世遗"为目标，否则自筹经费成本太高，文化价值认知上也会产生差距，我们不在"夸富盛宴"里抢座位。即使未来"申遗"成功了也不是最终目的，还是要提高全体国民对文化遗产保护价值的高层面认识。

乾陵目前在遗产保护方面有了良性发展的进步，近年来整治了周边的一些景观风貌，发掘修复了阙楼遗址，对大型石刻裂纹进行了保护，改造平整了四门遗址环境，尽管对不同性质文物保护效果还有各种看法意见，对陵寝松柏生态环境还有扩大栽种的绿化空间，但几年中扎扎实实的工作给人留下了深刻印象，使原有的人文景观与自然景观有了初步的协调融洽。这不是乾陵博物馆一家的事业，而是陕西和全国文化遗产的事业，国家理应加大文物保护资金投入，使其成为全人类共同的财富和永恒的遗产。

一个遗产地往往依托一个大城市，乾陵与西安的互动关系非常重要，自古以来乾陵就是长安的一块独特"飞地"，是李唐王朝的"奉天"特区，所以我们应该保护好陕西文化遗产与利用好旅游资源，平衡互动。同时，我们也应合理利用好外国资源，这方面运作潜力还很大。我不赞成将乾陵搞成"帝王谷"之类旅游项目，或是借乾陵女皇之名搞其他开发项目，定位上一定是神圣的敬畏的文化遗产，不是休闲娱乐类的城市公园。

2010年为乾陵申遗会议准备的发言稿，发表于2013年2月22日《中国文物报》。

中国现阶段处于向小康社会转型中，我们在各种利益博弈中，绝不能迷失方向，只有进行持久不懈的、精益求精的努力，甚至用几代人的时间致力于对祖国、民族的文化贡献，多渠道地使广大人民（不仅仅是当地居民）受惠，展现乾陵使所有旅游者倾倒的宏大气魄，坚持定位与发展明确，乾陵前景最终会得到世界的认可与回报。

西安新建的曲江景区带动了周边的房地产开发

第七章

曲江印象篇

曲江"狂欢"中心地
对唐京城活力的影响

在6—9世纪的唐长安城内外，当时错落散布着许多大小不一、形状各异的湖泊泉池，昆明池、定昆池等水面都相当辽阔，水光潋滟、漾碧摇青的景致无疑给长安的居住环境增加了无穷的魅力。但是只有其中位于长安城东南角的曲江池最为著名。

曲江因水流屈曲似广陵之江故名，秦汉时期作为一个陂池被利用为宜春宫苑，因地势高耸，东南海拔高度为460米，与西北最低处相差50米，所以不为居人坊里，隋唐时期开凿黄渠从终南山大峪口引水入池，水面扩大，蜿蜒如镜，根据考古探测，南北长约1.4公里，东西宽0.6公里，周围约4公里，整个面积约70万平方米，像一只宝葫芦仰口镶嵌在塬坡之间。

大唐芙蓉园中紫云楼

如果要说水面景观，曲江在面积上肯定比不过城西南郊的昆明池、定昆池以及城东的广运潭等，那么曲江名闻天下最重要的是注入了人文因素，从皇家园林建筑到大众游览景观，从一个静态风景之地到动态群集胜地，都反映了人与自然结合后的狂欢热情、颠峰心态及活力释放。

一　皇家狂欢之园

曲江池的东部是皇家园林芙蓉园，四周筑有围墙，"东西三里而遥，南北三里而近"；平面略呈长方形，周围约7公里，考古测量面积约144万平方米。《太平御览·居处部》记载芙蓉园中"广厦修廊，连亘屈曲"。"又有修竹茂林，绿被冈阜；东坡下有凉堂，堂东有临水亭。"开元十四年（726年）和开元二十年（732年）从兴庆宫外傍郭城东壁建筑了北通大明宫、南达芙蓉园的夹城，与郭城南北平行，宽约23米，全长近8公里，其目的是专供唐玄宗北趋大明宫上朝或者率领皇亲贵族南去芙蓉园、曲江游乐时便于警戒保密。王维描写阁道："銮舆回出千门柳，阁道回看上苑花；云里帝城双凤阙，雨中春树万人家。"杜甫兴叹："花萼夹城通御气，芙蓉小苑入边愁。""青春波浪芙蓉园，白日雷霆夹城仗。"杜牧咏吟："六飞南幸芙蓉园，十里飘香入夹城。"都是叙述夹城里边皇亲贵族车马通过时喧嚣的状况。从夹城最南端到芙蓉园前，建有形式朴雅、尺度不高的"新开门"城楼，当人们从漫长的夹壁城墙出来后，第一个目光审美就是透过新开门看到芙蓉园构成的幽美园林环境。

在芙蓉园里有着成群成组的楼台亭阁，标志性的紫云楼修建在城墙上，居高临下，皇帝在此不但可以接见臣下，还可以观赏百姓游览景象。逶迤曲折的园中长廊连接着殿堂，既有彩霞亭、临水亭、山亭等，也有凉堂、水殿、北阙、南馆等，以及后人无法想象的水精春殿和芙蓉香殿，能工巧匠的

新仿建的曲江景区公园

176

建筑人工装点着自然的天作。

芙蓉园作为"御苑"不经诏许是不能随便进入的，李绅《忆春日曲江宴后许至芙蓉园》说："春风上苑开桃李，诏许看花入御园。香径草中回玉勒，凤凰池畔泛金樽。绿丝垂柳遮风暗，红花低丛拂砌繁。归绕曲江烟池晚，未央明明锁千门。"杜甫"苑外江头坐不归"，"城上春云覆苑墙"，这都说明芙蓉园有围墙隔离不许百姓随意进出内苑。但是皇帝为了显示与臣同乐，共享美景，也经常恩准臣僚入园游览、侍宴应制，所以文人们写下《驾幸芙蓉园赋》："入红园而移步辇，俯绿池而卷行幕"，"留连帐殿，弥望帷宫。"园内帐篷帷幕遍布，无疑是楼阁亭台不够皇宫随从人员居住，采取的野外安置措施，但客观上更与自然融为一体。

唐冯贽《云仙杂记》引《曲江春宴录》："曲江贵家装百花为狮子，牵送歌唱。其辞乃五言二句：'春光且莫去，留与醉人看'。"用百花装扮成狮子，无疑需要高超的扎花技巧，而且还能拉着来回巡游，更是吸引众生欢腾雀跃，不由使人想起了白居易的《西凉伎》："假面胡人假狮子，刻木为头丝作尾，金镀眼睛银帖齿，奋迅毛衣摆双耳。"平时紧闭在宫城里的男男女女终于有了放风撒欢儿的日子。

特别是芙蓉园内举行百戏歌舞表演，往往露天场地较大，更是召集朝廷众多文武官员欣赏，作为一种恩宠待遇礼赐给臣僚。中唐以后举行曲江宴时，皇帝还带领嫔妃登上紫云楼落座远眺，司衙百官则聚会于曲江边的山亭观看，百姓凑集彩棚绸帐围绕水边，载歌载舞的曲江之盛也使芙蓉园融于其中，皇帝还连连作诗，让百官评论佳句，所以白居易喜不自禁地感叹"荣降天上，宠惊人间"，皇家的"御园"成了与民间狂欢遥相呼应的"娱苑"。

二 士子狂欢之池

曲江池既没有湖海浩渺那么远不可及，又没有私家造园池塘水洼那样小气，它的开阔地形和水面尺度适合作为一个京城的公共活动场所，唐朝官府于是在曲江布设了鳞次栉比的楼阁亭榭，"四岸皆有行宫台殿，百司廨署"，文武百官到此划分地盘，争先领略美景，不仅放松宦海沉浮带来的紧张心理，而且互相攀比竞相夸饰，像司农司的山池布设精巧，户部的船舫样式新颖别致，皆为时人称道，赞不绝口。

正因为曲江具有公共活动场所的条件，因而曲江池也是平民百姓可以自由出入的外苑，"曲江初碧草初青，万毂千蹄匝岸行"。每年立春后天气转暖，长安市民纷纷踏青来到曲江，"长堤十里转香车，两岸烟花锦不知"。据唐僖宗时期的进士康骈《剧谈录》记载，长安春日那天"都人游玩，盛于中和、上巳之节。镪翠帱，匝于堤岸，鲜牛健马，比肩击毂"。这是多么壮观的游览景象，曲江堤岸上布满了人们临时休息搭建的彩色帐幄，骑马赶牛车的前拥后挤熙熙攘攘，大家都来享受大自然的恩惠。曲江夏天是"菰蒲葱翠，柳荫四合，碧波红蕖，湛然可爱"。秋天是"细草岸西东，酒旗摇水风，楼台在烟杪，鸥鹭下沙中"。在这样优美如画的风景区，"凤城春报曲江头，上客年年是胜游"，自然成为长安居民心仪向往的中心游览地点。

曲江更是科举士子高中进士后必到欢庆之处。一般礼部放榜后，先在大明宫光范门里东廊供帐备酒食谢恩，然后到曲江举办私人民间性质的"关宴"，《唐摭言》卷三记载："曲江亭子，安史未乱前，诸司皆列于岸水浒……进士关宴，常寄其间，既撤馔，则移乐泛舟，率为常例。"为了狂欢尽兴，湖中不仅备有画舫彩船，还要在舟船上演奏音乐。开元五年（715年）春天举行关宴时，新进士与声伎、篙工共30人乐极生悲，发生沉船事故无一生还。曲江宴会是新进士宴集规模最大、时间最久的活动，不管是少年得志一跃龙门还是多年蹭蹬方得折桂，都在彼时缓解压力获得精神大释放，大肆庆贺，大喜若狂，孟郊诗"昔日龌龊不足夸，今朝放荡思无涯，春风得意马蹄疾，一日看尽长安花"；罗隐诗"逐队随行二十年，曲江池畔避车尘，如今赢得将衰老，闲看人间得意人"。都正是抑郁发泄与大喜大悲心理的绝佳表露。

曲江进士宴会作为当时士子狂欢的压轴大戏，历来受到官方重视和民间艳羡，所以《唐摭言》记载："曲江之宴，行市罗列，长安城几于半空。公卿家率以其日拣选东床，车马阗塞，莫可阐述。"整个长安城的红男绿女几乎倾城出动，不仅纵观新科进士的宴会盛况，而且商客行市罗列货物提供买主挥霍，这是多么盛大的狂欢。那些王侯公卿为了在"探花出巡，绕池迂回"的欢喜日子里挑选女婿，竟然全家车马出动前瞻后睹造成路途壅塞。狂欢的曲江池边一边是"千队国娥轻似雪，一群公子醉如泥"；一边是"恰似曲江闻喜宴，绿衣半醉戴宫花"。壮观的场面中，进士是"士林华选"、人间精英，他们言行举止为万众瞩目，而世人的仰慕更促进了狂欢活动，使人不由自主地加入热烈的气氛中，成为释放个性的一员，张扬宣泄的狂欢欲望从而成为唐代一种社会的特殊集体风气。

三　市民狂欢之地

曲江池西岸的杏园，也是风景如画，每逢春天来临，这里"十亩开金地，千林发杏花；映云犹误雪，照日欲成霞"。于是人们互相传告，争先恐后前来赏花，诗人姚合写道："江头数顷杏花开，车马争先尽此来；欲待无人连夜看，黄昏树树满尘埃。"对欣赏花卉有特殊爱好的长安仕女不分老幼涌进杏园，采花、折花、插花，花枝招展的女子蔚为大观，"浩浩长安车马

178

与曲江景区连成一片的慈恩寺
文化公园

尘，狂风吹送每年春"；"杏园千树欲随风，一醉同人此暂同"；可惜杏粉桃红，顿时扫去，"莫怪杏园憔悴去，满城多少插花人"；"家家楼上如花人，千枝万枝红艳新"。人们沉浸在花雨之中，欢快的心情超过一切，顾不上花落满地、零乱狼藉了。有趣的是，众多男女欢快地集会一起，平时的礼教制约就容易被打破，男女之间自由的欢娱不可避免地出现，"倾国妖姬云鬓重，薄徒公子雪衫轻"；"柳絮杏花留不得，随风处处逐歌声"。甚至纨绮子弟混迹其间，尾行追逐姝丽艳姬。

由于杏园紧靠晋昌坊慈恩寺南边，雁塔题名的新科进士更愿到此赏花，郑谷《曲江红杏》就写道："女郎折得殷勤看，道是春风及第花。"特别是年轻士子中有人抒建功立业之意，有人倾诉浪漫欢快之音，更有人愿意凸显自己的个性。《开元天宝遗事》卷上记载："长安进士郑愚、刘参、郭保衡、王冲、张道隐等十数辈，不拘礼节，旁若无人。每春时，选妖妓三五人，乘小犊车，指名园曲沼，藉草裸形，去其巾帽，叫笑喧呼，自谓之'颠饮'。"这一群新科进士未授官职前敢于不拘礼节，不怕耻笑，携妖艳装扮的妓女前往曲江游乐，甚至竟敢脱衣去帽，裸身露体，连喊带叫，仰天大笑，自称是狂颠的饮酒之徒，这不是狂欢又是什么呢？

杏园是向全体长安平民百姓开发的风景区，曲江渔夫、贩客走卒等等百姓人物在这里可与达官贵人共同享乐人间生活，娼妓、侠少、胡商也可以在这里斗鸡走狗赛马聚会，正如唐人王棨所说"轮蹄辐凑，贵贱雷同"。这和芙蓉园作为御苑只供皇家贵族少数人享受相比，无疑是一个积极的进步。

然而，它不只是一般的花团锦簇、欢天喜地的游玩乐园，还经常是无名寒士、困顿举子无拘无束、痛快淋漓的发泄场所。杜甫曾从曲江过杏园时细诉"朝回日日典春衣，每日江头尽醉归"，"且看欲尽花经眼，莫厌伤多酒入唇"。他的名篇《丽人行》痛斥杨氏贵族妇女的奢华与排场："三月三日天气新，长安水边多丽人；……就中云幕椒房亲，赐名大国虢与秦。"激进的士子李群玉甚至发出满腔积怨："莫放焰光高二丈，来年烧杀杏园花。"唐代白居易、元稹、刘禹锡、韩愈、钱起等等著名诗人，年轻时都在曲江池畔、杏园粉坛留下过名句绝唱，释放过青春意气。

安史乱后，内忧外患使曲江全民同乐的狂欢气氛一度衰败，还屡次拆卸曲江亭馆瓦木去修建学堂和寺院，唐文宗大和九年（835年）朝廷才又修建曲江，《两京城坊考》记载："发左右神策军各一千五百人淘曲江池，修紫云楼、彩霞亭。内出二额，左军仇士良以百戏迎之，帝御日营门观之。仍敕诸司，如有力要创置亭馆者，宜给与闲地任其营造。"官府愿意出资恢复往日的繁荣景象，其目的当然是稳定政权，粉饰太平，但这又给了城市民众一个向往盛世狂欢的机会，所以曲江饮宴又顿时盛况空前。许多骚人墨客挥笔写下"江上小堂巢翡翠，苑边高冢卧麒麟"；"杏园箫声好醉乡，春风嘉宴更无双"；"曲江丝柳变淹条，寒谷冰随暖气销，才见春光生绮陌，已闻清乐动云韶"。只不过这个时期的曲江宴饮开始走向纵情恣欲、奢靡侈逸，与盛唐那种歌颂自然、向往自由的时代强音有所不同了。

狂欢表现的是一个城市的特殊气质，也是一个城市的活跃环境，世界上不少城市因有名的狂欢节而一年一度展现了自己的精神风貌，过去我们对中国民间的狂欢往往不屑一顾，因为大多数朝代是循规蹈矩，恪守礼节，似乎中华民族自古没有热情浪漫的氛围，中国人个性特点就是内敛滞呆，像唐朝这样的狂欢时代当然极为少见，甚至有人猜测是"胡化"的舶来品。在一座四处洋溢青春风采的城市里，尽管曲江的狂欢一般体现在传统节日或者庆典活动中，但它那种随心所欲的、感情奔放的、显示人的自然本能性的行为方式，甚至以非理性的情绪癫狂迸发出来，确实值得我们回味。

如果追溯大唐、梦回长安，有人狂舞欢歌，宴饮失态，外在情绪狂放；有人喧哗大叫，随之群噪，观者蜂拥蚁簇；那种"万头攒动，盈街溢巷，男女响应，举国若狂"的景象，蕴含着开放宽松的历史背景和一个城市的活力，能不让我们对曲江狂欢形式赋予新的内容与意义吗？打造一个吸引海内外宾朋的全中国新的狂欢节又如何呢？

发表于《西安晚报》2009年1月12日文化纵横版。

呼吁尽早建立曲江博物馆

　　由皇家园林芙蓉园、市民踏青的杏园和水波潋滟的曲江池共同组成的"曲江游赏胜地"，是唐代各阶层狂欢娱乐和市民踏青风俗的文化中心地，每逢节庆全城空巷，吸引万民聚会于此，它对整个长安城产生了巨大的文化影响。尽管曲江经过历史变迁大多已成为沧桑之地，但摧毁并不代表消逝，它仍有着不可替代的丰厚的文化遗存，要拂去蒙在曲江表面上的历史尘埃，建立一个曲江博物馆必不可少。

　　我始终认为，构筑曲江文化圈是保护西安古城风貌不可分割的一部分，虽然学术界对目前曲江仿建的唐风楼阁有着不同看法，对芙蓉园粗糙的水泥建构有尖锐批评，包括对大雁塔失去佛寺韵味和宗教场所旅游的热议，有些意见确实很中肯。但不影响我们对曲江规划中整体文化遗存保护的赞许，如

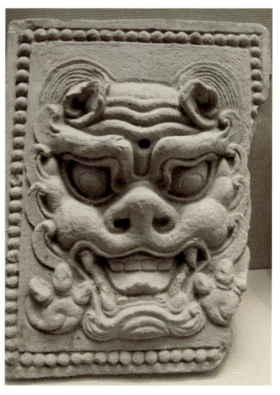

　西安曲江出土唐代兽面砖

果不借助城区改造的机遇，不进行遗址重新保护，这里仍将是一片干涸的洼地与杂乱无序的城中村。围绕曲江文化圈可以集聚许多开发利用的文化资源，更好地落实区域功能定位，其中建立博物馆将能起到积极的促进作用，也是最有价值的城市名片之一。

衡量一座城市的历史与文明，博物馆最起码是一个值得解读的文化符码。如果想在最短时间内了解一个城市的历史，参观当地博物馆无疑是最佳的方法。对外来者而言，博物馆就是这个城市的窗口。如果能在具有特色的曲江胜地建立一个博物馆，自然最能生动地记叙其历史和保留本土文化的精髓，既能以静观的姿态为我们提供一个反思与省视的契机，又能以聚焦的动态使广大游客与周围的历史发生有机的联系。

当前，全国已有2000多家博物馆，但是我们千万不要以为目前西安博物馆林立，无所谓再建新馆，博物馆数量是一个城市文化发达的标志，尤其是各个博物馆会流露出不同时代、宝藏性格的差异，各家不相同就会有不同的情结。遗憾的是，西安还没有一个皇家园林式的博物馆，没有一个在唐代园林遗址上建设的博物馆，这与西安要把自己打造成西部顶级历史名城的目标是不相称的。如果说以前博物馆比较严肃正统，那么我希望曲江博物馆办馆方向更多体现轻松活泼，有点平民狂欢的特点。由曲江博物馆为核心构筑新的回味体验之地，会补充一个休闲诗意的场所，至少要比满城皆是茶馆、

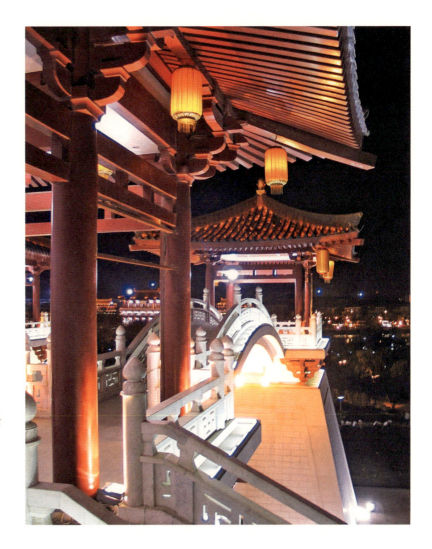

西安曲江大唐芙蓉园夜景

　　咖啡馆强。所以，建立曲江博物馆不但必要而且紧迫，否则无法激起曲江的活力，也会抹去曲江昨天的辉煌，更会拖延曲江施展自身的魅力。

　　我呼吁，为了呵护曲江文化圈，为了我们共同的心灵回顾，应该建一个博物馆。曲江如果没有博物馆，可能很多弥足珍贵的文明碎片都会被践踏为泥，成为人类忧伤史上和城市毁灭史上的又一笔苦难。曲江博物馆的建筑不一定是最好的展览场地，但是其展陈一定要做成一流水平的顶级展览，不求数量大、种类全，而是避免雷同，追求有特色、有活力，凭借自身的地理优势，将历史、艺术和现实三者在时空中转换，造成一段鲜活的形象化了的历史，不仅成为吸引海内外游览者驻足凝眸的新亮点，而且成为彰显不凡的唐长安古风貌空间格局的标志之一。

第八章

长安西市篇

胡商遗韵
——唐长安西市的国际性地位

若从世界古代地图上寻找唐代长安商业兴隆的西市，恐怕顶多只能找到京城长安的红点标记，根本不会标出西市的引人符号，但是西市之所以彪炳青册、名闻世界，能给历史留下记忆，并不是它像一个小小的星球一样本身发光亮彩，也不是西市有着风景如画山川毓秀的迷人魅力，更不是它位处咽喉锁钥之地本身垄断了亚洲东方的贸易，而是西市有着胡商鉴珍藏宝的故事化，有着胡汉跨境贸易的传奇化，有着东西方交流包容的国际化。

如果从一个城市的细胞来观察长安的变迁，或许西市是具有标志性符号意义的。

西市不是一个孤立的市井单体，也不是一个隔绝的城内坊里，而是长安城活力构成不可缺少的一部分，是这个6—9世纪国际大都市心脏肌理的一部分。

如果把西市比作"点"，那么长安就是"片"，西市的"点"是唐朝与外部商界联系的一个"交点"，而长安的"片"则是唐帝国与东亚乃至整个世界交往的枢纽"地片"。"点"的闪亮会衬映"片"的光辉，"片"的发展则会促进"点"的繁荣，西市繁荣离不开长安，长安昌盛也离不开西市，二者相辅相成、水乳相融。西市所依靠的是国家首都优越地位，依据的是商业贸易之间的互通有无与公平诚信，依赖的是胡汉之间中西通商的活跃氛围，依托的是整个城市稳定的综合环境。这是反映西市血脉相通、命运转折的一个重要特征。

西市位于唐帝国中央政权的所在地，被当时政治、经济、文化、教育的

考古发掘的西市遗址北大街
砖砌排水沟
考古发现的西市遗址石板道
路遗迹

中心所环绕，它有相应的政治权力提供着一个更畅通的场所，政治意义大于商业形象。但首都只有发展成为多元的工商业大都会，才能成为真正意义上的首都，虽然朝廷重商与抑商、富商与贱商的风向标常常在这里变幻，但是没有商业就无法让一般平民到皇家贵族正常生活，就不可能使城市品位显著升级，更不可能加快城市知名度的提升。而商人的集中与贸易的繁华，带动了整个城市民众的生计，会把一个传统城市的灰色空间转换成为施展梦想的奇观。

泱泱唐韵，煌煌盛世。西市商机，名声域外。近三百年中的长安西市，又誉称"金市"，作为胡商的首选之地和贸易交汇窗口，浓缩了唐代鼎盛时期物质文物成果和中外文化特色，展现给我们的历史启迪是非常有价值的思考，有益于我们千年之后从更为广袤的世界眼光来进行新一轮的观察审视，跳出西市本身有限的圈子来从更高处鸟瞰其凸显的国际性。

1. 从城市上看，西市是在当时中国最大的京师城市里面，因为整个城市格局有着平缓开阔、对称有致、节律有序的特点，所以西市并不占据塬坡冈阜孤立存在，它有着宽阔回旋的空间，据考古实测西市本身约1平方公里，占地面积非一般市集所能比拟，市内设有16米宽的井字交叉街道，分隔的九区四面临街，能有二百二十行鳞次栉比、上千户商家稠密地排列于这里，许多商家在正铺之外又建造偏铺，扩大营业面积，突破限制束缚，致使官府不得不下令禁止。这是唐代除了东都洛阳之外其他一般城市不具备的条件，像扬州"十里长街市井连"、"夜市千灯照碧云"的景象直到中唐以后才渐渐出现。长安西市又靠近外郭城金光门、开远门，唐代诗人元稹《西凉伎》中咏颂"开远门前万里堠"，就点明了面向丝绸之路出入的方便。优越的地理区位加上交通干线犹如经济动脉，使西市更占尽商贸之利。而当时丝绸之路西端商贸最盛的阿拉伯帝国首都巴格达市场也不过仅仅占几条百米街道，东罗马（拜占庭）都城君士坦丁堡内的大市场也不过上千平方米。城市的商业活动空间是一个超级大都会的基本条件，西市的规划和设计无疑是隋唐都城建造史上的创举。

2. 从人口上看，西市位于人口最多的城市里面，唐代长安人口尽管有百万、八十万、五十万几种说法，但无疑聚集着大量的消费者，西市的高档商品有着庞大的消费群体，尤其上层社会"傅朱粉、画蛾眉、贴花钿、妆头饰、衣锦绣、穿绫裘"，引导着奢靡的风尚。唐睿宗正月十五打扮观灯宫女千余人，每一人仅花冠、霞帔皆万钱，装束一个伎女也得三百贯。唐玄宗每月给韩国、虢国、秦国三夫人十万脂粉钱，奢侈消费令人瞠目。当时从宫廷到民间每年妇女需求浓妆艳抹的胭脂香粉、奢华美化的胡粉（化妆品）用量之大都令人吃惊，乳香、安息香、苏合香、郁金香、龙涎香等等眼花缭乱，而外来名贵香料、香药大批量地输入正适应了长安各个阶层的需要。从波

188

斯、印度输入的鍮石工艺品竟变成为朝廷达官贵人追求的时髦装饰，士大夫的鍮石袍带作为等级身份标志需求，从丝绸之路源源不断进口。所以长安有着众多的人口来支撑或依赖西市的供应。中唐以后经济困难，皇宫也要仰仗西市供给渠道，宦官经常在民间交易时豪夺强取，甚至勒索胡商蕃客。现在推论常住长安的胡人有五万说、三万说或两万说，实际上不管多少外来人口，他们的胡服胡妆、艺术活动、宗教信仰、婚姻汉化等世俗生活都直接影响了长安士女的"胡化"风尚，当时就有人惊呼"长安少年皆有胡心矣"，特别是胡人善于经商的特点使西市商业和东西方贸易结成了链条。

3. 从交通上看，西市是在丝绸之路的起点城市，长安译名"胡姆丹"和中国译名"赛里斯"以及"唐家子"（译名陶格司）响彻丝路沿线的各个城市，对遥远的外国商人来说这里就是淘金的福地，梦一样的境地，不仅有着双方互通有无的商贸信息，而且驿站直通西域中亚，能把一个个丝路沿线的商业活跃城市串联起来。据《大唐六典》记载，最盛时全国有水驿260个，陆驿1297个。长安的"都亭驿"作为国都最大的驿站起着龙头的作用，像一面大网似地遍布四方商道运路，当时全国专门从事运输的驿丁就有两万多人，是一支很庞大的运输队伍，保证了长安货物的运送，这是其他城市很难匹配竞争的。著名散文家柳宗元在《馆驿使壁记》中记载，唐时以京都长安为中心，有七条重要的放射状驿道通往各地，第一条就是从长安到西域的安西（今库车）都护府，沿途店肆待客，成队商旅延绵；敦煌、伊吾、高昌、鄯善、碎叶等咽喉之地，均为胡商蕃客的中转城市，甚至形成了兴胡泊、弩

西安灞桥唐金乡县主墓出土
西域胡人骑驼俑

189

支城、石城镇、蒲桃城、萨毗城等粟特胡人修筑的商业基地。中唐地理学家贾耽所写的一篇《记四夷入贡道里》，记录唐朝的国际交往线也有七条：一为从营州入安东道，二为登州海行入高丽渤海道，三为从夏州、云中至蒙古草原道，四为入回鹘道，五为安西西域道，六为安南天竺道，七为广州通海夷道。通过这些水陆通道，可通往朝鲜、日本、中亚、印度和东南亚各国。西市有着这样运输的地理优势，像轴心一样辐射外延，自然是流通滚滚、货源集散的天下第一"市"。

4. 从消费上看，史书透露的西市商业贸易中，有名的店铺行业里有张家楼食店、大衣店、油靛店、鲜鱼店、法烛店、煎饼团子店、称行、面行、笔行、绢行、麸行、鞦辔行、酒肆、帛肆、药材肆、凶肆、烧炭肆、寄附铺、柜坊等等，尤其是波斯邸"四方珍奇，皆所积集"。实际上还有帽子行、干果行、饧糖行、枣行、白矾行、造纸行、布衫行、铛釜行、皮毛行、帛练行等琳琅满目。每次胡商卖宝马、售玻璃、纳金币的消息都会引起长安消费者的关注。特别注意的是，西市是在皇家贵族所在地，有着一群高消费的奢侈群体支撑，珍宝的流通购买离不开这些皇族勋亲、达官贵人，识宝的胡人携带珍珠不可能是给平民享用的。唐代史籍中许多波斯商胡"剖股藏珠"的传说和"贱身贵珠"的故事，不仅反映经营珠宝贸易外商的众多，而且"剖身藏珠"视宝为命和"身亡珠存"的神奇经历应该是有其事实根据的。至于"宝珠相赠""葬胡还珠"的故事更是说明了胡汉之间重义轻宝的豪爽品格。种种胡商交易珠宝的传说，动辄能以十万贯买武则天青泥珠，能出一千万买宝骨，能用五十万买宝珠，都折射出胡人对价值昂贵珠宝作为财富的象征。按照"胡客法"，胡商每年举行一次赛宝、斗宝的大会，所有胡商皆带上自己兴贩的珍宝陈列，宝物多者被拥戴坐上重床，其余分别排坐次、

考古发掘的西市遗址排水沟

定地位，坐宝床者拿出尺寸超大的明珠而震服四周，胡商皆起立稽首礼拜，表示敬佩。唐代著名画家阎立本就创作过一幅《异国斗宝图》，可惜失传了。珠宝属于奢侈消费之物，虽然助长浮竞奢靡之风，但典型地表明了唐朝人对追逐并富有珠宝的商胡表示羡慕，珠宝几乎成了商胡的象征。

5. 从宗教上看，西市周围有着两座波斯寺、四座胡祆祠，所以西市不是单一的商圈或是单一的商业链，它既与印度佛教僧人密切相关，又与景教、祆教、摩尼教这外来"三夷教"传教士生活有关。在一个城市里面，宗教又有着能把外来侨民凝聚在这个城市里的功能，那么世俗的商业生活蒙着外来宗教的余晖，就会和外来文明发生联系。例如祆教"萨宝"本身就是商队的首领，胡商依靠祆教维系商团组织是当时普遍现象。波斯景教传教士则借助胡商贩运一种大体量的"瑟瑟"碧石至中国，用作景教寺院建筑的装饰物。据说景教僧侣还和市舶使合作为宫廷采购奇巧物品。元和年间，摩尼教传教师更是与西市胡商密切往来，摩尼每岁至京师都与胡商联手垄断珠宝珍玩、香药异物并金银罗绮的市场，引起其他商人的不满，指责摩尼与胡商囤藏货物"囊橐为奸"。《国史异纂》记载唐代大天文学家李淳风曾对唐太宗说："北斗七星当化为人，明日至西市饮酒，宜令候取。"第二天，果然有婆罗门僧七人，从金光门进入西市，在酒肆豪饮。这说明当时的"胡僧"也在西市频繁活动，并不受宗教清规戒律的约束。至于唐人小说里描写的胡僧，往往是亦僧亦商，一面云游传教，一面寻求宝物，甚至出百万购买珍宝，反映僧人从事商业活动在当时非常突出，并不脱俗超越，足令肉眼凡胎的商贾感叹不已。

6. 从移民上看，西市周边居住着众多的胡人和异族侨民，如果说经商带动移民或移民带动商业两者互动，那么丝绸之路上的移民不是个人行为，而是"举家""举族"迁移的群体行动。但长安外来移民并没有形成一个相对封闭的小循环新型聚落区域，而是胡汉混杂你我不分，与敦煌等粟特人聚落相比有着放射性外来流动商业的特点。自从波斯王子率领几千名贵族子弟逃亡避难到了长安，波斯的商人就络绎不绝地来到这里，成为中西商业文化的交汇点，西市"波斯邸"的名称屡屡见于史书记载，波斯胡人经营的珠宝玛瑙更是四处传播。贞元三年（787年）唐朝廷检括滞留长安不归的"胡客"，一次就有四千多人，有些甚至居住长安四十余年，买田买宅，娶妻生子，不仅从事贸易，而且放高利贷获钱。出土的吐鲁番文书表明唐代"康义罗施"、"曹禄山"、"曹炎延"、"曹毕娑"、"曹果毅"等许多胡商，都是经过丝绸之路奔向东方，目的是到达长安做生意，并将家口留在京师生活，然后商胡本人又结伙成队返往西域兴贩贸易，唐朝对汉人出境经商限制禁令很多，但政府法律却鼓励各国胡商驰骋内地贸易，放松对"诸蕃商胡"的移动限制，从而使这些擅长商贾贸易的胡人足迹遍及中原到西域以及欧亚大陆，并且家眷寓居长安乐不思蜀，代代相承，足以说明长安西市周边的生活环境有益于移民生存和发展。

7. 从坊里上看，西市与周边坊里工商铺肆遥相呼应，辅助互动，既有笔直街道相通，又有漕渠引水运输，构成了遍及全城的商业网点布局。长兴坊的饆饠店，安善坊的马牛肆，永昌坊的茶肆，胜业坊的蒸饼店，宣平坊的油坊，崇仁坊的乐器铺，常乐坊的酒肆，丰邑坊的租赁肆，恭敬坊的毡坊毡曲，平康坊的姜果店，宣阳坊的采缬铺，延寿坊的珠宝铺，颁政坊的馄饨曲，升平坊和辅兴坊的胡饼店，以及道政坊、亲仁坊、务本坊、布政坊、兴道坊的邸店旅舍等等，这种坊市混杂现象表明居民区在西市兴盛带动下也开始了工商活动，突破了传统的市集经管局限。而当时在长安西市经商的外国商人统统被称为"西市胡"，胡人集聚经营的商肆也被通通称为"西市店""波斯邸"，闻名全国的京师美酒"西市腔"就是西市自己酿造的品牌。贞观年间，金城坊有人家被胡人劫盗，官府径直追查"西市胡"，果然捕获，可见西市与坊里的密切联系。许多大丝绸商、酒店富商、药材贩商等等都活跃在以西市为中心的坊里，目的就是环绕着他们兴利的市场，他们以与胡商相交往来，做大买卖为荣，与西市毗邻的几个坊里因入居胡人很多，还被夸为"繁华之地"，颇有"殷殷物阜"的意蕴。

8. 从商业上看，西市是全国外贸商品最大的汇集地，东市是全国内销商品最大的集中地，两个"市"遥相呼应，互为补充，并不完全雷同。从龙朔三年（663年）开始朝廷改在大明宫听政，朱雀大街以东成为公卿官员居住地区，而西市却变成了商贾云集的地方，西市盛况由此胜过东市。城市发展进入成熟期的标志就是市场繁荣、商业发达，货物充足、种类繁多，有了生活的必需品，城市就能稳定下来，而有了奢华的消费品，城市就能带动起来。西市正是起了一个商业导向作用，商胡经营的宝物琳琅满目，有"紫晶""铜碗""宝骨""冰蚕丝锦""玉清宫三宝""蛇珠""弹珠""琉璃珠""象牙""碧颇黎镜""郎巾""宝剑""宝镜""流华宝爵""销鱼精""龟宝""龙食""九天液金""宝母"等等，种类繁多，不一而足。唐代民间流行一种"不相称"语，其中有"穷波斯"之称，即他们认为与"先生不认识字"一样，"波斯商胡"与"穷"是根本不可能相提并论的。这种观念的产生，显然与商胡经营大宗买卖、出手阔绰有直接的关系。

9. 从金融上看，西市"置货鬻物"的邸店逐渐演变为商务交换并蔓延到四方，与国际贸易有关的阿拉伯金币、东罗马金币、波斯珊萨朝银币等等屡屡在西安墓葬中出土，反映了中古时代国际贸易中孕育金融雏形的特色。尽管古代皇家贵族攫取着商业的最大利润，但是富商大贾云集京城毕竟促进了商业金融的大流通。金融业雏形的"柜坊"和原始汇票的"飞钱"首先在西市兴起，就是适应大商人、大交易而产生的，交易额的扩大与钱币量的增加密切相联，不仅使柜坊从邸店中分离独立，而且各地公私"便换"频频应用，既对城市之间商业贸易起到推动作用，又与全国各地连成一片经商网络。卢肇《逸史》中描写有人到胡商开设的波斯邸取钱，一次性就取出二万贯作为周转资金，而且取钱的凭证竟是一根特殊的拄杖。《太平广记》叙述胡人米亮建议富商窦乂拿出西市柜坊锁钱盈余，出钱购买崇贤坊小宅和于阗玉石，均升值获利。著名的长安巨商邹凤炽家中金宝不可计数，豪商王元宝号称国中巨富，胡商康谦资产以亿万计，兴贩胡商史婆陀资财巨富，王酒胡一次就能从西市运钱十万，随着他们积聚的丰厚利润变为巨额商业资本，无疑为金融的形成铺设了道路。中唐以后，西市胡商职业举贷取利成为一种金融动向，经常遭到衣冠子弟、军使、汉商等人物借贷恃势不还的严重社会问题，致使"蕃客停滞市易"，引起社会矛盾。但是胡商可以起诉借贷久而不还者，迫使朝廷下诏严禁京城内向蕃客商胡举贷本钱，有的官僚子弟借钱不偿竟被贬官，保证了金融秩序的稳定正常。

10. 从税收上看，唐朝随着疆域扩展，官府开支增长，政府不断借助商人扩充税源，甚至应付皇家的额外开支。唐代的商税主要分为专卖（盐铁酒茶矿）、过路（关津）、交易三个方面，当时的交易税又称除陌钱，天宝九年（750年）时的交易税率为百分之二，长安西市贸易兴盛自然商税数量不少，朝廷设立的京城市署不仅直接隶属中央太府寺，而且市令、市丞、市史等官员品级都远远高于其他州县市场管理，既防止偷税漏税又依法征税，保证为国家提供大量的收入。唐前期商人和普通百姓一样要负担国家租庸调，中唐两税法以后，商人改为三十税一，建中二年（781年）由于军费增大将

大唐西市内追忆
唐人生活的雕塑

193

商人两税钱率改为十分之一，以后长安市场增减多次变化，虽然商人交纳基本税比百姓高，但在商品买卖、货物流通时不必纳税或税率很低。可见，唐中后期抑商的情况已经减低，反而借用商业增加政府收入。特别是朝廷急需经费平叛藩镇时，税收困难越发急切，"度支"财政部门经常依赖富户及胡商货财，"敕借其半"。所以，商税所得的额外收入一直在政府财政上占有重要位置。

11. 从人才上看，西市是在一个全国人才济济的城市里，皇家在这里设有接待外宾的"鸿胪寺"，在长安城里有许多"译人"或"译语人"，最主要的是由中亚粟特人担任，他们"通六蕃语"或"九蕃语"，即通晓多种语言，这对商品交易有着桥梁的作用，保证了商务环境的竞争力，甚至有一双鉴宝识货的"火眼金睛"。出身胡商的康谦在天宝时成为安南都护，唐肃宗时担任了主管外交的鸿胪卿，至少说明他的语言翻译水平不会太低。"译语人"石福庆、石诚直在唐武宗时则是对回鹘贸易的长安代表。臭名昭著的安禄山也曾是营州汉蕃互市上能解"九蕃语"的牙郎。其他担任专职翻译的胡人也很多，官府的翻书译语和民间贸易代理的口译，互为补充，特别是精明的胡人"善于商贾"，不仅好争分铢之利，而且各族交易担任中介非常便利，有时唐朝官府就委派胡商从事互市大宗贸易。粟特语一直是丝绸之路上通行的混合语言。西市又是在外国留学生云集的城市里面，年轻的外国异族学子最为活跃，例如日本的学子不但购买西域输进的奇珍异宝，还购买大量的汉文图书、演奏乐器携带回国，从而使西市、东市成为西风送来东风送走的桥梁。不同民族的留学生们雄心勃勃往返穿梭于各国之间，无疑会拉动长安国际大都市升级的步伐。

12. 从环境上看，西市是存在于一个中世纪城市之中，有着日落夜禁的制度和开市击鼓、闭市击钲的景观，却也是在一个安全生活的环境中，天子脚下社会治安非常严密，固然制约了夜市千灯照的景象，阻碍了商人们在夜晚的交往，但商人特别是外来的胡商有着安全感，在人生地不熟的城市里，不用担心盗匪抢劫、扣留货物、中饱私囊。西市局和平准局分别掌管着民间贸易与官府货卖，还监管保护着货物的质量、物价的涨跌、交易的公平，所有度量衡必须经过官家检验。如果买卖奴婢、牛马，则必须公验立券。市门还有市署派人把守。市场内若有欺行霸市、哄抬物价、蛊惑混乱者，将要受到惩罚逐出市门。没有这样贸易安全的社会环境，朝廷的税收就会减少，没有这样便利的市场管理，胡商也不会得到正常的利润，更不会有众多的外商驻留于此。中唐后一些坊里开始出现了"昼夜喧呼、灯火不绝"的夜市，人们侵街打墙、接檐造舍，西市的商贸景观肯定也会起着变化，西市遗址出土的骰子不仅让我们想起胡人休闲时呼五吆六的赌博，酒肆里的美貌胡姬当垆举壶、风姿绰约更提升了西域时尚文化的韵律，从而使李白这样的大诗人留下了绝唱：

"五陵少年金市东，银鞍白马度春风。落花踏尽游何处，笑入胡姬酒肆中。"

13. 从货物上看，西市存在于一个手工业集中的城市里，全国最优秀的能工巧匠都集中在长安，官府的织锦刺绣、雕刻冶造工匠就有数千人。商胡带来的宝物或以贡赐形式献来的物品，主要为金银、象牙、犀角、玛瑙、琥珀、珊瑚、珍珠、金精、石绿以及各种玻璃器皿和玉器，大多都是非常珍贵的器物，因而，当时来自西域的物产往往被视为富丽豪奢的象征，成为长安工匠仿制的样品。如吐火罗国所献各高三尺余的两棵"玛瑙灯树"、安国所献"宝床子"、波斯所献"玛瑙床"、大食所献"宝装玉酒池瓶"等，而安国贡献的用鸵鸟蛋雕刻成的杯子，对唐朝人而言，就更属罕见之物了。来自西域的胡人工匠，不仅成为西市以及各个坊里商业铺面货物的制造者，而且把他们带来的制造工艺传授给汉族匠人，所以模仿西域粟特风格的金银器皿和其他物品琳琅满目，从长颈胡瓶、玛瑙牛首杯到玻璃盛物屡屡出现，半个世纪以来西安地下出土的文物充分证实了这一点。1962年西市出土的标识书籍的"骨签"，骨制的梳、钗、笄，以及珍珠、玛瑙、水晶装饰品等，证明商人经营的范围与史书记载比较吻合；而2007年西市出土的玻璃器原料，不仅说明西市曾经有过玻璃作坊，更说明西市工匠制造过晶莹透亮的玻璃制品，改变了原先传说玻璃器都是由外国舶来传入的说法。外来货物的输入与仿造大大丰富了唐人的想象力，甚至在一定程度上改变了长安的生活方式，遥远的异域文明已从物质魅力进入了精神境界。

14. 从文学上看，胡商是唐代文人着力以史家笔法塑造的一个独特商人群体，来源于各国商人素材的形象栩栩如生，波斯胡商具有开办邸店的贵族风度，大食胡商具有博学多闻、善于识宝的特点，西域胡商则有善于经商获利丰厚的特征。《广异记》《宣室志》以及《太平广记》等文学作品中记录了多种多样的胡商，仅记载胡人识宝的故事就有近30条。特别是以长安西市为题材或者涉及西市人物的笔记史传明显增多，生动地刻画了胡商形象、心理、经营手段。既有腰缠万贯的富贾巨商，又有做小本生意的鬻饼胡商，既有爱惜珠宝、争宝斗殴的西国胡商，也有重义轻利、诚信可靠的正派商贾，反映了当时文士对胡商传奇经历的看法。唐人对胡商态度亦是各有不同，有的羡慕他们一掷千金，有的鄙视他们贪利本性，有的同情他们地位地下，有的嘲笑他们酣歌醉舞，甚至给胡商身上笼罩了一层善于施展西域幻法的神秘雾纱，隐含着一定的外来宗教文化内涵。尽管文学的描绘往往带有传闻夸张的成分，但是外来胡商的活跃驰骋和商业观念对唐代文人的影响熏陶则是巨大无比的，因而才会在文学作品中频频再现。

西市之盛，盛在以上优化商贸繁荣和百业发展的各种要素，稍具历史感的人们，就会观察到胡人是西市商贸经营流动的主体，感悟到西市产生的吸引力以及注入外来异质文化后的活力，评估出西市对京城长安的积极作用乃至对国家发展机遇的贡献。

考古已经证明西市遗址所出现的十字街头、圆形建筑、暗排水道、砖瓦材料等等，都是都市商业中心生活的遗痕，如果说西市的标志性建筑遗址记录着一个城市的历史，那么它绝不是一般意义上的集市，也不是熙熙攘攘闹哄哄的商业街，而是一部活生生的人类商业历史图谱。路面深深的车辙使人联想到货物的运送，釉色斑斓的陶瓷器出土使人联想到商人的日常用具，散落的"开元通宝"铜钱使人遐想到交易时的讨价还价，佛头、狮子头等石造像使人想象到艺术品的作坊，紫水晶、绿戒面饰品使人浮想到胡商珠宝店的兴盛，铁钉、铁器使人仿佛听到当时铁匠铺传来锤打的叮当之声……特别是生活在西市与周边坊里的胡人，是唐政府不容忽视的存在，这些为了生存的胡人异常活跃，犹如希腊时代的腓尼基人和中世纪欧洲的犹太人一样，擅长

新疆库车克孜尔尕哈烽燧

196

经商辗转贩卖。他们移民长安后，遇到了与母国故乡完全不同的环境，一方面努力按照唐朝法律法规行事，另一方面又坚持保留自己传统的行为准则。所以，胡物胡音胡韵笼罩着西市，扩大了唐人对外来物品的眼界与喜好，西市的兴盛和唐人的热衷又反过来促进了胡风的更加炽烈。

　　与其他中古城市相比，长安整个城市生活环境显然不同，它有着移民城市独具的海纳百川多元文化活力，尽管不是缺一不可，但没有这样的环境西市绝对不可能持续存在近三百年，更不会有所繁荣和发展。正因为西市属于国家京师核心圈的位置，所以它不是一个简单的"购物商务中心"，而是一个有氛围的"文化交融中心"。西市显现出五湖四海的优秀文化元素，只有在这里和而不同、共生共荣。7世纪后半叶到8世纪后半叶，日本平城京和平安京都仿效唐长安规划设计，摹拟兴建了左右对称的东、西两市，尽管日本不会有丝绸之路上的大批胡商，但他们参考西市部署吸取外来文化则是影响巨大的，正仓院留存至今的醉胡王伎乐面、漆胡瓶、玻璃碗、胡人图案琵琶、西域狩猎纹锦等宝物，被誉为"穿越悠久时空的东西交易源流"。

　　西市是唐朝国际化的一个缩影，是当时胡商进入长安从事贩运的第一个落脚点，他们带来西域的奇珍异宝，又购买中原产品，往返穿梭，互通有无。有的胡商带进大食夜光璧、大秦明月珠等远至西亚东罗马的珍宝，又购买中国出产的宝玉真货，送回中亚西域牟利；有的胡商为迎合唐朝统治者长生不老的追求，将含有鸦片的"底也伽"等各种秘制胡药贩运进西市，然后又专门购买西市炼丹铺肆的"仙药"携运回中亚，使道教外丹黄白术的影响远播他乡异域。古道西风，驼铃回响，载来送去正是东西方文明的交流与共鸣。

　　胡人落脚西市既是他们外商身份的象征，又是命运跌宕传奇的开始。敦煌文书7世纪《文明判集》保存留居在长安的胡商史婆陀一则详细记录，这位粟特胡商以兴贩发财，资产巨富，虽然没有长安本地人夸耀的门第族望，但他不仅出钱买了一个"勋官骁骑尉"，而且家里"园池屋宇，衣服器玩，家童侍妾比王侯"。后来由于史婆陀重利轻义，不愿接济贫穷的亲弟和邻里，而被告官，指斥他纵欲奢僭、侮慢朝章。这件有意思的千年前记录档案，反映了长安胡商的形象。正因为胡商积攒钱财有经济实力，每当官府急需筹措经费，就找他们捐助摊派，例如京兆尹李蔼上任急需公使钱，属下官员对二百余家胡客蕃商连唬带吓，迫使他们一天各送压惊钱凑成三千缗如数上交，完成官府筹钱的需要。胡商的命运遭际常常受着官府的扶持与操纵。

　　放开眼界凝视，在中国历史上没有哪一个朝代能像唐代这样如此广博胸怀接受外来物品，西市从商贸上改变了长安的景象，促成了当时城市经济的原始性积累；西市也印证了西市本身是经济发展的结果，而非经济增长的原动力。无论是长安市民阶层还是各类行业胡商贾客，都对富裕美好生活产生过憧憬和希望，那时虽然没有"世界走向长安，西市走向世界"的口号，但是西市产生的效应却是集中展现了"条条道路通长安"的盛典。

但是我们千万别把唐代的西市想象得如同今天的摩天高楼商厦一般，豪华气派，流光异彩，从西市十字街考古发掘现场来看，商肆铺面遗址最大的不过10米，一般的阔4米、进深3米，类似于今天的小铺小店，几乎无法与现代超市媲美。胡商贫富差别也很大，有的保持着财富的递增，有的则沦为富人的奴隶；有的今天赚钱暴富而明天赔本没落，有的诚意为上有的则奸诈取巧；有的奴仆成群，有的则沿街乞讨。我们只是说要跳出考古遗址留给人们的印象，显现出在当时情况下人们的商业冒险精神与充满活力，我们也并不是说唐代人就有了现代的国际眼光、国际意识或国际视野，也不是说西市一开始就是外向型商贸城，而是说西市充溢的胡商氛围与外来文明，使长安严格控制的市场发生了变化，这是历史发展必然之势。唐朝晚期，军阀混战、兵变屡扰，每每都把西市作为劫掠的对象，这从另一个角度说明西市重要的经济地位，西市的毁灭就是整个长安居民生活的断绝。

历史性的思维并不在于对于历史回忆的兴趣，也不是发千古之幽思，而在于将古人作为今人的根据，古人为今人开辟了道路，今人往往步古人后尘。晚唐以后，东西方贸易缩小，胡商渐渐消逝，人们对西市的记忆也慢慢消失。人类的历史，能够得到记载的永远只是一小部分，被湮没的是多数，像西市很多重要的历史信息都没有进入人类的记忆之中，而我们今天能够窥见的不过是其中的一隅，即使有考古材料补充，我们的了解也是非常有限。

多年来西市遗址的保护一直在唱"空城计"，人们从感情深处缺乏对人类遗产—遗址文化的热爱，仅仅把它当作考古学的研究对象，没有从经济脉搏、政治形象、城市文化、人居环境、发展布局等领域去考虑，没有把它作为城市发展中不可再生的重要资源。而今迈步从头越，长安气象再回归，西市遗址上又将树立仿唐标识，拓宽走向世界的视野，凸现新的风貌，如果说这就是文化遗产引领和带动城市建设，那么千年历史积淀的情结今天终于随着商贸文化名城建设被激发出来，迫切需要我们重绘唐代外来商贸的国际地图，融入人类血脉延续下去。

一座伟大的城市需要历史的记忆，没有历史记忆的城市是苍白虚弱的，而一个城市记忆则往往是属于全体人民的，需要公民多元化的参与，西市作为长安的窗口，展现了当时"商务区"的风貌，而它作为牵动商贸流通的龙头，则又展现了丝绸之路的风采。倘若说我们通过西市具体翔实地了解盛世长安，那么世界通过长安繁荣昌盛认识了我们中国，目的就是增加人们对城市国际化的认同感。因此，这部第一次专门集中收集唐长安西市历史遗产的图典不可不读，不可不思。

2008年2月8日初稿于北京，3月16日第三次修改稿，见《西市宝典》上册《隋唐长安与西市》总论，陕西师范大学出版社，2009年2月。

"城"与"市"
——以唐长安西市复原为中心评论

中国古代城市的出现是人类走向成熟和文明的标志，也是人类群居生活的高级形式。那么"城"与"市"的区别以及不可分割关系就值得思考。

"城""市"两字联袂出现，实际各有所指。"城"是城墙以内守护生活的区域，多与居住有关；"市"是买卖货物的固定市场，多与物品交换有关。城因为有市而丰满，市因为有城而存在。

如果说"城"是在人口聚居地设立的行政单元，"市"则不是单纯作为城内的商业中心，由于"市"的交易性质必须允许人民自由穿梭频繁出入，因而"市"也成为政令传达、信息传递的最佳渠道。隋唐"市"的发达首先就是它诞生在经济发达的地区，"扬一益二"以及广州、泉州、洪州等无不如此，"市"与人口快速攀升以及消费需求密切相关，"市"的辐射作用和带动作用，让统治阶层和各类谋生人物非常关注，特别是国都长安的西市、东市，更是诸色人物聚集之地，所以处决犯人这类带有某些震慑性的公开政治活动也多在西市举行，名为"弃市"。

"城"与"市"同是文化的载体，是商业之外的文化延伸，"城"与"市"创造和容纳了几乎人类文明的全部。人类在千百年来的生产生活中，逐步形成并依托"城"与"市"的互动和发展积累了物质文明与精神文明。

物质的城市文化是指展现城市风貌的有形的物质设施：建筑、道路、桥梁、园林等，特别是关系人们生活的"市"，它们是城市的外在标志。

西市遗址石板道路遗迹

　　非物质的城市文化包括居民家庭制度、经济制度、政治制度以及生活方式、休闲娱乐方式等等，这方面最有特色的仍然是"市"，它更多地表现为一种民间的特征、一种市民的气质、一种下层社会的灵魂，这种特殊的文化品位和精神气质，构成了城市独特的魅力。

　　将"城"与"市"放大到长安城市建筑的外观风貌来看，那么商业的西市、东市就是城市文化的容器，也是城市物质文化的集中体现，它包括了点（具体商铺）、线（井字街曲）、片（西市坊里）、面（长安旧城），西市如果没有城市公共活动空间，未必能让人们商业活动发展得很好，摩肩接踵的人流会造成麻烦，不仅有交通堵塞问题（发生过公主与官员争道事件），而且无法形成交通枢纽，便于人民的生活。

　　城市创造着财富，也消耗着资源（终南山森林和八水绕长安）。但长安城中设计时已经考虑到西市的给排水，有渠道、小桥、石涵洞等，这样就不能形成一条臭水沟，因为汉晋以来长安"水皆咸卤，不甚宜人"，生活用水质量难以保证。《资治通鉴》说隋文帝迁都因为长安"京都地大人众，加以岁久壅底。垫隘秽恶，聚而不泄，则水多咸卤"。这说明隋代人口激增下城市排污技术落后，导致水源环境恶化。因而唐代解决水的问题非常迫切，现在通过永安渠漕运延伸的支渠遗迹来看，不仅穿注入"放生池"，而且有贮存炭薪、运送木材的西市积潭，至少保障西市有富足的水源，运用了多种方法有效地解决了物品运输出入问题。

　　中国古代一些城市有"城"无"市"，城墙圈住的是一个空壳化城市，平日里人民生活依靠的是简单的墟集、草市等，不是固定的市场，仅仅是流动的朝来夕散的集会式贸易。隋唐时代沿袭西汉就出现的固定商业市场，有了天下知名的西市、东市，使得"管控城市"逐步松弛渐变为商贸的"经营城市"，"城治"也变为"市政"，设立六品官职"市令"掌管"百族交易之事"，商业的聚集效应招徕了大量的人口，包括全国各地的商人和外来的胡商。虽然那时人们不会喝西凤、喋泡馍、吃辣子、吼秦腔，这是近现代西安慷慨激昂的壮烈表现；但那时人们入酒肆喝西域酒、吃胡麻饼、看貌美如花的胡姬，则是另一番胡风胡音胡俗。

如果说唐前期城市管理还带有军事管理的体制，居民区与商业区严格分开，居民里坊四周筑有坊墙包围，坊门晨开夜闭；固定的商业区东、西市要在固定的时间交易，中午击鼓三百声交易开始，日落前击钲三百下停止交易；那么随着中唐的经济发展和社会各阶层的需求，一些街坊之间突破了交易时间的限制，出现通宵营业的夜市，原来治安管理的规定禁令被打破，传统的里坊制度自然会发生变化，"市"的作用超过了"坊"的作用，直接也影响到"城"的作用。

但西市并没有构成自立的商业地位，因为长安在管理上本身就不是一个独立单元的城市，东西市分为两个行政区域管理，即以朱雀大街为界的东面万年县和西面的长安县，而且城乡一体，乡下农业与市中商业一致，商业也没有完全独立出来。况且两个行政区域的分割只会造成商业管理互不相通，不利于东、西市的发展。

虽然"市"促进了赋税和贸易日益钱币化，有时甚至缓和了社会和官府对商业轻视的态度，可是商人还是经常受到盘剥和掠夺。

西市作为一个永远难以复原的历史记忆，它不仅没有保留最后的绝版，西域胡人带动的商业也没有传承已成为绝唱，只留下现存的遗址作为全国少数现存古都城中"市"的文化遗产，任人凭吊，其独一无二"市"的作用令人感怀。

2004年我曾考察隋唐洛阳城规模最大的市场—南市遗址，这个南市位于隋唐洛阳城洛南里坊区内，东隔长厦门街之第三街与水泰、临圜二坊相邻，西临长夏门街之东第二街；南至建春门街，北近洛河。但是由于遗址地现为大面积的菜地，部分遗址被现代工厂、村落所压，遗址北部被洛河所毁。所以实际只能看到考古发掘的遗址。

隋唐洛阳城中共有三个市场，其中南市规模最大，沿用时间最长。文献记载，南市始建于隋代，称丰都市，占四坊之地。唐代改称南市，仅占一坊半之地。唐末五代曾在南市内筑垒，宋以后逐渐遭废弃。市内纵横道路各三条，将南市隔化为不同的商业区；南市共筑建有十二座市门，即南墙、北墙、西墙和东墙上各开三座市门；市内货行众多，商铺林立，计有一百二十行、三千余肆、四百余店。《大业杂记》记载："丰都市，周八里，通十二门，其内一百二十行，三千余肆……市四壁有四百余店……珍奇山积。"另《两京新记》南市条亦记载："东都丰都市，东西南北居二坊之地，四面各开三门。邸凡三百一十二区，资货一百行。" 从文献记载可以看出，隋唐时期的南市十分繁华，应该与长安西市相仿。

由此我们可以观察到：从古至今"城"与"市"的形象是一个城市综合的个性外化，是一个城市精神气质可视的表现，是一个地域共性的文化审美，绝不只是一种景观。

大唐西市仿古建筑复原后新的建筑多是商业性的、时髦的，我们并不简单地否定新的建筑，但新的城市肌体若与历史的肌体在文化基因即文脉上没有必然的联系，则肯定是一种失败的建筑。从这个角度思考，我认为大唐西市博物馆倒是有一定精神内涵的，尽管它使用的是西方现代积木式的外观，内部保留唐代文化遗迹仍是令人浮想联翩。

我思考，唐代长安商业区不是西市一家，还有东市相呼应。要将东西市作为一个历史集市区共同研究，西市与东市是互相连接、互为补充的，不可能只有西市国际贸易，没有东市国内贸易，而且长安城内人生活主要依靠国内商品，西市经营外来奢侈品只是一种补充，达官贵人可以追逐享受，士民百姓不可能人人享受。

长安东西两市作为一种集市区是当时保持商业中心地位的根本。西市是隋唐时期重要的商业市场，能从不同角度反映隋唐盛世时期政治、经济、文化的生活原貌。对西市进行考古发掘和研究，能进一步推动隋唐城市的社会、经济、文化、生活及中西贸易等领域的研究，特别是能大大推动隋唐长安城平面布局及市场结构布局的研究。西市遗址的发掘，可为隋唐城市遗址的保护规划，特别是里坊区的保护提供可靠的依据。

回到现实中来看，新建的西市设计，虽然其中使用了与唐代相关的历史信息，但不是当年唐代的原真信息，所以新的西市并不是复建的唐代西市。西市项目属于民间资本运作，把一个被遗忘甚至政府无财力保护的西市遗址，重新作为文化塑造起来，唤醒了人们对盛唐文化的瞩目，这是值得积极赞扬的一面。但是过度突出西市的品牌价值、地产价值，在宣传中无疑会混淆了文化遗址这一概念。因而我认为西市遗址扩大了唐代长安西市的知名度和唐文化影响，如果完全作为一个楼盘，不会有什么人关注，也不会有人将这块工程作为"大手笔"评价。

法国哲学家雅克·德里达说过："唤起记忆是为了唤醒责任。"我们通过长安西市来回味"城"与"市"的历史，一定要突出建筑遗产的人文折射，从人文视界重温和观察过去的历史遗址，就是为了在人们脑中描绘明天城市发展的蓝图。

2010年4月7日"民办博物馆发展高峰论坛"上的发言稿，收入《2010年民办博物馆发展论坛论文集》，陕西人民出版社，2010年。

大唐西市建设项目的文化定位

在西安不断走向正在转型中的小康社会过程中，面临的发展机遇前所未有，城市化运动中凸现的矛盾也非常明显，要不断满足人民群众日益增长的精神文化的需求，保护恢复或复原一些历史上最著名的景点无疑是文化发展战略的需要，例如大明宫、华清池、大雁塔、曲江、乐游原（青龙寺）、小雁塔等等，不仅使人民群众分享受惠于文化成果，而且也是更好地保障人民群众以古城为自豪的文化权益。其中自2001年批准实施的唐长安西市建设项目，列入省市"十一五"重点建设项目，无疑会使西安这座历史名城更加多姿多彩，使丝绸之路起点城市更具吸引力和感染力。

但是，西安文化建设项目已经在转变投入发展方式，多种所有制经济体的介入使得文化建设会更快更好地发展，鼓励、引导、支持非国家财政的民营企业投入应该是非常有利于促进新格局的建成。大唐西市项目能有保护文物遗址的文化创意，我认为就应该让它充分释放，否则西市就永远被湮没消失，永不再生，几年来西市原址与周围商住楼接连不断的建成（省政府家属楼、规划局宿舍楼、西郊公园等），却从来没有考虑文化遗址的考古发掘和保护，不知有多少唐代遗痕与文物遗存被推土机消灭。现在大唐项目只占原西市遗址四分之一，创意要"复活"，这是文化建设上的好事，自然应该给予充分的优惠，这类优惠措施在各地文化体制改革中纷纷实施，按照"区别对待、分类指导、循序渐进、逐步推开"的原则，要充分考虑不同行业、不同单位的性质和功能，从实际出发，统筹协调和妥善处理各方面利益关系。有的国有企业转制中免去税收达五年，就是鼓励健康地走向文化市场，送一程，保一程。有的地方只对国家文化企业优惠，对民营文化企业的优惠政策滞后脱节，没有多元化对策。我们对民营企业同样不能挫伤其文化投入的积极性，他们承担了政府保护遗址、再现古迹、和记忆文化的责任，就要有鼓励的措施导向，"快乐经济学"才会吸引更多的企业家从事这种公益性文化光彩事业。

大唐西市建设方如果有决心、有信心投入西安文化发展战略规划的实施，我认为是应该鼓励支持的，他们向国家文物局现任局长和原局长都做过文物保护的表态，提出要把投巨资征集来的文物将来捐献给国家，要建一个西市博物馆展示给广大观众，惠及人民群众。目前国家有2300多个博物馆，国家公益性的有1000多个，剩下一半是民营运行的，多半经济条件不是可持续的，有雄厚资本的基金会不多。所以对民营企业要建博物馆的应该给予优惠文化政策。同样，2006年全国文化艺术品和文物拍卖交易金额达到60亿元，愿意购买后自愿交给国家的可能也不多，我们对愿意把文物交给国家留给后人的义举，也应给予减免税收的优惠。就凭这两条，我觉得应该给大唐西市项目定性于文化企业，推进它定位为做大做强文化事业，形成不养闲人和国家文化文博单位的互动竞争关系、展出陈列互补互惠的协作关系，只要不搞赝品、伪品，不破坏确定的文物遗址，不走私倒卖国家规定禁止的文物，都应该列入政府保护文化遗产项目给予支持鼓励。

我们要学习西方发达国家文化遗产保护的有效做法（意大利、德国、法国、英国、美国等私人基金会），例如美国设立"保护美国总统年度奖"，表彰做出杰出贡献的个人、商家和企业机构，鼓励利用地方利用其遗产项目增加旅游经济收入。凡是被列入历史文化遗址，政府不仅承认其历史文物地位，而且享受"联邦政府财政优惠的荣誉地位"，不仅列入遗址的私人财产不影响其拥有者的使用，而且企业、开发商、个人被登记的文物遗址修建可以享受国家20％税收的优惠政策。政府鼓励各界个人保护遗产减免税收政策，使得1966年以来吸引民众投资260亿美元进行建筑物保护性修缮。民间组织"拯救美国"过去8年里向美国38个州的133个项目提供了2460万美元的资助。政府对1936年以前的建筑物，不论是否登记一律给予10％的免税优惠，还通过"保护历史文物基金会"直接资助，2006年向全国68个项目资助近500万美元，2007年联邦预算资助又为500万美元，促进了遗产保护和当地旅游经济开发，两全其美创造了就业机会，为进一步保护历史文化遗产提供了资金保证。

西安的遗址保护一直受到世界古迹遗址保护理事会的关注，濒危的遗址也不少，像唐长安城的西市就一直受到关注，大唐西市项目定位于文化性质，而不是一般的地产企业，有益于树立和增强西安的文物保护意识，是一个国家的文化形象和西安文化高度的标志，是文化遗产保护抢救进程中"保""用"并举的历史见证。目前城市文化事业建设中，政府的专项支持和资金扶持都非常有限，变输血为造血也非一日之功，给愿意投入文化事业的民营企业可持续发展产生联动效应，定性定位于文化企业，可起到面向文化遗产事业投入的引导、整合、示范作用。西安是文化遗产历史名城之一，"复活"大唐西市具有不可替代的知名品牌作用，我们不是"复原"、"重建"，应该放宽视野，兼容并蓄，积极应对。

大唐西市项目是在特定历史环境保护要求地段的新建筑探索，因为我们仅凭井字型或九曲区很难找到当时原有的风貌，然而，作为古迹复建或历史名胜的重建，我们还是期望这个项目有文化底蕴支撑，有唐代建筑风貌和外来文明特色，最近西市遗址出土的大小两块玻璃料，是玻璃作坊留下的母料，证明唐代西市有自己玻璃制品的工匠和作坊，我们应该"复活"这类作坊吸引游客，有创造的活力，有文脉呼应、商脉呼应、人脉呼应。最终要让大唐西市成为举办国际商贸的平台，不要搞成一个传统的僵死博物馆，传统的租用商务楼，传统的封闭住宅楼。软件和硬件结合，要让千年以前的大唐西市最终能成为西安历史回忆的一张名片，西安的一个遗址窗口，西安的一个文化平台。

大唐西市就是商业文化和商家主题，一千三百多年前就是中外商人云集的交易地方，不搞商业文化就脱离了主题，抹去了本色。不要一提商业文化就害怕人们议论"借文化之名，行发财之实"，有很多地方以商业炒作"胡弄"文化，造成"文化搭台搭不好、经济唱戏无人理"的被动局面，我们要吸取这些失败的教训。但现在大唐西市是正宗的商业文化之地，这个主题不能动摇，并可以派生出服饰文化、娱乐文化、宗教文化、饮食文化等等与当时西市活动有关的项目。

在西安，大明宫主题就是皇家文化，兴庆宫、华清宫就是离宫文化，曲江就是踏青游乐文化，大小雁塔就是佛教文化，每一个景点的功能特色不一样，这样整个城市才是一幅符合古代唐城的和谐布局图卷，才能以不同景色给游客留下美好印象。所以，我不赞成把大唐西市也搞成皇家文化主题，现在的建筑设计不伦不类，既不是仿建也不是重建，完全是新建，古代唐长安能有这样八角楼吗？西市遗址上更不可能出现这样外形风貌，距史书记载和文物考古反映的状况相差太远了。

我建议给大唐西市进行文化价值评估，界定它的文化内涵和外延。在空间尺度、环境容量上制定合理的商业用途，和谐稳妥地增加现代要素。我们也期望大唐西市项目能成为一个文化遗产建设者的作品，而不仅仅是一个单纯的地产开发商的投资项目；是一个坚持西安历史名城有品位的文化者，而不是一个丢掉文化责任的谋利者；是一个眼光远大的文化事业发展推动者，而不是一个只顾眼前利益短视者。民营资本投资保护模式能反哺公益性文化事业，只要能达到这个要求和标准，大唐西市建设方就是一个合格的文化企业，一个值得重视的文化单位，一个无愧于文化优惠政策的先行者。

2007年6月28日大唐西市文化产业定位及发展论证会上的发言稿。

考古发掘的西安含光门遗址

第九章 唐代建筑篇

唐乾陵
懿德太子墓东壁
阙楼图

唐代香料建筑考

香料建筑是指建筑物本身由能散发香味的香料材料所构成。香料装饰或喷洒的建筑物，能使其内部变得香气流通、芬芳四溢，造成人清脑醒、荡涤胸臆的氛围。

唐代皇家建筑和达官贵人住宅府邸，曾大量使用香料作为建筑材料，或由朝廷颁布规定把香料作为贡品、赋物收纳进入京城。《大唐六典》卷三户部郎中员外郎条记载：全国十道贡赋之中有麝香、香漆、绛香、胡桐香、零陵香、沉香、甲香、丁香、詹糖香、蜀椒等。同书卷二十太府寺右藏署条也记载：永州的零陵香，广府的沉香、霍香、薰陆香、鸡舌香[1]，京兆的艾纳香、紫草等，均属必征贡的藏品。海外贡使还经常带来异常名贵、珍花嘉树的南洋龙脑香、康国郁金香、波斯的安息香等[2]。

这些香料既有从香獐、香鲸等动物身上搜取来的，主要用于宫廷化妆品和制成香水、香精喷洒于室内，也有从香木、香草等花草树木的植物珍品上伐采而来的，其用途则在建筑上被因材致用于构架、抹墙、涂壁等方面，其匠心巧运往往令人叹为观止。

遗憾的是，正统的官方史书中对这类芳香建筑记载极少，视为骄奢淫侈、铺张豪华的穷奢极欲生活，只在例举反面人物生活中稍有保留，对其工艺方法更没有记录，故我们对唐代香料建筑只能知其大概。

唐代宗时，宰相元载在长安城中大宁里、安仁里建造南北二甲第，"室宇宏丽，冠绝当时。又于近郊起亭榭，所至之处，帷帐什器，皆于宿设，储不改供。城南膏腴别墅，连疆接畛，凡数十所"[3]。其中安仁里府宅内造

1979年西安大明宫遗址
出土玉鹰首

209

"芸辉堂"，用于阗（今新疆于阗)生产的洁白如玉、入土不烂的芸辉香草春碎为屑，以泥其壁，使整个厅堂扩散出浓郁的香草味道。室宇庭廊全部用沉香木和檀香木做栋梁，"饰金银为户牖，内设悬黎屏风，紫绢帐"。[4]元载还用胡椒入泥涂壁，房屋里充沛着清香气味。他被皇帝下诏赐令自尽后，籍抄其家。"钟乳五百两，诏分赐中书、门下台省官；胡椒至八百石，宅物称是。"[5]后世一些史家不明白元载家中为何储存八百石胡椒，其实它不是作为饮食调味品，而是作为建筑用的香料。

用花椒或胡椒和泥涂壁的建筑工艺方法早在汉代时就已使用，汉宫里后妃住的屋殿，全用椒泥抿抹墙壁，打光磨平后，取其温暖有香气，兼有多子之意。所以"椒房"成为后妃的代称，班固《西都赋》："后宫则有掖庭椒房后妃之室。"杜甫《丽人行》诗歌中也有"就中云幕椒房亲"之句。

西晋时，石崇与王恺比阔夸奢，为了显示他们讲排场、事铺张、斗富豪的生活，石崇"涂屋以椒"，王恺就"用赤石脂"，也是采用香椒入泥抹壁[6]，如果用红花椒或白胡椒分别泥墙、抿缝刮浆，则会产生不同的装修效果。

南朝萧齐皇帝萧宝卷奢糜放纵，永元二年(500年)后宫失火后，他下令大兴土木，新建芳乐、玉寿等大殿。"以麝香涂壁，刻画装饰，穷极绮丽。役者自夜达晓，犹不副速。"[7]这种用麝香涂壁的具体方法我们不清楚，假如也是和泥入壁，不知会耗尽多少麝香原料。

唐代皇亲国戚、达官贵人的府邸住宅中更讲究室内装修。皇宫里宏丽殿宇率先营造，高级官员私宅自然竞相仿效，武周以后，"王侯妃主京城第宅，日加崇丽"[8]。晨翘暮想仿建天府仙境成了京城一时风气。

武则天晚年，宠臣张易之"初造一大堂甚壮丽，计用数百万。红粉泥

壁，文柏贴柱，琉璃沉香为饰"。[9]

　　唐中宗时，宰相宗楚客"造一新宅成，皆是文柏为梁，沉香和红粉以泥壁，开门则香气蓬勃。磨文石为阶砌及地，着吉莫靴者，行则仰仆"。连骄奢的太平公主看了宗楚客住宅后，都感叹说："看他行坐处，我等虚生浪死。"

　　"红粉"就是用红花椒(蜀椒)磨成粉后作装饰材料，涂墙抹泥或匀渗敷粉，给人以雅致纯净、清香盎然的感受。

　　唐玄宗晚年奢侈挥霍，杨贵妃姐妹兄弟五家，"构连甲第，土木被绨绣，栋宇之盛，两都莫比"。"每构一堂，费千万计。"见别人住宅宏丽有超过自己时，立即拆撤重造，土木之工不舍昼夜。虢国夫人建造的"合欢堂"，地面墙壁严无缝隙，连小昆虫都无法钻出，屋顶用陶瓦覆盖木瓦，不怕损坏砸毁[10]。

　　显赫权贵杨国忠用沉香建造高阁，用檀香木为栏杆，以麝香和乳香"筛土和为泥饰壁"，号称"四香阁"。每年春天牡丹盛开之际，他聚集宾友于四香阁赏花，喜爱处处炫弄温雅舒适的风格，据说"禁中沉香之亭远不侔此壮丽也"[11]。

　　开元、天宝时的长安富豪王元宝，常以金银装饰房屋，"壁上以红泥泥之"。"红泥"与"红粉"一样，都是用花椒磨粉和泥后的颜色。据说他还于宅中建置了一座礼贤堂，以沉香、麝香为轩槛，以似玉美石铺地面，以锦文石为柱础，又以铜钱穿线砌修于后园花径中，贵其泥雨不滑不跌。晚上他还在寝帐床前置七宝博山炉，"自日暮焚香彻晓"，造成静谧亲切、别有洞天的生活环境。这样显富华侈，使四方宾客倾羡不已。所以当时人称呼为"王家富窟"。[12]

长安寺院焚香顶礼人多，为宣传佛教艺术盛行壁画，大同坊云华寺圣画堂中，"构大坊为壁"也以"香泥"抹壁作画[13]。有的寺院画观音菩萨时，"令画工持斋洁己，诸色悉以乳头香代胶，备极清净"[14]。壁画上透出乳头香温馨气味。

室内家具也用香气扑鼻的木料造作，如隋炀帝观文殿中五方香床。[15]安禄山的白檀木床[16]、元稹的香拂榻[17]，以及宫女用的"沉香履箱"等等。

为了追求室内芳香沁人肺腑，隽永有味，唐人不仅使用各种香料喷洒，或点燃麝香熏房袅袅，或以"鹅梨蒸沉香用之帐中香法"[18]，而且在建筑构件上动用带香料的木材。除了长安兴庆宫著名的沉香亭外，皇家权贵们都喜欢采用有香气的沉香木，这种沉香又称"伽南香"、"奇南香"、"女儿香"、"崖香"，生产于现在的东南亚地区，从当时的南海地域运到京城非常不容易，唐玄宗天宝二年（743年），水陆转运使韦坚开通长安广运潭，专门将南海的沉香运入京城[19]。

早在唐初，太宗就询问广东高州首领冯盎住宅距离沉香出产地远近，回答说："宅左右即出香树，然其生者无香，唯朽者始香矣。"[20]

安史大乱之后，"法度坠弛，内臣戎师，竞务奢豪，亭馆第舍，为穿乃止，时谓木妖"。大将军马璘营建中堂，"费钱二十万贯，他室降等无几"。唐德宗在其死后，诏令拆毁，下令"第舍不得逾制"[21]。

中唐后，唐敬宗眈迷于营建壮观绮丽的宫室，有一个名叫李苏沙的波斯商人，千里迢迢专程献上沉香亭子材料，有的大臣认为以沉香造亭子，即与神仙的瑶台琼家相同[22]，大概觉得有些太豪华了。但有意思的是，当时波斯、大食（阿拉伯)等国的建筑造园里讲究有龙涎香氤氲环境，传说光明

注释

[1] 《通典》卷一八八南蛮下：
    "杜薄国出鸡舌香，可含以
    香，不入衣服。鸡舌，其为
    木也，气辛而性温，禽兽不
    能至，故未有识其树者。
    华熟自零，随水而出方得
    之。"

[2] 《酉阳杂俎》卷一八木箱。

[3]、[5]见新、旧《唐书》中
    《元载传》，《南部新
    书》和《尚书故实》皆记
    胡椒为九百石。

[4] 《杜阳杂编》卷上。

[6] 《晋书·石苞传》。

[7] 《资治通鉴》卷一四三，
    齐纪九，中华书局，第
    4470页。

[8] 《唐语林》卷五。

[9] 《朝野佥载》卷六、卷三。

[10][11][12][30][31] 《开元天宝
    遗事》。

[13] 《酉阳杂俎》卷五寺塔记
    上。

[14] 《广异记》僧道宪，又见
    《太平广记》卷一一一。

[15][18][33] 《烟花记》。

[16] 《安禄山水事迹》卷上。

[17] 《唐诗纪事》元稹赠毛仙
    翁诗序。

[19] 《新唐书·韦坚传》。

[20] 《隋唐嘉话》补遗。

[21] 《旧唐书·马璘传》。

[22] 《旧唐书·李汉传》。

灿烂的天国就是充满芬芳馥郁的气息。印度南方也采伐摩罗耶山盛产的檀香木，构室架园吹拂香风，民俗认为这是人生爱情相思之风。

有樟脑香气的樟木，也是官员们喜欢的建筑材料，唐宪宗时，内侍省内常侍、翰林使吕如全因擅自私取香樟木盖房建宅，想过富足慵懒的典雅生活，结果被朝廷送往东都狱自杀[23]。

皇宫里许多带"香"字的宫殿，可能都与带香气的建筑材料有关，如洛阳飞香殿、大明宫水香殿、太极宫承香殿、披香殿等[24]。

东都洛阳皇宫内皇后住处附有椒殿院，唐昭宗被杀于此"椒殿"，又称兰院[25]。在唐朝皇宫众多殿阁中只有此一处称"椒殿"，估计也是以香椒和泥入壁的建筑。

虽然许多唐朝官吏反对峻宇雕墙，提倡土阶茅栋，实际上贪图享受、建筑豪华是任何统治集团的本性。不光铺张浪费，而且别出心裁，如唐敬宗在大明宫造清思院新殿，用铜镜三千片，黄白金薄十万番[26]，金碧辉煌，罕称人间。晚唐昭宗时东川节度使顾彦晖也在梓州建有镜堂，世称其丽，曾会诸将于堂上[27]。至于一些被史书称颂的唐代人物裴度、白居易、郭子仪、杜佑、杜牧、李晟、李德裕等，也都是竞相建筑有风亭水榭、梯桥架阁、磊山穿池、竹木花萃的府宅别墅，一些厅堂大屋选择杏木、桂木、桐木等为梁柱[28]，溢散出淡雅清香的特殊气味，费煞意匠心血，以寻找享受人生精神的具体寄托。

那么，为什么当时达官贵人对芳香建筑情有独钟、心有所好呢？

首先，建筑里香味环境可使人们清除疲劳，醒脑提神，心情舒畅，批阅公文或起草文书效率提高。据现代医学研究，香味能影响人的心理和情绪，例如丁香能使人产生轻松安静的心情，香樟则会使人性情温和、情绪稳定。唐代每年除夕夜，皇宫寝殿前欢歌起舞，"燃蜡炬，燎沉檀，荧煌如昼"[29]。广庭殿阁间飘溢着清灵芳香。杨国忠家冬天取暖，以白檀香木铺于炉底，烧炭时香气扩散厅堂[30]。

其次，芳香空间可以使人保持头脑清醒，减少差错。事实表明，香味能抑制人的情绪，控制激动、焦虑、发怒等产生。如人在困倦时，一旦闻到麝香气味，就会清醒无累，有种飘渺空灵之畅感。而沉香则纳气、温肾，减少气喘、呃逆。宁王李宪每次与宾客交谈，"先含嚼沉麝，方启口发谈，香气喷于席上"[31]。

再者，香味建筑还可调节人的食欲。现代科学查明，强烈的刺激性香味能倒胃口，缓解饥饿，节制饮食或有益减肥。经常嗅闻樟脑香、藿香、紫草等非常有益。相反，食欲不振者会因桂香、鸡舌香等味道增加饮食。唐玄宗曾把交趾(今越南河内)进贡的蝉蚕状五十枚龙脑香赐杨贵妃，这种龙脑香宫中称为"瑞龙脑",出产于波斯,据说老龙脑树节才有生长[32]。

另外,芳香气味具有调节小气候的作用。可用来防病治病,香味进入鼻腔后会刺激大脑祛痛舒爽,产生镇静作用,治疗失眠、哮喘、感冒、吐泻、肺病等,如亚热带胡椒性热、味辛,功能温中散寒,主治胃寒腹痛、呕吐等症。红花椒也能温中止痛,杀虫消肿。人们进入味道香浓、温润愉悦的空间里,仿佛病体霍然痊愈。所以唐宫内经常悬挂香囊,现在出土实物仍存。陈朝宫廷女性"卧履"(类似于拖鞋),"皆以薄玉花为饰,内散以龙脑诸香屑,谓之尘香"[33]。而唐代贵妇宫女则在楼阁殿堂内遍撒香粉,风吹四散,谓之"芳尘"。

从文化角度上说,唐人笔记小说里描摹的神仙胜境是"室宇宏丽,香气芬馥[34]";"白鹤满庭,异香郁烈"[35]。大批文人着眼于建筑的述写十分在行与真实,只可惜包括香料建筑在内的园宅楼阁设计者与建设者,都没有留名青史。

总之,唐代的香料建筑是有其独特功能的,这才会引诱那些达官权贵和富商大贾争趋附用,绝不是仅用"奢侈豪华"四个字就可简单概括的,人们追求物质精华似乎总是有点道理的,总向往一个过逍遥日子的天堂,只不过是普通的人达不到罢了。

一个时代建筑文化所创造的最高技术和艺术成就,总是统治集团上层所垄断和占有[36]。社会生活本身并非建筑文化的全部风貌。但从唐代的香料建筑中,既可以了解当时的建筑艺术水平,又可以观察当时人们朝思暮想的追求。如果说建筑是每一个王朝政治、经济、科技、文化的综合标志,除了实用以外,社会的艺术特征,时代的风神格调,人们的情思意念,自然的惠蓍予夺,都在建筑上反映,确实是一部唐代文明遗产的史书,一曲凝固旋律的音乐。

[23] 《新唐书·宦者传上》。

[24] 杨鸿年《隋唐宫廷建筑考》,陕西人民出版社1992年版。

[25] 《新唐书·蒋玄晖传》。

[26] 《旧唐书·薛存诚传》。

[27] 《新唐书·顾彦晖传》。

[28] 《唐语林》卷八。

[29] 《南部新书》乙卷。

[32] 《杨太真外传》。

[34] 《广异记》。

[35] 《尚书故实》。

[36] 关于唐代建筑文化的详细论述,见拙著《唐都建筑风貌》,陕西人民出版社1987年版

原文为1993年10月无锡国际唐文化研讨会上的演讲稿,发表于《唐文化研究论文集》,上海人民出版社,1994年。另收入《国际汉学论坛》卷一,西北大学出版社,1994年。

唐代"复壁"建筑考

在唐代坊里府宅建筑中，曾较多的建造有"复壁"。它是指在房屋内用一道立壁隔断外端的山墙、檐墙，形成一个附属于主建筑的"夹层""暗室""密道"或叫"蔽室"，深藏于院落内部或住室侧部，具有应急避难、藏匿珍宝、隐庇人物等特殊作用。

"复壁"建筑形式在秦汉时期已广为出现，《史记·儒林列传》记载伏生曾壁藏儒家经典，《汉书·景十三王传》也记载鲁恭王刘余"坏孔子旧宅以广其宫，于此壁中得古文经传"。此后，贵族富豪普遍在第宅建筑中修造这种专门用以匿财藏身的结构[1]。《后汉书·赵岐传》记载赵岐"逃难自匿姓名"，曾被孙嵩迎藏于"复壁"之中。魏晋南北朝的战乱动荡和坞壁构筑，也使"复壁"建筑愈修愈多。《隋书·尔朱敞传》记载其十二岁时，曾在北齐邺城郊外乡村里逃难，被胡妇长孙氏"藏于复壁"三年之久，后投奔北周。说明当时一般民间住宅内也有复壁。

唐代是夯土隔墙向砖石隔墙转变时期[2]，原来"复壁"只能在夯土墙中

西安博物院展陈出土
唐代建筑明器

留置或凿出空腔，并且必须保持夯土墙的基础和强度，往往要在大型建筑中
才能实现，否则无法承托梁架屋顶的重力。而这时城市建筑中广泛使用砖石
垒砌，或在墙壁柱间距内填土，用木结构柱子加固夯土墙，结构强度与硬度
大大超过以前，有利于拓宽"复壁"隔墙之间的距离，穿逗的空间展开了。
在西安地区唐墓壁画中，经常可见房屋白色墙壁中部在两柱之间连有横枋两
条，枋间垫以小短柱的画法，即历史文献常提到的"壁带"。这种墙一般不
开窗，或开窗很小，显得十分实在，应为夯土版筑实墙。壁带作用是与木柱
一起拉结加固承重的版筑土墙，这反映唐代较大建筑上仍使用承重土墙。但

216

这一建筑方式的进步，为构筑"复壁"提供了技术保证。

从唐代史书记载来看，皇戚贵族和高官世家往往建有"复壁"。

《新唐书·李林甫传》记载，李林甫由于结怨甚多，忧虑刺客暗杀，为保证安全，"所居重关、复壁、络版、甃石，一夕再徙，家人亦莫知了"。这是指用条石、厚板互相环绕营造"复壁"，完全不像夯土墙那样负担荷载，不仅结实，而且精良，是高标准的"复壁"建筑。这类建筑技术在唐代佛寺石窟和石阙中有许多考古实证。

《旧唐书·宪宗纪下》记载元和十年六月，宰相武元衡被藩镇派遣刺客暗杀后，朝廷下令"京城大索，公卿节将复壁、重橑者皆搜之"。如果说"复壁"是墙垣夹层，那么"重橑"则是屋顶夹层。这种屋顶夹层必须建在藻井、平棊等天花板式的顶棚之上，这样才能隐藏人物。按朝廷律令规定，"王公已下，舍屋不得施重拱、藻井"。[3]但宅邸中建置顶棚之类，似不属于违制，故容人隐藏是很普遍的状况。

《旧唐书·王涯传》记载唐文宗时，宰相王涯在永宁里的府宅中有"复壁"。王涯博学好古，"家书数万卷，侔于秘府。前代法书名画，人所保惜者，以厚货致之……厚为垣，窍而藏之复壁"。王涯被杀后，"人破其垣取之，或剔取函奁金宝之饰与其玉轴而弃之"。垣为版筑夯土墙，唐代这种"垣"往往在黄土内掺有石灰、沙子、砂石混合夯筑，可以防裂，多为梯形"接木相连"，并作荷载山墙，但只能凿"窍"(孔洞)，否则会使壁体容易崩坍，这种"复壁"也反映汉代以来夯土建筑的余存。

《资治通鉴》卷二五四记载：唐僖宗广明元年(880年)黄巢占领长安

耀州窑出土唐代庭院明器

后，左金吾大将军张直方表面上归降，但"多纳亡命，匿公卿于复壁，（黄）巢杀之"。据《旧唐书·张直方传》，他在宅中庇匿的公卿官僚很多，可见其"复壁"结构非常大，不会采用层叠夯土"垣"穿"窍"的简单技术。或者必须在"复壁"内部增加木柱，分割成井字架增加撑力，改进空间幅度和功能，并在内墙上部留有通风口"透气"，外部则将其完全遮挡住。从唐长安明德门、玄武门等门洞遗址来分析，当时夯土墙墩都采用了柱网排列，铺垫有木板，以均匀地承受重量[4]。

《旧唐书·郑注传》记述其在长安善和里的府第，"通于永巷，长廊复壁，日聚京师轻薄子弟、方镇将吏，以招权利"。长廊与复壁相连，说

曾经繁荣的高昌古城
已经成为千年废墟

新疆夯土建筑中还有
复壁的遗痕

218

明这种复壁紧贴一些附属建筑，面向院落，能通过长廊联结皇宫永巷，善和里（后改名兴道坊）地处京城中心，与皇城仅一街之隔。[5]从后代发现的建筑侧壁夹层来看，不仅入口通道隐蔽，可以升降"悬门"防御堵截，而且置有"活板"，在复壁之内又有隔层，可以堵塞门洞，或进至夹层向外俯攻。

唐人李绰撰述的《尚书故实》，记载"京城佛寺，率非真僧，曲槛回廊，户牖重复。有一僧室，当门有柜，扃锁甚牢，窃知者云：自柜而入，则别有幽房邃阁，诘曲深严，囊橐奸回，何所不有"。这与"复壁"功用相类，以柜设暗门复道，相通于其他夹壁密室。唐代寺院中藏存佛经、金银器皿的木柜，多沿建筑物的墙壁建造，外表常以楼阁式柜架覆盖整堵墙壁，或掘墙凿空，所以也叫"壁藏"。

依据考古资料，则知道皇家宫殿内也有"复壁"。例如长安大明宫麟德殿遗址中，其殿堂版筑的东西山墙占一间厚度，即5.3米厚，中殿内部幽暗分隔，后殿耳室东或西外侧也各有3.3米厚的版筑墙，特别是夯土墙为中空的，据分析应为"复壁"。[6]因为以唐代建筑结构技术的水平，似乎无必要用如此厚的山墙来加固稳定楼阁，而麟德殿这种空心墙既能储藏物具贡品，又能暗中隐藏宫廷侍卫，完全符合"复壁"的功用。

值得注意的是，"复壁"这种建筑内部结构，在河西、敦煌民间住宅中也建造，敦煌写本《叶净能诗》："内藏覆壁内，鬼神难知人不闻。"又云："先拆重棚除覆壁。"可见住宅里普遍考虑到防避灾难和临时藏身之所。河西的民间坞壁非常盛行，嘉峪关魏晋诸壁画墓，现已发现有多座"坞壁"壁画，有的还以朱红标写出一"坞"字，坞墙内高墩配合了望高楼，显示出很强的防御性[7]。敦煌莫高窟北朝壁画第２５７窟须摩提女出嫁一"豪尊富贵"之家，即为屋居寝楼联结坞墙的坞壁式住宅。这种高大土墙围护的坞院，往往带有"复壁"，并可抵御风沙寒雪的自然侵袭，所以一直到近代仍在河西广泛分布[8]。

由于"复壁"是一种隐蔽式建筑，家有"复壁"的住户不会随意泄漏，所以史书上记载很少，例如李林甫、王涯、郑注、张直方等人都是作为被贬谪的对象，或有某些不可告人的活动时，才暴露出其家中有"复壁"建筑。按照《黄帝宅经》、《阳宅十书》和敦煌文书P.3865号《宅经》的记载来看[9]，古代民间非常讲究建宅造第时的风水阴阳、镇妖符咒、避邪禳灾，而"复壁"属于第宅墙壁中的隔断"狭道"或"空心夹层"，是"以阴抱阳"、"重阴不实"的"凶屋"、"剋房"，主家忌讳，常用朱砂涂"复壁"以避邪除凶。因此，为了长保富贵、家显财旺、通脉聚气，不到万不得已是绝不透露的。史书上记载雕墙、屏墙、茨墙、女墙和版壁、编壁、坏壁等等，唯独很少记录障蔽隐匿的"复壁"，其中奥秘不难理解。

从建筑技术角度说，"复壁"繁难费工，在总体位置、平面功能和外观上都需经过一番周密考虑，反映了唐人建筑设计的水平。柳宗元《梓人传》记述了一个能"画宫于堵，盈尺而曲尽其制，计其毫厘而构大厦无进退焉"的匠师，说明唐代民间设计施工的建筑师(当时称为都料匠)已不是少数人。

总之，唐代"复壁"建筑作为一种特殊的内部构造，曾被广泛应用于皇家宫殿、官僚府宅和民间房舍之中。其一，它具有隐秘性，能藏闭资财，不到毁屋拆墙不能发现。其二，它具有应急性，猝然灾祸降临，可利用双层夹墙空间躲避逃遁。其三，它具有防御性，大院深宅内部曲复深幽，不了解内情者很难找寻。在目前的唐代建筑壁画和建筑遗址中，证据确凿的"复壁"还比较少见，随着今后考古新发现的深入，完全有可能找到其具体的形制。

注释

[1] 王子今：《汉代建筑中所见"复壁"》，《文物》1990年第4期。

[2] 陈明达：《中国古代木结构建筑技术(战国—北宋)》第38页，文物出版社，1990年版。

[3] 《唐会要》卷三十一，营缮令。

[4] 傅熹年：《唐长安大明宫玄武门及重玄门复原研究》，《考古学报》1977年第2期。

[5] 贺梓城：《唐长安城历史与唐人生活习俗》(唐代墓志铭札记之二)，《文博》1984年第2期。该文据墓志考证善和里不是光禄坊，而是兴道坊。

[6] 郭湖生：《麟德殿遗址的意义和初步分析》，《考古》1961年第11期。

[7] 《嘉峪关汉画像砖墓》，《文物》1972年第12期。后经甘肃省博物馆研究，认为是魏晋时文物，不属于汉代。

[8] 萧默：《敦煌莫高窟北朝壁画中的建筑》，《考古》1976年第2期。

[9] 《建苑拾英—中国古代土木建筑科技史料选编》第605页，同济大学出版社1990年版。

原发表于《文博》1997年第5期。

"胡墼"传入与西域建筑

　　在中国北方汉语方言中，有许多地方将用湿度适中的黏土放在模子中夯打而成的方形土坯，叫作"胡墼"。例如陕西关中方言俗称"胡墼"，又写作"胡基""胡期"或"胡其"，山西太原、忻州、万荣等地的方言就叫"胡墼"，青海西宁方言也叫"胡墼"，河南洛阳方言则叫"胡墼儿"[1]。有的地方把做土坯就称为"脱胡墼"，甚至将农田里的大土块也叫作"胡墼"，粉碎耕地里的土坷垃就叫"打胡墼"。

　　在中国南方汉语方言里，往往把土坯、泥坯称为"土墼"，如南京、扬州、丹阳、苏州等地，厦门、雷州等地则写为"塗墼"[2]。

甘肃玉门关遗址

由于中国史籍中称未烧的砖坯为"墼"，《说文解字》注释云："墼，瓴适也"。"塼又谓之墼者，墼之言级也，言其垒叠积聚，层次分明也[3]"。"瓴"即俗曰砖，未烧者俗云"土墼"。而且这个名称出现较晚，始见于汉代。汉代以夯土墙为主，个别建筑才用"土墼"砌墙。那么"胡墼"一词出现应该更晚，在汉代把西域民族统统看作是"胡人"的时候，才有了胡葱(kashgar的onion)、胡椒(印度的pepper)、胡麻(外来的flax和sesame)、胡瓜(cucumber)、胡桃(walnut)、胡琴(huqin)、胡杨(diversiform-leaved poplar)等等。在汉语的描写词里，有些外来的东西找不出相等的本地名词，或是造一个新词来描写它，或是在多少可以比较的本地物件上加上"胡"字来形容专指。所以"胡墼"这一建筑专业名词是否为外来语，或是以汉意附会胡音，需要我们利用考古学、建筑学、语言学和出土文献作为坚实依据来科学地破解。

（一）

从人类建筑史学上看，公元前四千纪两河流域就开始大量使用土坯，这是由于两河中下游缺乏良好木材和石材，人们只能用黏土和芦苇建造房屋，即使在宫殿庙宇等重要建筑物墙上，也是用土坯砌垂直凸出体加强墙垣。而公元前三千纪埃及古王国时期，由于尼罗河两岸树木稀少，同样缺少良好的建筑木材，也使用黏土和土坯建房造屋。特别是上埃及比较原始的住宅大都以卵石为墙基，用土坯砌墙，密排圆木成屋顶，再铺上一层泥土，外形像一座有收分的长方形土台。尼罗河三角洲达喀兰斯发现公元前1085—前950年"后法老时代"村落中，家户住房全用土坯砌成，排成一排，这种住宅土坯承重墙历经几千年没有改变，只有一些宫殿才用从叙利亚运来的木料建造。

为了保护土坯墙免受侵蚀，古代中东、西亚地区的一般住宅房屋还在土坯墙头排树干，铺芦苇，再拍一层土。有些重要建筑物还趁土坯潮软时揳进陶钉或涂沥青粘接、贴装饰石片等办法以利于保护墙面。例如约公元前2125年的乌尔观象台(Ziggurat)，建于苏马连文化时期，是古代西亚人崇拜山岳、天体和观测星象的塔式建筑物，高约21米，内为实心土坯，贴有烧砖面饰的墙也是用土坯砌筑[4]。所以，西亚土坯建筑不仅起源早、用途多，而且工艺高、技术好，公元前8世纪亚述帝国都城的萨艮王宫(The Palace of Sargon Ⅱ，Dur Sharrukin，公元前722—前705年)，土坯墙竟厚达3—8米，有的大厅跨度达10米以承重殿顶[5]。

公元前6世纪中叶，在伊朗高原建立的波斯帝国向西扩张，征服了整个西亚和埃及，向东到了中亚和印度河流域。波斯帝国的建筑继承和汲取了它所征服地区里的种种遗产，并用俘虏来的埃及、希腊和叙利亚的工匠建造宫

注释

[1] 见李荣主编《现代汉语方言大辞典》，江苏教育出版社，1996年。分卷见《西安方言词典》第47页"胡期"，《西宁方言词典》第29页，《太原方言词典》第31页"胡墼"，《洛阳方言词典》第47页"胡墼儿"。

[2] 同上《现代汉语方言大辞典》，见南京、丹阳、苏州、扬州、厦门诸分卷。

[3] 张舜徽著《说文解字约注》卷二十六，中州书画社，1983年。

[4] 罗小未等《外国建筑历史图说》(古代—十八世纪)第16页，同济大学出版社，1986年。

[5] 陈志华著《外国建筑史》(十九世纪末叶以前)第17页，中国建筑工业出版社，1979年。

[6] 常青著《西域文明与华夏建筑的变迁》第15页，湖南教育出版社，1992年。

[7] (俄)b·T·加富罗夫：《中亚塔吉克史》第16页，肖之兴译，中国社会科学出版社，1985年。

[8] Mario Bussagli《ORIENTAL ARCHITECTURE》, N. Y. 1973, P.284.

殿、住宅，在土坯的墙体上贴粘大理石或琉璃，土坯建筑的砌作技术更为精致。公元前4世纪初，马其顿王亚历山大东征至兴都库什山北，使帕提亚波斯和巴克特里亚(今阿富汗北部)均成为希腊殖民地，不仅使伊朗建筑从此蒙上了一层希腊文化色彩，而且使印度深受希腊、伊朗意匠的影响，并和犍陀罗(克什米尔)建筑技艺混合，旋即蔓延到中亚大部分地区，波及帕米尔高原另一侧的塔里木盆地南缘，中国新疆和田地区从公元前2世纪起也受到含有伊朗风格的犍陀罗建筑文化影响。

中亚最主要的建筑材料是黏土，因为中亚绿洲大部分地区都缺乏大尺度木材，石料也质地松脆，只有属沙质黏土类的土壤坚实，所以生土建筑是与当地自然生态融为一体的，黏土在突厥语中称"巴尔西"(balciq)，生土构筑的城廓"八里"(baliq)与之似有词源关系[6]。中亚"生土"建筑即中原内地所说的"夯土"版筑土作建筑之一，但中亚的生土建筑中以土坯砌置最为典型，中亚土库曼斯坦南部的哲通农耕文化遗址则显示，土坯建筑在公元前7000—前6000年已经产生，而阿什哈巴德的安诺一号文化遗址的泥砖坯使用可能还要早些[7]。我们不知道这种判断是否可靠准确，也不知道是否与伊朗史前文化有亲缘关系。据说史前的中亚已有土坯砌的拱顶建筑，在中亚南部公元前2世纪的康居(Kirgiz)—粟特古城文化中心占巴斯—卡拉(Dzanbas—kala)遗址，发现一种被称作"墙居"的建筑(1nhabited Walls)，整片的生土厚墙，以土坯或夯土构成，外观如堡垒状，围合成一个个矩形院落，墙内辟以土坯拱顶的建筑空间。公元前3000—前2000年，南土库曼尼亚的阿纳乌Ⅲ号文化遗址亦发现有用土坯拱顶的痕迹[8]。

在中亚，以土坯砌筑墙垣和拱顶非常普遍而且年代也最早，似乎明确告诉人们，散布于中亚西域的古代绿洲聚落文化中的土坯建筑起源要比黄河流域汉文化中的土坯使用更早。

如果我们把建筑史的眼光放远些，就可窥判到从埃及、两河流域、伊朗到中亚或史书上称谓的"西域"，远古的土坯建筑留下了充分的遗迹，无论是住宅还是宫殿，散居还是古城，都说明了土坯的使用、砌筑，远远超出了现代人们的想象。

（二）

中国古代建筑中"土作"占有重要地位，大规模的建筑活动就称为"大兴土木"。就地取材的筑基、筑台、筑墙、制土坯等土方工程在土木结构的建筑中起着关键作用，尤其在黄河中上游湿陷性黄土地区，建房筑屋都必须夯实地基，既消除湿陷性又加固稳定性。早在四千多年前新石器时代晚期的龙山文化已掌握夯工技术，出现夯土建造的台基、墙壁。自商至唐，重要建筑包括宫殿在内都用夯土做台基和墙壁，直到清代大型建筑官式做法处理地基仍用夯土[9]。然而，古代官修营造的典籍中夯土作业记载很少，宋《营造法式》把土方工程归入"壕寨"，认为不是技术工程，故不称"作"。只在卷三"筑基"条中略有夯筑打杵的记载。至于制土坯的方法就更是史阙无书了。只有在《天工开物》中才有"辨土色"、"成坯形"的造砖记载。

与埃及、西亚和中亚古代建筑中大量使用土坯相比，中国制作土坯较晚，而且不太广泛。一般认为最早的土坯墙见于商末周初[10]，也有人认为出现于商周以前[11]。陕西临潼康家龙山文化遗址和湖北、河南龙山文化遗址中都发现过土坯用于建造房屋墙壁的现象。陕西岐山凤雏村西周宫室遗址中台基、散水等皆以三合土抹平，边缘和踏步则用土坯砌筑，并出现铺地用的条砖和方砖[12]。但我认为商周时期土坯制作和使用不会普遍，顶多是宫室建筑中偶有出现，因为商周使用最常见的是版筑墙，保存最好的实例为河北藁城商中期遗址和周原甲组遗址，《诗经·大雅·绵》描写周原版筑施工曰："其绳则直，缩版以载，作庙翼翼。"忠实地记录了版筑工艺过程。《考工记》中所说的"墙厚三尺，崇三之"；也是指一般的版筑墙工艺原则。因为版筑填土夯移要比土坯脱模晒干后叠加快得多，而且土层结合粘连更紧密，故夯土版筑沿用甚久，一直到现代西北地区农村盖房仍然使用。从陕西扶风

[9] 单士元《夯土技术浅谈》，《科技史文集》第7辑，上海科学技术出版社，1981年。

[10] 北京文物研究所编《中国古代建筑辞典》第41页，中国书店，1992年。

[11] 《中国大百科全书》(建筑·园林·城市规划分册)第440页，傅熹年《土作》中国大百科全书出版社，1988年。

[12] 《陕西岐山凤雏村西周建筑基址发掘简报》，《文物》1979年第10期。

甘肃汉代军粮城

[13] 徐卫民、呼林贵著《秦建筑文化》第196页，陕西人民教育出版社，1994年。

河西走廊汉长城

召陈村西周一号宫殿1号室西墙来看，往往是夯土台基不平整时，才用土坯加以补砌。

"坯"字出现最早大概是《礼记·月令》："孟秋之月坏垣墙。"使用土坯能比版筑夯土提供更大的建造方便，密实标准也比夯土层高，墙体平面的光洁、平整、稳固等要求相应可以得到保证。但土坯与版筑一样存在着抗压性能小，防水防潮性能差，砌体占用面积大等弊端。于是从西周中期开始烧制的条砖、方砖、空心砖等，到春秋战国时已有了较大的发展，其中秦国的素面条砖、花纹空心砖等在考古发现中数量较大，这不仅与秦的烧陶技术提高紧密相关，而且与秦建材标准化推行有关，陕西凤翔雍城秦宗庙遗址、咸阳秦宫遗址、秦始皇陵区和兵马俑坑都有很好的实物例证[13]。不过，一般民间建筑不可能使用大量的砖瓦，还是"茅茨土阶"，夯土版筑，很少用砖瓦或土坯建筑。

汉代是中国砖石建筑一个重要的发展时期，学术界一般认为中国古代以木构建筑为主体，砖石建筑不发达，但西汉中叶以后，砖券墓室建筑突然大量的出现，不仅大量采用砖石，还大量使用土坯，这一时期土坯砌墙技术日趋成熟，有顺砌、丁砌和侧砌以及三者结合的各种砌法，各土坯层间均错缝，并出现了侧砌空斗墙。汉代土坯墙垒砌首先见于关中长安和河南洛阳一带，旋即风靡了黄河、长江流域主要地区，不仅在墓室中而且在地面建筑中

均有土坯的大量使用。汉代工匠制作的土坯有两种：一为用湿草泥脱模晒干成坯；另一种用湿土在坯模中夯筑而成；这两种土坯都叫作"墼"或"土墼"，东汉许慎撰《说文解字》说："墼，瓴适也，一曰未烧也；从土，毄声。"[14]这个"墼"字是形声字，即"土"上加"毄"，而"毄"按《周礼·考工记·庐人》和《说文解字》解释为击打之意，相互击中也。由于大量的形声字出现于两汉时期，所以以"墼"作为砖坯，应该出现较晚，在居延汉简和敦煌汉简中都出现有"墼"字[15]，并有"治墼""作墼"劳动的记载，《居延汉简甲篇》1066还记录"墼广八寸，厚六寸，长尺八寸。一枚用土八斗，水二斗二升"。根据这一尺寸，可知墼大小和今天大泥砖相近。《后汉书》卷七十七《周纡传》："(周)纡廉洁无资，常筑墼以自给。"

从汉到唐，夯土和土坯都是主要的砌墙方式，直到宋代，宫殿寺庙的墙壁仍是在砖砌墙裙以上砌土坯筑成的，只是有的加木骨而已。所以，土坯即"土墼"的俗称也一直流传下来。

（三）

如果说"土墼"的称呼在汉代，那么"胡墼"的叫法更其后。

从建筑史学上看，多个民族、国家和地区的建筑往往会兼收并蓄、相互影响，中国古代建筑体系虽以木构为主体，但通过丝绸之路与西域或中亚的建筑进行交流也是不可忽略的史实。远在汉代以前，中亚的骑马游牧民族如塞人、匈奴人等就穿梭于东西方之间，1980年在陕西扶风召陈的

[14] 《说文解字》第287页，中华书局，1963年。

[15] 陈建贡、徐敏编《简牍帛书字典》第185页，上海书画出版社，1991年。

龟兹苏巴什佛寺遗址

[16] 尹盛平《西周蚌雕人头像种族探索》，《文物》1986年第1期。

[17] 刘敦桢主编《中国古代建筑史》第87页，中国建筑工业出版社，1984年。

[18] 常青著《中华文化通志·建筑志》第308页，上海人民出版社，1998年。

[19] 见中亚捷尔别任蓄水厅公元前1世纪的土坯实物和新疆克孜尔17窟3世纪的土坯。由于建筑用途的不同，土坯也有不同。如楼兰古城官署遗址出土的土坯，一种为42×23×10厘米，一种为17×27×10厘米。见侯灿《楼兰古城调查与试掘简报》，《文物》1988年第3期。而高昌的土坯为30×20×15厘米，在胜金口和伯孜克里克则为36×22×15厘米；见[法]莫尼克·玛雅尔著、耿升译《古代高昌王国物质文明史》第74页，中华书局，1995年。

西周宫殿基址中就发掘出两件蚌雕的塞人(Saka)人头像，高鼻深目，窄面薄唇，头戴坚硬高帽，被称为开拓东西方通道的先行者[16]。汉通西域后，中国建筑最显著的变化就是房屋空间增高加宽，斗拱承托檐枋明显变大，原来汉人的跪席踞筵变为胡人的垂足而坐，据《后汉书·五行志》记载："灵帝好胡服、胡帐、胡床、胡坐……东都贵戚皆竞为之。"不仅皇家宫殿以罽宾氍毹(中亚地毯)铺地，而且贵族住宅中胡床(折叠交椅)开始使用。西域高坐具输入对中原建筑整体尺度升高起了很大促进作用[17]。

汉至唐，由于西域与中国的交流越来越密切，就像《洛阳伽蓝记》说的："自葱岭以西，至于大秦，百国千城，莫不款附，商胡贩客，日奔塞下。"因此，中国人对西方、中亚建筑亦知之甚多，如《汉书·大秦国传》："其城周回百余里，屋宇皆以珊瑚为梲棁，琉璃为墙壁，水精为柱础。"《晋书·外国传》："大秦国屋宇，皆以琉璃为墙壁。"这一描述很像东罗马、西亚领地的建筑特征。而中亚土木混合结构的平顶建筑也为汉籍记载，《梁书·高昌传》云其："架木为屋，土复其上"；即是指典型的西域房屋。《洛阳伽蓝记》卷五记载和田末城："城市花果似洛阳，唯土屋平顶为异耳。"《北史·西域传》记载安国(Bukhara)"都(城)在那密水南，城有五重，环以流水，宫殿皆平头"。玄奘《大唐西域记》卷十一称中亚帕提亚地区"无学艺，多工伎，凡诸造作，邻境所重"。并在卷三称与西域交界的北印度"城多叠砖，暨诸墙壁或编竹木，室宇台观，板屋平头"。中亚这些平屋顶建筑主要以日光晒成的土坯进行砌筑。《新唐书·西域传下》记载中亚何国即康居小王附墨城故地，这座泽拉夫善河流域的古城"城左有重楼，北绘中华古帝、东突厥、婆罗门、西波斯、拂菻诸王"。从一个侧面说明西域——中亚与东西方建筑文化的边缘性质。即便是拂菻(拜占庭)，也知其"重石为都城，广八十里，东门高二十丈，釦以黄金。王宫有三袭门，皆饰异宝。中门中有金巨称一，作金人立，其端属十二丸，率时改一丸落。以瑟瑟为殿柱，水精、琉璃为棁，香木梁，黄金为地，象方阖"。虽然史书没有对土坯制作的具体描述，但从中亚、新疆现存古遗址交河故城、楼兰古城中都明显可看出土坯的重要作用。

常青认为："西汉中叶以后出现的砖石拱顶建筑，很可能受到西亚和中亚系砖石拱顶建筑的影响，循此尚可溯及我国砖石建筑演化与丝路交通背景关系的轨迹，从而可以大略看到，中国古代建筑史上还存在一条若明若暗的中外砖石建筑关系的发展线。"[18]这种分析我认为很有见地，尽管史书上从没有记载西域土坯制作方法的传入，也没有记载"土墼"和"胡墼"的区别，但从考古与文物实例上仍可看出典型的差别：

中亚土坯常见尺寸为50.8×25.4×12.4厘米，比值接近4:2:1[19]。

汉地土坯常见尺寸为33.5×14.5×9.5厘米，比值接近2:1:0.6[20]。

根据这个长宽厚之比可知，两者大小规模不一样，汉地的"土墼"较小，中亚的"胡墼"较大，而且秦汉时期还有37×14×6厘米和28×14×7厘米等规格的土坯。这说明"胡墼"大于"土墼"。

随着汉到唐与西域、中亚的频繁交流，"胡化"的强烈影响也相应扩大，外域包括土坯建筑材料的制作也传入内地，驻守西域的汉人戍卒或胡族移民都有可能将中亚的土坯技术带进中原，中原工匠模仿西域制作大土坯，为了区别内地的"土墼"，建筑土材名称"胡墼"自然而然地产生了。可以说，"胡墼"的叫法发生有着丝绸之路的背景，既是中外建筑文化交流的产物，也是汉人接受胡人文化的产物。

那么，"墼"或"胡墼"的汉语渊源是否与外来语有着对音或转音的关系呢?这几乎是一种无法考清的古史疑案，但我们似乎还能找到一点显露的语言痕迹，例如通行于公元3至9世纪的中古波斯语钵罗钵语(Pahlavi)，称似砖的土坯为xist，其发音与"墼"似有联系，比较接近[21]。阿拉伯文"土墼"称为girmid(基勒米德)，前两个字母发音接近"墼"[22]。当然，也可能有意象上的关联，带一点"胡音"、显露一点"胡风"、散发一点"胡气"。就像经西域丝路传入的交椅被称作"胡床"[23]，多层浮图里的楼梯被称作"胡梯"，木骨涂泥的生土穹隆被叫作"胡屋"，以毡为墙的穹庐帐篷被称为"胡帐"，在长安酒肆里的西域女子被称呼为"胡姬"，以及"胡笳""胡琴""胡马""胡服""胡帽""胡伎""胡靴""胡妆""胡旋舞""胡琵琶"等等。在汉唐时代中西文化交流中，中原内地积极吸收外来文明又加以改造的情况下，"胡墼"这一建筑材料名词的出现，虽不见于正史记载，但一定有西域建筑的根据。直至今天，"胡墼"这一名词和建筑方法仍在北方一些地区使用[24]，说明其影响确实深远。

建筑是一个时代观念与习俗的载体，并以汉语方言的形式表达出来，"胡墼"就是一个外来建筑象征含义的保留语言，也是历史遗产的语言化石。然而，胡墼的来源由于被漫长岁月及功用技术等物质因素所掩盖，人们只知其名而不知其源，从而也使其中所反映的异域文化交流痕迹变得脉络不清。本文从埃及、西亚、伊朗、中亚到汉唐中国的渊源顺序追溯，就是期望提供一个解析的对照坐标，还其语源失载的真正意义，从胡墼、土墼这类群星万点的语言始末中看到一条中外交流的银河。

[20] 见陕西扶风召陈西周宫廷遗址中公元前8世纪的土坯和秦咸阳宫殿遗址公元前3世纪的土坯。

[21] 此发音承蒙中山大学林悟殊先生指点，见(A CONCISE PAHLAV DICIONARY)《简明中古波斯语词典》第105页，London Oxford Universit Press，1971。

[22] 阿拉伯语中对土坯或土墼有五种词汇发音，其转写即Labin(音莱宾)、Libin(音利宾)、Lobn(音本)、Dub nai(音扯伯乃)、girmid(音基勒来德)。本承蒙西北大学中东研究所郭宝华先生指点。

[23] 明王圻《三才图会》记载有西域胡式家具制作匠"景师"的名字，此人是否景教徒或传教士，有待进一步考证。

[24] 有人依据《广雅·释诂一》："胡，大也"；解释"胡墼"即比未烧砖坯体积大者。似不能确切解释这一名词的真正原义。见景尔强著《关中方言词语汇释》第130页，陕西人民出版社，2000年。

原载《寻根》2000年第5期。

228

唐华清宫沐浴汤池建筑考述

　　唐人对沐浴净身特别重视，认为这不仅是荡涤污垢、洗心革面的精神升华，也是舒筋松骨、活血畅脉的物质享受，既生清净之心，又去昏沉之业。所以，不仅皇家贵族在有温泉的华清宫大兴沐浴建筑，各地也纷纷效仿注重温泉洗浴。北宋初翰林学士钱易著《南部新书》记载唐朝"海内温汤甚众，有新丰骊山汤，蓝田石门汤，岐州凤泉汤，同州北山汤，河南陆浑汤，汝州广成汤，兖州乾封汤，荆州沙河汤，此等诸汤，皆知名之汤也，并能愈疾"。其中闻名古今的是骊山华清宫温泉。

（一）

　　骊山是秦岭山脉折向东北方位而又向西延伸的一个支脉，西距唐长安城30公里，风景优美，形似骊马，自西周幽王建骊宫后，三千年来一直被誉为

华清宫图

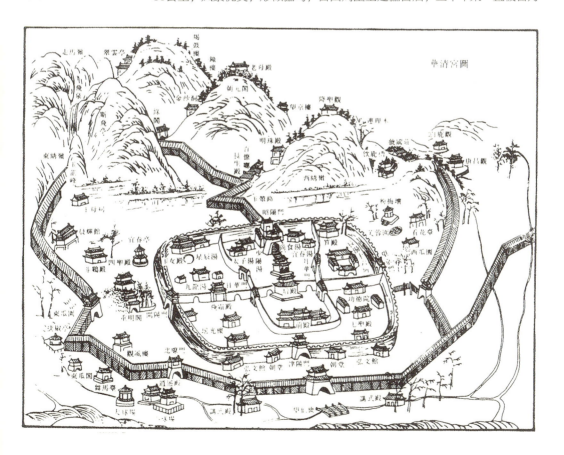

名山胜地。骊山脚下的温泉，常年水温43℃，含有碳酸锰、硫酸钙、氯化钠、二氧化硅等矿物质和有机物，沐浴后对风湿症、关节炎、皮肤病等疗效显著，故有"自然之验方，天地之元医"的美称。秦皇、汉武都在这里砌石起宇、修宫筑馆，建有"骊山汤"、"神女汤"，其房屋檩条、五角形水道、板瓦方砖等建筑材料均已发掘出土。唐人张籍有《华清宫》诗追述："温泉流入汉离宫，宫树行行浴殿空。武帝时人今欲尽，青山空闭御墙中。"

唐太宗贞观十八年 (644年)，诏令著名建筑家阎立德在骊山主持修建汤泉宫，高宗咸亨二年(671年)改名温泉宫，玄宗天宝六载 (747年)又命名为华清宫，据《魏都赋》取其"温泉毖涌而自浪，华清荡邪而难老"之意。唐玄宗对骊山多次扩建，从开元十一年 (723年)到天宝八载[1]，疏岩剔薮，造殿盖楼，修筑了新的池台亭阁、王公宅第、百官衙署和会昌城，其规模"大抵宫殿包括一山，而缭墙周遍其外"，"治汤井为池，环山列宫室"[2]。范围包括今天的大半个临潼县城和东西绣岭。

据史书记载，隋文帝、唐高祖、唐太宗、唐高宗、唐中宗等都来过骊山温泉，但只有唐玄宗几乎每年十月都带着嫔妃、贵戚与群臣到华清宫"避寒"。从开元二年到天宝十四载的41年间，先后到华清宫36次，有时第二年三月才返回长安城中。"十月一日天子来，青绳御路无尘埃"；"千官扈从骊山北，万国来朝渭水东"。唐玄宗有时在这里接受元旦、冬至的朝贺，有时在这里庆元宵、避夏暑、度七夕，因此，华清宫不仅成为皇帝游赏居住的"离宫"，而且也是处理朝政、进行政治活动的"正殿"，事实上已是一个临时国都。

鳞次栉比、气势壮观的华清宫，是一座平面呈南北长方形的宫城，南枕骊山北临渭水，恰到好处地利用了骊峰山势和山前自然形成的扇形地带。宫中建筑采用对称布局，以津阳门、前殿、后殿、昭阳门排列中轴线，东西两侧有飞霜殿、玉女殿、七圣殿、笋殿、瑶光楼等，并与山上的长生殿、朝元殿等遥相争辉，"高高骊山上有宫，朱楼紫殿三四重"(白居易《骊宫高》)。其中最重要的建筑便是沐浴"汤池"。

御汤一又称九龙汤或莲花汤，是为唐玄宗特意修建的。《贾氏谈录》记载："汤池凡一十八所。第一是御汤，周环数丈，悉砌以白石，莹彻如玉，面阶隐起鱼龙花鸟之状，四面石坐阶级而下，中有双白石莲，泉眼自瓮石口中涌出，喷注白石莲上。"《明皇杂录》卷下记载："安禄山于范阳以白玉石为鱼龙凫雁，仍为石梁及石莲花以献，雕镌巧妙，殆非人工。上大悦，命陈于汤中，又以石梁横亘汤上，而莲花才出于水际。上因幸华清宫，至其所，解衣将入，而鱼龙凫雁皆若奋鳞举翼，状欲飞动。上甚恐，遽命撤去，其莲花至今犹存。"

海棠汤一又名芙蓉汤，是专为杨贵妃石砌的浴池。《南部新书》巳部记载："御汤西北角，则妃子汤，面稍狭。汤侧红白石盆四，所刻作菡萏之状，陷于白石面。"白居易《长恨歌》中"春寒赐浴华清池，温泉水滑洗凝脂；侍儿扶起娇无力，始是新承恩泽时"，大概即指此汤池。

长汤—是供其他嫔妃沐浴的汤池。《明皇杂录》说："又尝于宫中置长汤屋数十间，环回甃以文石，为银镂漆船及白香木船置于其中，至于楫橹，皆饰以珠玉。又于汤中垒瑟瑟及沉香为山，以状瀛洲、方丈。"据史书记载，长汤为十六所，每一所皆有暗渠互相通水，汤深池广，规模极大。"暖山度腊东风微，宫娃赐浴长汤池。刻成玉莲喷香液，漱回烟浪深透迤。"(郑嵎《津阳门》)"暖殿流汤数十间，玉渠香细浪回还。上皇初解云衣浴，珠擢时敲琴瑟山。"(陆龟蒙《温泉》)

华清宫中区还有太子汤、少阳汤、尚食汤、宜春汤；东区有星辰汤，瑶光楼南有小汤，开阳门外有杨氏兄妹五家相连的汤沐馆。故址不可考的有香汤、阿保鸟汤等。"宫前内里汤各别，每个白玉芙蓉开；朝元阁向山上起，城绕青山龙暖水。"(王建《温泉宫行》)由于沐浴建筑分散于华清宫内外，所以地下管道曲折复杂，"余汤逦迤相属而下，凿石作暗渠走水。西北数十步，复立一石表，水自石表涌出，灌注一石盆中，此亦后置也"[3]。目前在华清宫外断崖上发现几处沐浴建筑用的排水管道，因方向不一、长度不明、沿山而埋等原因，还不知其通往何处沐浴建筑遗址。

安史之乱后，华清宫红消香残，逐渐颓毁，除叛兵军阀破坏外，百姓不断将石材砖瓦拆走，唐代宗时宦官鱼朝恩又上表请拆观风楼等楼榭台阁。尽管唐穆宗、唐敬宗等还到华清宫游幸过，但破损严重已不再修复。北宋初，"汤所馆殿，鞠为茂草"。

历史文献对唐华清宫部分沐浴"汤池"的记载，只为我们提供了进一步研究的线索，由于唐代宫殿地面建筑全不存在，只能寄希望于地下浴池遗迹。

（二）

1967年在临潼县城南什字西北角发现一处用石灰石板砌成方形的唐代浴池，1975年又在此地发现唐代砖瓦堆积，但都因文化大革命无人过问而埋压于新楼房下。同时，在华清宫范围内出土了许多各式莲纹柱础、梅花板砖、龙纹瓦当、三彩龙首喷口等[4]。

1982年在今华清池温泉总源北部，考古学者发现了唐华清宫部分汤池遗址，清理出一处长方形的汤池，东西长约17.8米，南北宽约4.95米，面积约88平方米。除去池壁，实际使用面积约为70平方米。汤池四壁凸凹不平、逶迤曲折，有人推测可能是为了模仿自然界的山川河流有意雕凿的。池底由光滑规整约15厘米厚的青石板铺成，接缝紧密，并在青石板下平铺两层条砖，以防渗水。整个池底呈缓坡以利于排水，池东南角有进水道，西北角为排水道，还有三个闸门调节控制[5]。

在这座汤池殿基上发现了柱石、西墙和台阶，柱石间距3.25米，素面方形。而在汤池大殿西北又发掘另一座殿宇，东西长9.3米，南北宽8.5米，面阔三间，进深二间，保存基本完整，墙壁留有白灰墙皮，表面涂有红色染料，现存柱石10个，可以想象其红柱挺立、斗拱飞椽的建筑形象。遗憾的是，这座汤池具体名称至今不明。1983年至1986年，考古研究者又对唐华清宫汤池遗址进行了第二次发掘，清理面积约4200平方米，发现了砖砌水道、陶质水道200多米，石墙324米，枋木18米多，蛇形水源通道18米，以及水井、开元通宝钱币、莲花纹瓦当、方砖等，建筑材料与唐长安城大明宫麟德殿遗址和华清池第一期发掘出土的遗物同，证明确为唐代沐浴建筑遗存[6]。

最重要的收获是出土汤池遗迹七处，各汤池供排水系统设计合理，自成体系，互不干扰，并回避地面建筑物，充分利用了建筑物以外的空间地带。但汤池设计总布局并不十分和谐，究其原因，主要是唐华清宫不是一次性规划修建，而是在前代建造的基础上不断修葺扩建而成的，所以在错落交融中，有的位置显得有些拥挤，苦心于迂回不尽的重叠连接。

经考证推测，有四处可能为皇帝、贵妃、太子、达官权贵所使用过的汤池建筑遗迹。

唐玄宗莲花汤 (御汤)：遗迹保存基本完好，为上下两层台式，上层台深0.8米、东西长约10.6米、南北正中宽6米，平面呈对称的莲花形状。下层台深0.7米、宽0.2—0.4米，平面呈较规整的八边形。池壁分为内外两层，内层砌石，外层用砖。池北壁正中有4层石台阶提供上下通道。池底用青石板平铺，靠近南壁处有2个直径15厘米的圆形进水孔，西北角有双出水口，整个汤池以青石砌成，因延用时间长，后期修补痕迹至今犹存，池底石板被磨损2—3厘米，说明曾被长期使用。这座汤池殿基坐南面北，残存9个柱石和铺石地面，东西长约18.75米、南北宽约14.75米，面积约276平方米，殿宇宽阔，汤池设计奇巧，制作脱俗，规模宏大，非一般人可用。(图一)

杨贵妃芙蓉汤 (海棠汤)：汤池用青石砌成两层台式，海棠花形状。从上向下第一层深0.72、东西长约3.6、南北宽约2.9米；第二层深0.55、东西长约3.1、南北宽约2.1米。汤池两端各有4层台阶，池底平铺青石板，正中有一直径10厘米的圆形进水口，与石板下陶水管连接。池底因使用时间较长有磨损。此殿基平面长方形，东西长11.7、南北宽9.65米，面积约113平方米，地面铺有青石板，北墙基上刻一楷书的"杨"字。整个汤池小巧玲珑，设计

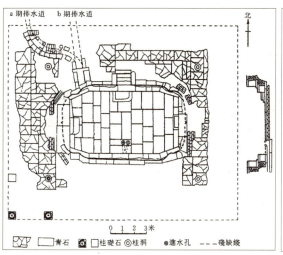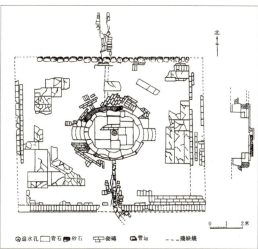

独具匠心，平面形状又似海棠花，故推测为杨贵妃的海棠汤。(图二)

太子汤：位于今华清池温泉水源北偏西约45米处，平面呈长方形，东西长5.2、南北宽2.77、残深约1.2米。汤池四壁及池底遭到不同程度的破坏，青石板大多不存，但结构也是上下两层，陶质圆形进水道与青石砌筑排水道均存。(图三)

尚食汤：距太子汤西南30多米，呈东西长方形，西半部被一石墙隔开。东西两部分也均为两层台式，池壁由青石砌成，池底用青石板平铺，东面、南面和北面均有石阶，可从三处下水沐浴。(图四)

由于华清宫大部分遗址被后代改建或叠压，考古发掘仅占其中一部分，对这些汤池沐浴建筑是否就是唐玄宗、杨贵妃等人使用过的，现在还有疑义争论。

我认为目前发掘出土的唐华清宫沐浴汤池建筑遗迹，与历史文献所叙述的内容并不完全吻合，例如莲花汤 (御汤) "莹彻如玉" 的白石与出土的青石不一致，原记载白玉石面雕刻的鱼龙花鸟形状也无印痕显露，海棠汤 (妃子汤)镶嵌在白石面上的四个红白石盆也没发现，百官用的尚食汤不可能距离御汤、贵妃池那么近，现推测的御汤面积也不可能供皇帝划舟戏玩，因史书说御汤中央有玉莲汤泉涌以成池，"又缝锦绣为凫雁于水中，帝与贵妃施钑镂小舟戏玩于间"。特别是御汤 "以石梁横亘汤上"，明其建筑可能使用大拱顶，而不是单纯木构架，也有可能石梁是一种横架在汤池上的飞梁，现在复原新盖的御汤房屋没有考虑石梁结构，这是不对的[7]。刻有 "杨" 字的基石极可能是工匠姓名，而不能证明是为杨玉环修建的汤池。

但历史文献记载也不一定准确，特别是唐宋笔记丛刊往往是道听途说，来源不详。例如《杨太真外传》卷下记载："华清有端正楼，即贵妃梳洗之所；有莲花汤，即贵妃澡沐之室。"莲花汤究竟是御汤还是贵妃汤就各执一

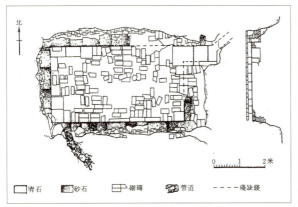

北

0 1 2米

☐ 青石 ▨ 砂石 ⊟ 砌砖 ⬚ 管道 ----- 残缺线

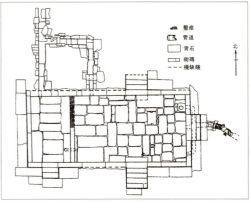

▬ 整痕
⬚ 管道
☐ 青砖
◫ 御砖
----- 残缺线

北

左图：太子汤
右图：尚食汤

词，与其他史料矛盾。北宋宋敏求《长安志》卷十五中记载"御汤九龙殿，亦名莲花汤"；而在元代李好文编绘的《唐骊山宫图》中又将九龙汤与莲花汤标志分为两座汤池。现在考古挖掘御汤西北为贵妃汤，北宋王谠《唐语林》又说是御汤西南即妃子汤，所以极有可能都是错误的。因为华清宫为历史上著名风景胜地，自唐宋迄今屡有翻修复建，汤池遗址多次被搬动扰乱，清乾隆《临潼县志》："(海棠汤)在莲花汤西，沉埋已久，人无知者，近修筑始出，石砌如海棠花，俗呼为杨妃赐浴汤。"因此，沐浴建筑遗址改变也是可以理解的。比如，《南部新书》记载御汤"中有双白石瓮，腹异口，瓮中涌出，喷注白莲之上"。而这次发现的莲花汤池中恰好就有两个进水圆孔，似乎印证了史实，但《长安志》卷十五"玉女殿"条记载："星辰汤南有玉女殿，北有虚阁，阁下即汤泉，二玉石瓮汤所出也。"虚阁(今名夕佳楼)温泉源也是两个进水孔，所以有待进一步考证研究。不过，现发掘的这些沐浴建筑遗址是"供奉"唐皇家所用，应该是毫无疑问的。

1995年，考古研究者又在唐华清宫梨园遗址进行了发掘，清理面积918平方米，发现一组院落式建筑遗址和一座汤池遗迹。整个遗址平面呈"工"字形，由东西院落、南北廊房联结组成，其中主体殿基面积约454平方米，南北长27.2米，东西宽16.7米。位于东院南部的汤池呈东西长方形，二层台式，上层深0.8米，东西长5.64米，南北宽3.58米；下层深0.6米，东西长4.46米，南北宽2.58米。东南角有进水口，北壁池底中部有排水孔，西池壁上层台中部有四级台阶。汤池全用打磨规整、光滑细腻的青石砌做，做工精良，技艺精湛。这处汤池遗址的名称也不明，目前正在考证。有人推测是靠近梨园的小汤。

（三）

在中国历代王朝中，唯独唐朝沐浴建筑非常兴盛，其他前朝后代很少发现这类遗址，因而唐华清宫汤池沐浴建筑就显得异常珍贵。

234

那么唐人为甚么热衷于沐浴呢？沐浴建筑为什么是莲花造型和海棠花造型呢？我认为：

其一，受佛教传播影响。

魏晋南北朝以来，无论是寺院还是世俗杜会，都在每年四月初八佛诞节时进行"浴佛"活动。这种为释迦牟尼佛像沐浴原是印度寺院的习俗，佛教经典中说，悉达多太子(释迦牟尼)出生时，难陀和伏波难陀龙王口吐清水为他沐浴身体。后来浴佛相沿成习，《大正藏》中有多篇浴佛或沐浴的经卷。唐僧义净《南海寄归内法传》记载了673—685年印度寺院用麝香水沐佛和僧人们浴洗的情况，认为沐浴是超出人间无尽烦恼的吉祥之水。书中卷三"洗浴随时"条说："(西国)人多洗沐，体尚清净。每于日日之中，不洗不食。又复所在之处，极饶池水，时人皆以穿池为福。若行一驿，则望见三二十所。或宽一亩五亩，于其四边种多罗树，高四五十尺。池乃皆承雨水，湛若清江。八制底处，皆有世尊洗浴之池。其水清美，异于馀者。那烂陀寺有十余所大池。每至晨时，寺鸣揵稚，令僧徒洗浴。人皆自持浴裙，或千或百，俱出寺外，散向诸池，各为澡浴。""世尊教为浴室，或作露地砖池，或作去病药汤，或令油遍涂体。""明目去风，深为利益。"[8]《大智度论》卷三描绘中国高僧巡礼的摩揭陀国旧王舍城(现印度比哈尔邦巴特那以北的拉杰吉尔)："种种林木，华果茂盛；温泉凉池，皆悉清净"。当时印度每一个寺院里都有浴室建筑，有的伽兰僧寺庭院中还有一列大柱子游廊构成的大浴池，颇有古希腊、古罗马建筑风格[9]。直到今天，印度人仍有每年节日到恒河或到贝拿勒斯(瓦纳拉昔)、阿拉哈巴德等圣城沐浴的习俗。

印度佛寺沐浴习俗传入中国后被汉僧们普遍接受，长安"城中诸寺有浴"[10]。有水源的寺院建浴池，水源少的寺院设置众多的浴佛盘、盆，每个僧人负责沐浴一尊佛像，然后将浴佛香水淋在自己头上或身上，香水都是用牛头旃檀、紫檀、多摩罗香、沉香、麝香、丁香等名贵香料配制成的。敦煌文书P.3103号《浴佛节作斋事祷文》，记载"爰当浴佛佳辰，洗僧良节"[11]。P.3230号《金光明最胜王经》卷七弁才天女品，言及为清除不幸，以香汤沐浴清净身体是人生的追求。因此，唐代沙州僧团的宗教生活中广泛使用香汤沐浴，并成为敦煌士庶生活中追寻的对象[12]。但由于香料多从印度、西亚等外域输入，价格昂贵，一般僧侣和士民很难享受到"香汤沐浴"，只有长安的皇家贵族和达官贵人才能大量使用，这就为我们解开唐华清宫沐浴建筑中有"香汤"之称，提供了研究线索。

其二，受道教方士影响。

魏晋以后，道家作为中国本土宗教文化，产生着广泛的影响。唐代道教不仅始终得到皇家扶植和崇拜，宫观和信徒遍布全国，而且道家炼养术等得到空前发展。人们迷信神仙，企求长生，炼飞丹、吃仙药之风盛行，特别是金丹道教讲究炉鼎丹药、服食导引、羽化飞升、长生久视等途径，非常符合帝王与达官贵人修身养性、纵情享乐之所欲，满足了他们贪寿、好色、宝身等奇异刺激，具有极大的吸引力。但长生之药或仙丹合药是由紫石英、赤石脂、石硫磺、钟乳石等多种矿物质掺杂以人参、白术、桔梗、防风、桂心、干姜等合成，吃后心闷体痒、浑身发热、皮肤易破，急需散发和渲泻药力，所以沐浴与饮水成为服药者散热降温、调养身心的重要手段，甚至一定要及时沐浴，促使身心和畅，否则热力积郁，会带来严重的后遗症。那些道家术士也极力鼓吹修建沐浴建筑，以此作为清热解毒的奇效和散发金丹药力的救命灵符。

道教《沐浴身心经》认为沐浴不仅洗净身体，还能净洁内心，"沐浴内净者，虚心无垢，外净者，身垢尽除"。经常进行沐浴以清除心与身之污垢，就能够"证人无为，进品圣阶，诸天纪善"，进而得道成仙。为此，道经中讲究要用五种香汤沐浴，即在洗浴热水中加五种香料：白芷、桃皮、栢叶、零陵、青木香，既可避邪气、降真仙，又可集灵圣、心聪慧，并定出一些具有特殊长寿功效的吉日良辰进行沐浴，以求添益身体，入道为仙。

唐代皇帝醉心长生延年之药者甚多，尤其是唐玄宗信道慕仙、钟爱方术，司马承桢、吴筠、胡紫阳、邓紫阳等一大批道士出入宫廷，他自己服食药饵，还遍赐大臣，终生焚香顶礼"服药物"、"为金罍，煮炼石英"[13]。据巢元方《诸病源候论》和许孝崇《医心方》等书讲，散发丹药热力需用冷水洗浴冲激，但也容易失宜导致逆冷短气，引发多种病症，轻者痼疾终身，重者命归阴府，这对皇帝、贵族来说当然不合适了，而水声潺潺的温泉沐浴则是最好的渠道。这可能也是唐玄宗"新广汤池、制作宏丽"的奥秘所在，

杨鸿勋绘唐临潼华清宫遗址九龙汤复原透视图

直到他临死前还"即令具汤沐"。

其三，受外域风俗影响。

南北朝以来的民族交融在唐代继续发展，南亚、中亚、西亚以及东罗马(拜占庭)和阿拉伯帝国的"胡人"大量进入或侨居长安，他们带来了异域的文化生活，其中大概也包括有"君臣同沐"、"男女同浴"、"浴池论事"等生活风俗，许多外域贵族往往把在大浴池里"沐浴"当作悠闲生活不可缺少的一环，皇帝"赐浴"让群臣同乐也成为一种笼络上下级关系的手段。唐华清宫里的"尚食汤"，就是专门为百官群臣修建使用的。天宝九载，唐玄宗不仅在华清温泉为安禄山造宅，而且特命安禄山"至温泉赐浴"[14]。杨贵妃为安禄山生日"作三日洗儿"，即模仿婴儿出生洗澡，也发生在华清宫沐浴"汤池"。每逢节日庆典，皇帝都要诏赐大臣们沐浴"尚食汤"，以示恩宠，共享仙境。长汤中用瑟瑟、沉香垒山以象征瀛洲、方丈、蓬莱三岛，"鸾凤戏三岛，神仙居十洲"；也是追求既有道家的蓬岛瑶台，又有佛家的珞珈胜境。

长安宫室采用西亚风格的建筑，有唐玄宗模仿拜占庭引水上屋、悬波如瀑的凉殿，"座后水激扇车"，"四隅积水成帘飞洒"。许多建筑材料和拜占庭宫殿使用的毫无两样[15]。甚至在729年、730年、737年、741年、746年的吐火罗、北天竺、东天竺、罽宾等国僧侣和使者进献中，将大量质汗药(Vajkarana，一种春药)传入长安宫廷，作为长生不老的灵药。这就又和沐浴散发药力有了联系。西方传来的风俗也可能经过长安中转到日本，古代日本贵族时代和武士时代盛行男女同浴的习俗，16世纪朝鲜通信使黄慎在《日东往还日记》中谈到："俗尚沐浴，难隆冬不废。每于市街设为浴室，以收其

杨鸿勋绘唐临潼华清宫遗址
莲花汤复原透视图

直。男女混处，露体相狎而不相羞愧。"直到二战以后，日本一些温泉地区仍设有男女同浴的大浴塘。这对研究唐代沐浴建筑是否有点启迪呢？

至于唐华清宫玄宗"御汤"建筑为莲花形，也有讲究。按照密宗规定，修行者要想成为佛陀，必须住在一朵莲花的中心，莲花象征女根，金刚象征男根，作为金刚手的修行者要裸体正处在莲花中心的双修极乐状态，才能解脱烦恼污染与暧昧不清。莲花瓣上还应侍候着四位瑜伽女或菩萨。在西安唐墓中就发现有3件修行者雕像，他们周身裸露，光头鼓腹，胸部肌肉隆起，盘腿坐于莲花座上，双手下垂于膝部，呈现出入定于花之上的神态[16]。考古学者将其定为佛像是不对的。而密宗恰是在唐玄宗开元年间发展兴盛，印度密宗高僧善无畏于开元四年至开元二十三年在长安译经，为玄宗举行密宗佛事和唪诵经咒。另一个印度密宗大师金刚智从开元七年至开元二十八年也在长安给玄宗施"法术"，被封为"国师"。一行和尚和不空和尚也是长期受到玄宗赏赐的密宗高僧。密宗大师们为和道教术士比高低，争先恐后献修身养性的"秘术"，使玄宗不能自拔。所以，独具匠心的莲花汤完全有可能是按密宗信仰修建的，以便在荷香中沐浴洁身。

又据《佛本行集经》演绎的敦煌本S.4480号《太子成道变文》说，释迦牟尼诞生时，步步生莲花，惊动了天地，有九条龙吐水为太子浴身。因此泼水浴身是佛祖的特征。华清宫"御汤"又称"九龙汤"，可能也是据此相传而定名。

贵妃"海棠汤"则有可能是按道家道术的护肤美容、延缓衰老、治病疗养等功用修建的。杨贵妃作过女道士，"平生服杏丹，颜色其如故"(刘禹锡《马嵬行》)，受仙风道气影响甚重，唐代崇道诗人罗虬《花九锡》附《袁中郎花沐浴》说："浴海棠，宜韵致容。""浴牡丹芍药，宜静妆妙女。"荷花或莲花又称"芙蓉"，故"芙蓉汤"造型也有可能不同于"海棠汤"建筑，或是杨贵妃既占有佛家的"芙蓉汤"，又占有道家的"海棠汤"。

唐代贵族妇女沐浴时，还喜欢在水中调合"五色香汤"，用各种香料粉屑保护肌肤，润泽面容，经常撒放一些名贵花瓣。取其香味流通，芬芳四溢，例如"五色香汤"就以都梁香为青色水，郁金香为赤色水，丘隆香为白色水，附子香为黄色水，安息香为黑色水。唐代浴佛节时也广泛使用五色香汤，吉祥避瘟，造成人清脑悟、荡涤胸臆的氛围。

现代一些人认为"莲花汤"取荷花出生于污泥而不染的高洁之意，"海棠汤"取高贵雍容的丰艳之意，这也可作为一种说法，但其真正的文化底蕴还可作进一步的考证。

（四）

令人感兴趣的是，古代西方对温泉沐浴更有着极大爱好。公元之初的古

注释

[1] 《唐会要》卷三〇《华清宫》，上海古籍出版社，1991年，651页。

[2] 《新唐书》卷三七《地理志》一，962页。

[3] 《南部新书》已部，中华书局，1958年。

[4] 《唐华清宫调查记》，《考古与文物》1983年第1期。

[5] 《唐华清宫汤池遗址第一期发掘简报》，《文物》1990年第5期。

[6] 《唐华清宫汤池遗址第二期发掘简报》，《文物》1991年第9期。

[7] 张铁宁《唐华清宫汤池遗址建筑复原》，《文物》1995年第11期。

[8] 《南海寄归内法传校注》，中华书局，1995年，133页。

[9] [英]渥德尔著《印度佛教史》商务印书馆，1987年，323页。

[10] [日]圆仁《入唐求法巡礼行记》卷三，会昌元年十二月八日条，上海古籍出版社，1986年，153页。

[11] 罗华庆《九至十一世纪敦煌的行像和浴佛活动》，《敦煌研究》1988年第4期。

[12] 姜伯勤《敦煌吐鲁番文书与丝绸之路》，文物出版社，1994年，131页。

[13]《全唐文》卷三八，元宗《赐皇帝进烧丹电诰》，中华书局，1983年，411页。

[14]《安禄山事迹》卷上，上海古籍出版社，1983年，9页。

[15] 沈福伟《中西文化交流史》，上海人民出版社，1985年，160页。

[16]《西安西郊热电厂基建工地隋唐墓葬清理简报》，《考古与文物》1991年第4期。

[17] 陈志华著《外国建筑史》(十九世纪末叶以前)，中国建筑工业出版社，1979年，57页，236页，罗小未等编著《外国建筑历史图说》(古代——十八世纪)，同济大学出版社，1986年，52页。

[18] 同[17]。

罗马哲学家、戏剧家、政治家赛乃卡(Seneca)曾对人说："任何一处有温泉从地下涌出的地方，你都要急急忙忙去造一所享乐的房子；任何一处有河流舒出柔臂拥抱山岭的地方，你都要去造一幢府邸。"当时罗马人在风光旖旎的山间温泉胜地，造了大量的沐浴别墅。

早在共和时期，罗马城市就仿效公元前4世纪希腊晚期的公共浴场建筑。3世纪后，罗马帝国几乎每个皇帝都建造公共浴场，其目的不单为沐浴，而是一种综合有社交、文娱、健身等活动的场所，经常以此招待笼络贵族官僚，浴场一次可供1600人同时沐浴，还包括图书馆、音乐厅、商店、剧场等，成为国家很重要的公共建筑物。罗马上层社会的沐浴享受习俗据说来自东方，仅在古罗马城就发现有11座大浴场，不仅采暖设施很完善，地板、墙体、屋顶都有热水输入管道，而且抛弃木屋架最先使用大拱顶。其中罗马城里的卡拉卡拉浴场 (Thermoe of Caracalla, 211—217年)和戴克利提乌姆浴场(Thermae of Diocletium, 305—306年)都是庞大建筑群的代表作，主体建筑中央排列一串冷水浴、温水浴和热水浴大厅，两侧配有更衣室、洗濯室、按摩室等，卡瑞卡拉温水浴大厅面积是55.8米×24.1米，戴克利提乌姆的是61.0米×24.4米，高27.5米，内部空间很畅通，并有直接天然照明和排出雾气的穹顶底窗。浴场内部装饰也十分富丽，地面、墙面贴着大理石板，镶着摩赛克，绘有壁画和陈设雕像[17]，上层贵族的许多活动都在浴室内进行。

古希腊、罗马浴场对以后拜占庭(东罗马)、波斯等地建筑影响很大。波斯宫殿中的浴池往往由希腊、埃及和叙利亚俘虏来的奴隶建造，式样和艺术全采取西方风格。

在7至8世纪的阿拉伯帝国里，无论是在大马士革还是巴格达，都受波斯的影响，城市里普遍建有许多公共浴室，因为气候炎热和伊斯兰教戒律的关系，清真寺也都附设浴室。这些公共浴室大多由八角的、方的或者圆的集中式大厅串连而成，上用穹顶，分别作为热水浴室、温水浴室、衣帽厅、按摩厅等。卡善(Kashan)的一个公共浴室是大约8米×12.5米的大厅，更衣大厅约15米见方，布哈拉的萨拉封(Capacpoh)浴室是半地下室，便于保持稳定的温度。[18]

在中亚和南亚地区，曾广泛吸收了古希腊罗马较高的城市建筑文化，例如阿富汗哈达、巴米扬 (6—7世纪)等地的长方形曼荼罗佛教寺院，采用圆拱门顶和仿科林斯型式柱头的柱子。公元前1世纪后半叶到公元6世纪的贵霜王朝，势力范围包括今阿富汗、克什米尔、巴基斯坦、印度西北部和新疆塔里木盆地的和田，其佛寺建筑也讲究挖井、铺设水管和渠道，以便沐浴，他们认为神仙只逗留在流淌着生命之水的地方。原苏联考古学家实勘阿姆河以北(今乌兹别克斯坦南部)古迹时，发现7—8世纪阿依尔坦、喀拉达坂、阿吉那达坂、铁尔梅茨(今塔吉克共和国南部)等地佛教寺院，皆有拜占庭风格的沐浴建筑，而且浴池很讲究台阶或梯级，认为人们踏着这些台阶下水之后，就把五光十色的尘世抛在身后，既解脱烦恼，又超脱凡世。

我们现在还没有确凿证据说明东罗马、阿拉伯、波斯或印度的沐浴建筑对唐代有直接影响，但许多文化通过"丝绸之路"输入交流，英藏敦煌文书S.2497号有唐惠净撰《温室经疏》一卷，温室即浴室，此经据说为中亚佛教徒安世高翻译，其中借天竺神医耆域之名，宣传温泉疗疾的功用。这说明中亚曾盛行印度温汤疗养治病的医方。陈寅恪先生就指出：自北朝以后，在贵族间盛行由中亚地区传进的"温汤疗疾"的习俗，相信温泉之浴能荡邪除疫，治疗百病，驱寒祛风[19]。公元6—7世纪的粟特人，占据着伊朗东部和中亚地区，中国史书称为西域昭武九姓，他们一直是亚洲腹地外交、贸易、文化交汇的中介民族，当大批萨珊波斯人和其他西亚人在阿拉伯人军事进攻和社会混乱压力下来到此地区后，许多波斯人、粟特人又移居中原长安等地，现在新疆发现许多6—8世纪的建筑废址，包括国王城堡、住宅、寺院等遗迹，也许会考证出不少沐浴建筑。西域和外国使节也不断到长安觐见唐朝廷，经常在"临时陪都"华清宫受到接见，也有可能将他们的沐浴习俗与建筑形式传入中国。华清宫"星辰汤"就和西方露天浴池基本一样，即在沐浴中可看到天上星辰。特别是华清宫沐浴建筑遗址中有许多水池石构面采用白色砂岩石板作冰裂状斗合铺砌，这种建筑作法与古希腊、罗马建筑上的石块冰裂状铺砌常见作法，风格完全一致，可说是古代中西建筑文化交流的难得实物证据。

总之，唐华清宫沐浴建筑遗址的考古发现，填补了中国古代浴池遗存的空白，也弥补了史书记载的阙佚，不仅对研究唐代离宫布局、浴池造型、皇家等级、中西文化交流均有重要价值，而且也为中国古代利用地热资源提供了实物资料。

[19] 陈寅恪《元白诗笺证稿》，上海古籍出版社，1982年，23页。

原载《唐研究》第二卷，北京大学出版社，1996年。

唐华清宫浴池遗址
与欧亚文化传播之路

　　唐华清宫遗址作为中国唯一的最为完整的皇家温泉浴池建筑，是唐人沐浴文化的标志产物和高峰代表；考古发掘自1982年至1995年共历时十四年，先后清理出土了星辰汤、尚食汤、太子汤、莲花汤、海棠汤、宜春汤等8个浴池建筑遗址[1]。虽然唐以前秦汉、北魏、北周、隋朝相继在此修建离宫别苑，但只有唐朝大兴土木，砌池建室，留下的浴池建筑遗址规模最大、布局最佳、装修最精，其别出心裁令人赞叹不已，浮想联翩。

　　多年来我一直用欧亚交通关系的视野观察着唐华清宫浴池建筑遗址，希望溯源追寻出一条古代中西沐浴文化交流的线路，破解其背后的秘密，原因一是唐朝在几千年中国古代历史中处于对外最开放时代，唐玄宗"新广汤池，制作宏丽"，最重视皇家沐浴建筑，华清宫浴场建筑遗址是否吸纳有外来文化？原因二是在欧亚大陆上许多文明古国都有著名的公共浴室建筑留存，中国古代社会却长期没有公共浴室，为何华清宫独有公共浴场建筑？原因三是历史文献关于中国古代沐浴建筑的记载确实太少，但为什么开元天宝时期唐玄宗在位45年却有41次在华清宫的史料记载留存后世？并有浴场建筑

华清宫出土的长方形
八边浴池

内部石雕装修的记录？撇开那些被文人渲染的李隆基与杨玉环的爱情传说，搁置那些中国沐浴习俗滥觞于西周祭祀礼制的推测，促使我们寻踪探源还是有明确实物的华清宫浴场建筑遗址。沐浴是人类各民族文明生活中不可缺少的重要组成部分，从古到今利用地热资源优势都是各国人民的智慧结晶，浴场建筑文化的交流传播自然也顺理成章，水到渠成。

我曾经发表过一篇《唐华清宫沐浴汤池建筑考述》论文[2]，考证星辰汤是唐代男性贵族使用的露天公共浴池，尚食汤是百官臣僚使用的公共浴室，

意大利罗马卡拉卡拉浴场

公元4世纪希腊花瓶上的淋浴图

242

兰毗尼摩耶夫人庙边浴池

长汤是嫔妃宫娃使用的女性公共浴场，并依据唐代史料与佛教经典推测华清宫浴室建筑遗址与古印度等外来文明有直接联系。当时在北京大学演讲时，只列举欧洲公元前4世纪至4世纪古罗马市内有11座大浴场建筑，以及阿拉伯帝国境内和中亚、南亚一些浴室建筑，试图将东西方古代沐浴建筑一条线完全贯穿起来，但史料证据还不充分。随着对世界文化遗产研究的逐步深入，现在终于可以发现从罗马到长安确有一条沐浴建筑文明传播之路。

翻开世界文化遗产地图，我们可查到古代浴池遗址非常明确的分布[3]，能构成一条传播的线路：

在欧洲罗马帝国版图境内：

1980年列入世界遗产名录的意大利罗马历史地区，古城内遍布文明遗迹，有大大小小800多座私家浴室和公共浴场建筑，最早建于公元206—217年的卡拉卡拉浴场，已有1780多年的历史，浴场四壁是大理石，下层是嵌石铺就，浴室里还有壁画、雕像等。高大的浴室分为两层，都用圆拱门，整个浴场占地6英亩，浴场面积14万平方米，可同时容纳近2000人入浴，洗浴分为冷水、热水、蒸汽三种。公元306年投入使用的戴克里先浴场，面积15万平方米，可接纳3000多洗浴者，其遗址令后人震惊。维苏威火山附近公元79年的庞贝古城里发掘出的斯塔比亚浴场、广场浴场和中央浴场，不仅建筑各具特色，内部也装修华丽，供暖设施保证着冷热水浴及蒸汽浴，有的澡堂门口标牌上写着"祝新到者洗得痛快"，真实地记录了洗浴的状况，1997年被列入世界遗产名录作为文化遗迹加以保护。

1988年希腊埃皮道鲁斯古迹被列入世界遗产名录，埃皮道鲁斯古迹位于伯罗奔尼撒半岛，有着四千年的悠久历史，其中阿斯克莱比奥斯"圣地"的浴室建筑和神庙、祭坛、剧场、旅馆等历史文物群建于公元前4世纪，造型非常著名。

1981年列入世界遗产名录的法国阿尔勒城的古罗马建筑和罗马式建筑中，建于公元4世纪的普罗旺斯大浴室的屋顶呈优美的半圆形，是奥古斯都统治时期阿尔勒城繁荣的产物，为今人研究罗马建筑风格提供了很多有价值的样本。1980年列入世界遗产名录的奥朗日建筑中也有"罗马和平"时期的浴场和露天剧场等。

1986年列入世界遗产名录的德国西部特里尔的罗马式建筑、大教堂、圣玛利亚大教堂，是公元41—45年建成的。特里尔城曾是公元293年罗马帝国"四头政治"的首都之一，建筑极富罗马式古朴典雅的气息，被誉为"第二个罗马"，这里有公元306年罗马皇帝君士坦丁豪华浴池的遗迹和"巴巴拉"公共浴池。

1992年列入世界遗产名录的阿尔巴尼亚布特林特的考古遗址中，公共浴池和爱奥尼亚式神殿等建筑遗址是这座城市繁荣时期的生活集中反映，修建时间为公元前2世纪布特林特被并入罗马帝国版图后，当时有众多的建筑相继建造出现。

1987年列入世界遗产名录的匈牙利布达佩斯与多瑙河沿岸地区，引人入胜的著名景区就有古老的温泉浴室。

1980年列入世界遗产名录的西班牙托莱多文化古城，保留有公元410年前后由西哥特人建造的苦水街浴室，别有情致。

1987年列入世界遗产名录的英国埃文郡巴斯城经过了罗马、中世纪和乔治王朝时期，于1725—1825年形成固定城市布局，有五千座被国家列为保护对象的建筑物，其中最著名的有浴场、罗马神庙、大教堂和大泵房等。巴斯城大浴场由温泉环绕，长约91米、宽约45米。浴场里设有2个游泳池、5个浴池，规模最大的一个浴池长24米、宽12米、深1.6米，池底铺有木板，四周围以雕塑和栏杆，浴场每天流出的泉水约120万立升，温度为46℃。当地的温泉曾吸引罗马人到此建造浴场，存在了四个多世纪。

斯里兰卡波隆纳鲁沃皇家浴池

实际上欧洲浴场建筑还有很多，如古希腊城邦时代阿波罗神殿所在地的德尔斐遗址中有柱子环绕的浴室，一人高处的狮子嘴上十几个大理石承

244

水盘将水倾倒在人身上。德国巴登—符腾堡州城有卡拉卡拉帝国时期（211—217年）所建的罗马式浴室，是利用温泉水疗建造的沐浴设施。意大利南部坎帕尼亚古城的赫库兰尼姆浴室是小型私人付费浴室的开端，据统计，4世纪的罗马有千家左右，罗马人还建造巨大的渡槽以解决无温泉之水的城市大浴场用水问题。像法国庞杜加德（Pont du Gard）罗马时期引水高架渠和西班牙塞哥维亚（Segovia）旧城输水道，都于1985年列入世界文化遗产名录。

在非洲北部希腊化和古罗马统治地区：

1979年列入世界遗产名录的埃及阿布米那的基督教遗址，是亚历山大时代留下的唯一历史古迹，挖掘出的大教堂主体建筑后部的浴室，是用小石块建成，大理石砌成的柱子雕有精美的图案。

1979年列入世界遗产名录的突尼斯迦太基古城遗址，可看出当时的主要建筑有公共浴室、剧场、竞技场、宫殿等。最有名的是修建于公元2世纪罗马皇帝安东尼时期的浴池，规模宏大，总面积达3.5公顷。浴池位于地中海海滨，其用水是用高约10米的渡槽从60千米外的地方引来的，浴池由更衣室、热水游泳池、蒸汽浴室、按摩室、逐渐升温的热水室、温水室、健身操室、冷水室等组成，各种设施一应俱全。

隋代第 302 窟　福田经变·浴池

公元470年前后罗马浅浮雕画面，表现维纳斯出浴时有侍者扶助

华清宫出土长方形浴池之一

　　1982年列入世界遗产名录的阿尔及利亚提姆加德古城保存着比较完整的古罗马遗迹，城中大广场石头铺成的地上刻有"狩猎、沐浴、游玩、欢笑，这就是生活"几行罗马大字。城北有按罗马皇家浴池图样修建的公共浴池，城东和城南另建有两座规模很大的公共浴池。城市浴池的下水道系统轮廓犹存。

　　1997年摩洛哥沃吕比利斯考古遗址列入世界遗产名录，沃吕比利斯遗址于1874年被发现，1915年开始大规模发掘，其中高利尔那斯浴室与意大利庞贝古城建筑有异曲同工之妙。

　　1982年列入世界遗产名录的利比亚昔兰尼城考古遗址，其公元2—3世纪沿山谷大道发展的第二个市中心，有一些奇异的地下浴室，人称"希腊浴室"。

246

在亚洲西部罗马化区域：

1979年列入世界遗产名录的叙利亚大马士革古城，至今已有2000多年的历史，这座"古迹之城"中保存很好的公共浴室，是1155年修建的，公共浴室与清真寺、小客栈、医院、室内市场等整体相匹配协调，反映了当时大马士革古城生活风貌。叙利亚德拉省的布斯拉古城地处交通要冲，也保存有古罗马、拜占庭和穆斯林时代的浴室。在幼发拉底河西岸哈里里岗消失的公元前19世纪末期美索不达米亚城市中，玛里古城王室后宫有多间浴室，有木炭烟道供应暖气。

1985年列入世界遗产名录的约旦佩特拉古城遗址，有公元106年罗马帝国行省时建造的浴室遗址。另一处1985年列入世界遗产名录的古塞尔·阿姆拉城堡，是建于公元8世纪初的沙漠城堡，原为倭马亚王朝哈里发修建的行宫之一，仅存下来的几处建筑中有用方石砌成的浴室，厚重而牢固，浴室的半球形拱顶上绘有精确的天体星图。

1985年列入世界遗产名录的土耳其伊斯坦布尔历史名城，从公元4世纪起曾是东罗马、拜占庭、奥斯曼三大帝国的首都，有一大批对欧亚产生过影响的建筑杰作，其公共浴室闻名遐迩。1988年列入世界遗产名录的土耳其帕穆克卡莱（棉花之城）和赫拉波利斯，温泉浴场以雪白石灰岩与热泉结合被认为具有神奇魔力，从公元前2世纪末期罗马时代到3世纪，承袭希腊传统风格的公共浴场和剧院、运动场、陵墓等建筑发展到顶峰，其遗址成为古代高度发达文明的代表和标志。据说马背上的突厥人在西突厥汗国灭亡后迁徙到土耳其后，接触到了拜占庭帝国文化和生活方式，其中将东罗马人用大理石修砌浴池与突厥用水净身的崇敬方式融合，形成了后世的"土耳其浴"。

1980年列入世界遗产名录的塞浦路斯帕福斯考古遗址，是建于公元前4世纪末的古城—阿芙罗狄特圣城，城内有公元1世纪的大教堂，城北波利斯林海滩有被称为"爱神浴池"的名胜古迹，还保存有中世纪的公共浴场遗迹。

1986年列入世界遗产名录的也门萨那古城，至今已有两千年历史，古城西北部有修建于希木尔王朝时期的哈吉尔宫，整个宫殿建造在一块完整的石头上，高达六层，宏伟壮观，宫中有沐浴水池，是当年伊玛姆欣赏宫女们洗澡的地方。

在亚洲南部印度河谷地区：

1980年列入世界遗产名录的巴基斯坦南部倍德省拉尔卡纳县摩享朱·达罗考古遗址，建于公元前2500年，是一座宏伟的砖砌古印度城市，城中最著名建筑是"摩享朱·达罗大浴池"，为城市贵族、宗教祭司等上层人物所使用，浴室全部采用烧砖砌成，面积达1063平方米，室内大浴池约11.9米长、7米宽、2.4米深，两端有入水台阶，整个浴池砌工精细，四周池壁砖

至两层厚2米，砌缝十分严密。浴场周围每个房间还有小浴池，有陶管下水道，据说是世界上专门建造的最早浴室。

1997年列入世界遗产名录的尼泊尔毗尼专区鲁潘德希县的兰毗尼，是释迦牟尼诞生地，摩诃摩耶夫人庙旁池塘是最著名的露天浴池遗迹，传说当年摩诃摩耶夫人在此洗澡受孕生下释迦牟尼，池塘边有公元前249年印度孔雀王朝阿育王来此朝圣时立下的石柱，以及一棵身粗十三四米的杪椤双树。

在东南亚地区：

1982年列入世界遗产名录的斯里兰卡东北部波隆纳鲁沃古城，是11—13世纪著名的王都，其城建布局匠心独运，结构复杂式样繁多，现保留有建于12世纪前后的"波隆纳鲁沃皇家浴池"，以十瓣花圆为中心五层向上展开，是当时皇家贵族使用的浴池，并与唐华清宫海棠池造型极为相似。

1992年列入世界遗产名录的柬埔寨吴哥遗址群，是长达7个世纪之久（9—15世纪）的王都，600多处古迹中有数十组建筑物遗迹，其中斑蒂柯迪寺东侧的遮耶跋摩七世（1181—1220年执政）的斯腊施朗皇家浴池长700米、宽300米，建于公元12世纪晚期。这座方形浴池由红色角砾岩石块以阶梯状砌成，池中心曾有一小型建筑，池岸西侧登陆阶台有蛇形栏杆围成的双层十字台座，终端有骑乘三头蛇身上的巨鹰，并有分列两侧的狮子，所有砂岩石制成的艺术构件均属佛教建筑艺术类型巴扬风格，是当时皇家沐浴栖息的舒适场所，也是观赏日出日落的风景处。

在美洲北部玛雅文化地区：

1987年列入世界遗产名录的墨西哥帕伦克古城，从公元前1世纪开始建

注释

[1] 骆希哲编著《唐华清宫》第13页，文物出版社，1998年。

[2] 拙作见《唐研究》第二卷，北京大学出版社，1996年。

[3] 姚晓华主编《世界文化与自然遗产》（上、下册），中国文史出版社、光明日报出版社联合出版，2004年。晁华山编著《世界遗产》，北京大学出版社，2004年。

[4] （英）彼得·詹姆斯和尼克·索普他们认为近年考古发现蒸汽浴是公元前2000年英国不颠列人最早发明的，并由北欧海盗继承传播。玛雅人流行的蒸汽浴室是自己独立发明的，可以治疗疾病。见《世界古代发明》第478—481页，世界知识出版社，1999年。

[5] （法）费朗索瓦丝·德·博纳维尔《沐浴的历史》第25页，郭昌京译，百花文艺出版社，2003年。

[6] 《原州古墓集成》图版75，文物出版社，1999年。关于李贤墓中出土鎏金银壶表面的人物画故事内容有不同解释，但高37.5厘米鎏金银壶的用途显然不是一般饮水器皿，可能与沐浴有关。

造，到公元600—700年，城市建筑发展到顶峰，帕伦克王宫由四座庭院组成，整个宫室被蜿蜒曲折的走廊连为一体，内壁上雕刻着各种人物浮雕，有的房间还保存着古代蒸汽浴室的设备，反映了印第安人上层贵族沐浴文化状况。据说印第安人所洗的蒸汽浴象征着一次新生，可以让他们领悟生命的一个新含义。

除了美洲印第安人沐浴文明是否独立发明不甚清楚外[4]，我们可清晰地了解到欧洲地中海周围地区希腊化、罗马浴场建筑的传播，罗马帝国疆域包括大半个欧洲、北非和西亚，它们起源很早、规模巨大、造型独特、装修精美，国家投资建造公共浴池原因是每一座城市综合性主要社交中心都在公共浴池建筑内。公共浴室的历史始于公元前6世纪的希腊[5]，罗马帝国强盛后随着版图的扩大而辐射影响周围国家，统治地中海世界五个世纪中有罗马人立足的地方都有浴室，其境内许多城市存有浴场建筑遗迹，直至拜占庭帝国时公共浴场建筑仍存在了很长时间，并进行改造更新，所以完全有条件从西亚到南亚、中亚进入西域，通过频繁往来的贡使、商队、僧团和外国移民传至长安，也或许沿南海传播至中国。宁夏固原考古发掘北周天和四年（569年）李贤墓中出土带有希腊化裸体人物鎏金银壶[6]，很有可能就是沐浴用品，因为希腊—罗马和拜占庭时代以及文艺复兴时期大量神话传说沐浴壁画中都有类似的细长颈鸭嘴状流单把鼓腹壶，在浴室洗浴时用于倾倒热水和香料。

敦煌莫高窟隋代第302窟《福田经变》壁画中也发现有依据经文绘制的露天温泉浴池建筑，尽管图中浴池建筑规模不大，但浴池中有两人正在洗浴的情景非常清楚，浴池周围种植有树木，并有通往浴池外的排水渠道[7]。佛教宣传鼓励僧人和信徒修建浴池，赋予积功德的意义，《佛说诸德福田经》记载"修福"有"七法"，其中修建浴池的功德行为与建果园、植树木一样排列在第二位[8]，因此受希腊化和罗马化建筑风格影响的南亚浴池建筑形制完全可能被中国人所接受。

《明皇杂录》、《南部新书》、《贾氏谈录》、《唐语林》等史书中皆记载唐华清宫浴池建筑内部装饰状况，不仅砌有洁莹如玉的白石雕刻，而且池中放置小舟划桨嬉玩，这与罗马人迷恋公共浴池穹顶下的奢华消遣非常相似，浴场内也有小舟泛水、划船竞渡。西方印欧人崇尚用流动天然水举行出生浴、婚前礼仪浴、死亡净化浴都有与唐人生活习俗相类似地方，杨贵妃为胡人安禄山过寿"作三日洗儿"再生浴就是其他朝代所没有出现的洗礼象征和沐浴仪式。白居易《长恨歌》"春寒赐浴华清池，温泉水滑洗凝脂；侍儿扶起娇无力，始是新承恩泽时"等描写杨玉环出浴的情景，与公元470年前后罗马浅浮雕表现的维纳斯出浴有侍者扶助画面竟有异国同似之处[9]。华清宫故址不可考的"香汤"记载也使人联想到罗马人不顾浪费每天要坚持洗几遍的"香浴"。

至此，我们终于可谨慎地下结论说，公元7—9世纪的唐长安华清宫浴室建筑遗址无疑受外来文明的影响，唐代国力强盛，版图辽阔，以长安为中心的丝绸之路有着兼容并包的世界文化精神，尽管不一定直接从东罗马照搬浴场建筑形制，但肯定接触吸纳了周边异域或外邦国家的沐浴文化，博采众长与"盛唐气象"融为一体。

天宝六载以前，华清宫一直称汤泉宫或温泉宫，盛唐之后作为皇家离宫逐渐衰落，浴池建筑也慢慢荒废流逝，成为人们值得回味和千年传诵的记忆，唐代诗人描写达官贵人沐浴的无拘无束和缱绻缠绵，更是铺垫了盛世时华清宫浴池建筑的底色。但这些感伤的诗歌随着社会的封闭幽暗也造成了负面的影响，人们视沐浴为露体轻浮、肉欲罪孽的代名词，宋元以后像唐华清宫那样的浴场建筑不再修建和出现，似乎我们先人不讲究舒适宜人的洗浴文明环境，中西沐浴文化交流从此成了一个隐蔽不提及的秘密，需要千年后费力破解。

本文主题的宗旨就是说明在世界文化遗产中，中国古代也有过辉煌的浴场建筑和沐浴文明，唐华清宫浴场遗址吸收了外来文化的影响，这一历史名胜古迹能与世界浴场文化遗产组成一种人类有机联系的整体长卷，需要得到全人类的历史和文化认同。我不太赞成总是用中外文化差别来说明六千多年前新石器时代仰韶文化时期姜寨先民就在骊山温泉保留有沐浴遗址，这种考古推测可以满足中华文明自身独立起源说，但忽视了中古时期的东西方互相沟通与交流，将中国局限或隔离于东亚一隅，即使中外沐浴文化有差别，更多地还是有人性生活相同之处，特别是盛唐作为古代对外文化交流最频繁时期，绝不是孤立的一种文明[10]。但愿凝固着历史见证的唐华清宫浴场建筑遗址也能早日列入世界遗产后备名单，成为全世界共同礼赞生命和自然的永恒文化遗产。

[7] 胡同庆《初探敦煌壁画中的环境保护意识》，《敦煌研究》2001年第2期。

[8] 《佛说诸德福田经》见《大正藏》第十六册。623页。

[9] 见上《沐浴的历史》第29页。

[10] 我对现在华清宫浴池遗址上修复保护的所谓"汤池复原建筑"始终持怀疑态度，因为它没有解决建筑中央露明与内部自然采光问题，没有考虑唐代史书记载室内空间构图类型和石梁石柱之间的关系，更没有思考当时东西方沐浴建筑中券拱技术与文化交流的影响。

原刊发于《唐韵胡音与外来文明》第388页，中华书局，2005年。

唐玉华宫建筑遗址散记

　　九成宫、翠微宫、玉华宫等一系列唐初的离宫，都是作为皇家避暑消夏的行宫别殿闻名于世。玉华宫位于子午岭南端余脉桥山，海拔1500多米，现属于陕西铜川印台区，整个玉华川虎踞龙盘，凤凰谷、兰芝谷、珊瑚谷、野火谷各抱其势，古代环境优美，那川北台地上的一层层岩石夯土，似乎以坚硬的精骨背负着几千年的岁月，凝集着古往今来的厚重历史感。

　　一千三百七十年前的八月盛夏，唐朝的开国皇帝高祖李渊拂一路暑气，带着一支金戈铁甲的精骑，飞马扬蹄来到了玉华山。翘首远眺，青松苍柏绵延天际，逶迤环列的簇簇秀峰蔚然壮观，宽敞的川道俨然像一只玉盘，一种博大厚丰的心情从他心底油然而生。唐高祖偶然走进这块陌生而又潮润的山野胜地。武德五年(622年)六月以后，漠北的突厥军队曾进攻定州(今河北定县)，沿长城一线西进，入雁门，扰并州(太原)，陷原州(宁夏固原)，攻大震关(甘肃清水县陇山东坡)，大有进兵关中长安之势。刚刚建立没几年的唐王朝，天下还未平定统一，又腹背受敌连遭突厥的侵扰，自然压力很大。唐高祖忧心忡忡，夜不能寐，为了设立防线抵御北夷，他亲自带人到渭河和洛河

作者手绘玉华山兰芝谷别殿
想象图

之间布防巡视，选择防守重点。沿宜州(今铜川、宜君一带)而过时，他独具慧眼地看中了玉华山，暗暗赞许这里秀木森森，黛色朦胧，北望桥山梁嶂历历在目，南边金锁雄关目穷千里，确是阔天流云、沃野清风的卧龙栖凤之地，与京城长安那一片繁华浮嚣、街衢噪聒，简直不可同日而语。

作为新的一代天子，唐高祖似乎不想让这风景如画之地变为铁蹄厮杀的凄惨战场，更不想成为胡马偷袭关中的边关，于是他决定在玉华山修建避暑离宫，既可以在这里避暑乘凉游乐赏景，又临近军事咽喉要道分兵把口，随时可以指挥截击突厥军队的战役，实现"奋边防，合内外之心；营行宫，兼自然之趣"的意图。因而踏勘设计离宫周围山川形势的工作，就此顺理成章地开始。武德七年(624年)五月十七日，经过近两年的营造，名为"仁智宫"的离宫在玉华山凤凰谷台地上落成。令人惋惜的是官方史书对仁智宫规模大小、征调工匠、建筑形式等等均无记载。一个月后即六月廿日，唐高祖带着秦王李世民和齐王李元吉两个皇子，在大队人马护送下首次到仁智宫避暑，但几天后爆发了庆州(甘肃庆阳)都督杨文干反叛的事变，唐高祖下令将与这个事件有嫌疑的太子李建成召来扣押在帐篷里。从太子被扣押在帐篷里看，离宫房间可能不太多，规模也不大，无法容纳过多的人员住宿，仅仅是隋末唐初众多的离宫别馆中一处皇家别墅。

二十三年后，对玉华山石壁瀑布、山林野趣自然风景留下深刻印象的唐太宗，又心驰神往，留恋不已，贞观二十一年(647年)七月十一日，他发出《建玉华宫手诏》[1]。这年唐太宗五十岁，正是"知天命"的年龄。自亲征高丽回来以后，他病痈并发，刚刚痊愈之后又开始服金石之药，搞得虚火内升，每逢盛夏难熬伏天。就在这年四月，刚在终南山修建好清幽静怡、林泉相依的翠微宫，三个月后再次下令营造开敞旷达、别开生面的玉华宫。

兴建玉华宫的手诏，大概是那些擅长六朝骈文辞赋的文人学士们起草执笔的，唐太宗不过是签字应名而已。七百多字的手诏主要意思是：

上古无为而治，不追求琼台玉殿，而节俭砌土茅檐。我继承皇天之后，统一了华夏区宇，功劳虽然巨大，但不敢骄逸奢华。遗憾的是多年以来积劳成疾，忧病顿结，纵有回天之力，也难移疼痛。冬毡夏席更使我增劳添弊，只期望岩廊廓景能延凉荡虚。根据臣下的志愿，在南山营造翠微离宫，本来丹青之工、林泉佳境足以可用，但因山路陡险，百僚居处又狭小，所以才另修玉华离宫。况且我无情于壮丽宏伟，有意于淳朴清淡，建筑尺版夯土全部折换庸工，寸作辛劳不算虚役，在此修建离宫是养性全生，怡神祈寿，不独为己，也是为国为民。我也知道秦汉不顾民不堪命兴修未央宫、甘泉宫的弊政，现在疗养身体是为了国家太平，翦除凶凶、怀柔服叛，因此土木频兴、营缮屡动，用一年力役来创建玉华新宫，想来志士哲人也不会有什么不满。

这篇有板有眼、娓娓动听而又不失冠冕堂皇的诏文，自然使朝廷文武大臣欲谏无言、哑口无声。有关部门看皇帝眼色行事，加快了玉华宫工程建设。

第二年，即贞观二十二年（648年)二月十九日，玉华山还是冰雪未化，飞流凝柱，唐太宗就从骊山温汤赶来视察玉华宫的首期工程。在监工大臣陪同指点下看了以后，觉得规模气魄不够恢弘壮观，台阁殿宇也不够铺陈舒展，因而命令监工大臣王孝积在珊瑚谷的显道门内，再添建紫微殿十三间，与凤凰谷玉华河北台地上的正宫遥相呼应，构成一个规模巨大而参差错落的组群建筑布局，显示皇家地造天设、总括宇宙的气概。

三月九日，唐太宗从华原(甘肃宁县)狩猎回来，为了安抚与补偿因建玉华宫苑而被迫迁走的百姓，特地下发了《玉华宫成曲赦宜君县诏》[2]，对当地年迈老人和病疾百姓赏赐谷物绢帛，对宜君县官以下及工匠犯罪者给予赦

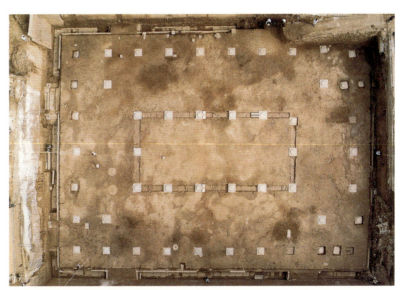

1994年唐九成宫37号殿址

1994年唐九成宫殿址转角装
饰图案

免，对曾在宫苑内居住而移出外地者减免三年赋役，参与营造督作的官员、卫士等按级赐物。四月二十四日，唐太宗又感到新造的玉华离宫有些瑰丽豪华，违背了自己"务从卑俭"的初衷，所以又召集大臣说道："远古圣贤明君唐尧就以俭为德，屋顶无瓦而茅茨不剪，因而玉华宫也应在瓦上覆盖茅草，作为节俭的标志。"[3]并亲自御制《玉华宫铭》，诏令皇太子以下的大臣附和作赋。

唐太宗的贤妃徐惠看穿了他名曰"节俭"，实际追求山野趣味的真实心理，就在四月底上书劝谏他要善始善终，不要口是心非。国家连年征战使士马疲倦，百姓土木劳役屡兴不止，不到两年就营造了北阙、翠微、玉华三大工程，即使因山借水，也并非没有建筑工力劳费，口头上以茅茨示约，行动上犹兴木石疲民。喜爱金屋瑶台是骄主与无道之君的所作所为。徐贤妃的批评真是入木三分，严厉至极。太宗看了曾连连点头称赞她说得好，还对这位当时才二十二岁的妃子"优赐甚厚"[4]。

唐太宗在玉华宫住了七个月，这年十月二日起驾返回长安，第二年五月二十六日就病死于翠微宫含风殿。以后两年多，玉华宫就被他的儿子唐高宗李治改为佛寺，宫苑内原来百姓的田宅全部归还本主，这究竟是为了在灾荒之年安抚百姓，还是为了否定他父皇晚年贪图安逸的举动，或是为了从反面告诫后人不要抓此"活教材"，这为我们读者留下了一个千古之谜。

更可惜的是玉华宫那令人赞叹的建筑，几经战火焚毁和千年沧桑的横变，离宫别苑都荡然无存。要追索玉华宫当年建筑特征与风貌，还需要将建筑遗痕、考古发掘与文献记载综合联系起来，复原其本来的立体形象，体会其别具一格的独特气势。

一　匠心独运巧设计

玉华宫的总设计师是唐代杰出的建筑大师阎立德，他的父亲阎毗在隋朝担任殿内少监，负责皇宫的建筑设计，以工艺高超而颇有知名度。阎立德继承父业家学，"机巧有思，擅美匠学"，唐初贞观时期，他在二十年中先后主持设计和亲自领导监督过一系列丰碑式的优秀建筑，荟萃了像唐高祖献陵、唐太宗昭陵、襄城宫、翠微宫、玉华宫等大型建筑，还规划修建过长安京城，至于平常筑道架桥、规山移土更不在话下，所以一直担任将作大匠。

阎立德对隋代宇文恺设计督造的两京工程以及仁寿宫为之倾倒，经常阅读宇文恺撰述的《东都图记》《明堂图议》等建筑专著，特别是麟游天台山上规模宏伟、金碧辉煌的仁寿宫(唐贞观五年改名九成宫)，给他留下了不可磨灭的印象。据魏征撰《九成宫醴泉铭》说："冠山抗殿，绝壑为池，跨水架楹，分岩竦阁。高阁建周，长廊四起，栋宇交葛，台榭参差。仰观则苕滞百寻,下临则峥嵘千仞。珠璧交映,金壁相辉,照耀云霞,蔽亏日月。"作为建筑师的阎立德对这样华丽巍峨的离宫不能不详细考察,贞观五年(631年)他还按照唐太宗的命令对此离宫进行过相当规模的整修,以后又五次陪同唐太宗到此避暑休养[5],仁寿宫更名为九成宫就是言其高峨九重之意。就皇家离宫来说,九成宫那一千八百步(约合2800米)的周垣,那正宫排云殿的磅礴气势和长廊的逶迤交错,以及那山环水绕清凉宜人的自然环境,都使阎立德有着难以忘怀的形象知觉与意境感受,这对他以后规划设计玉华宫无疑有着重大影响。

阎立德于武德五年(622年)还拜会过与自己父亲一块共事的隋朝工部尚书何稠,这位大建筑师曾设计制造过"行殿"及"六合城",一夜之间合成一座周八里、高十仞、有四隅阙楼与观楼的大城。当时才二十多岁的阎立德肯定向七十多岁的何稠请教过土木营建的学问,因为何稠入唐后还担任过几年将作少匠。

但人的成就和命运往往并不是按正比例同步发展的。阎立德虽然建筑技艺卓绝,而且是关陇军事贵族婚姻集团的后代,又为李世民秦王府士曹参军,可是仕途官宦生涯一直不顺,唐太宗始终把他当作宫廷供养的匠人看待,而不是将他视作进行建筑艺术创作的建筑大师。因此阎立德一生勤勤恳恳、建筑杰作不断,可只是历任尚衣奉御、将作少匠、将作大匠,临到晚年

唐九成宫殿址莲花柱础

才熬上工部尚书。如果说他弟弟阎立本靠美术作画还当过几年宰相，他则连这个梦都没有。贞观十年(636年)，长孙皇后逝世，阎立德营造的昭陵尽管气势非凡，但由于凿山架栈工程速度不快，竟被免职回家。不久又起用为博州刺史，贞观十四年（640年)八月五日，唐太宗到洛阳，诏令阎立德在汝州〔今河南临汝)西山，选择高爽清暑之地建立新离宫，阎立德赶快带人勘察施工，前临水波清涟的汝水，傍通浩渺如镜的广成泽，号称"襄城宫"。动用工役一百九十万，杂费消耗无数，仅仅七个月就建设起一座富丽堂皇的离宫。第二年三月七日，唐太宗来到襄城宫，发现这里暑天闷热，山上又多毒蛇野虫，这位天子当即大怒，九日下令将阎立德再次免官，废掉这座离宫，拆毁后把材料分赐给当地百姓。

贞观十八年（644年)，唐太宗为了建筑骊山汤泉宫(即以后的华清宫〕，又再次起用阎立德为将作大匠负责设计规划，但派左卫大将军姜行本监督坐镇，战战兢兢的阎立德费尽心思，从温泉沿山而上，修建了许多殿阁亭台，高低错落，层次分明，镶嵌在秀丽苍翠的骊山上，装扮得离宫分外妖娆，这才向唐太宗交了一份比较满意的答卷。三年后，阎立德又主持设计建造了翠微宫和玉华宫，唐太宗对这一南一北的两处离宫非常满意，高兴之下终于将快满五十岁的阎立德提升为工部尚书。阎立德自己对玉华宫的设计也很欣赏，认为达到了离宫建筑炉火纯青的地步，为此他根据绘制的建筑设计蓝本，创作了精工富丽、气势雄大的《玉华宫图》[6]。这幅线条勾勒优美而富有节奏感的长卷《玉华宫图》和《文成公主降番图》、《斗鸡图》被列为阎立德绘画风格的三大得意之作，在唐代誉为上品之作，对后代影响很大，可惜五代以后失传湮没无闻了。

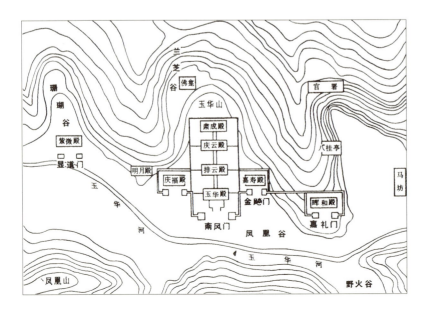

作者手绘玉华宫九殿五门示意想象图

256

玉华宫作为避暑离宫，平面布局巧妙地借助于地形地貌，沿玉华河谷东西长约4公里、南北宽约200—300米的川道，布置了一座座建筑物，既有单一的独立个别宫殿，也有相互连接配合的群体院落，设计家很重视序列与组群规划，以平缓、含蓄、流畅、连贯的基调共同构成一个引人入胜的建筑环境空间，给人正面性强、轴线清楚、平面大小合乎逻辑的视觉感，产生一波三折的节奏美。凤凰谷的苍茫寥廓、兰芝谷的珠缀含烟、珊瑚谷的清雅幽静，都有利于建筑物的交错与多层面的立体组合。玉华河作为地势自然分界线把有限的两山之间面积构成幽曲与开朗相结合的风景区，这也许就是唐人所谓"奥如旷如"疏密相间、主次分明的审美手法。玉华宫周围的十几条冈阜并不算高峻，却连绵于群山低谷之间，犹如一条条横卧的游龙，正在腾起飞舞。

　　如果说唐太宗欣赏"秦川雄帝宅，幽谷壮皇居；绮殿千寻起，离宫百雉余"，那么阎立德等建筑师当然明白"不睹皇居壮，安知天子尊"的设计主题。所以在总体布局中合理使用高低地形，在增大主体空间的同时，按高低错落将离宫各殿排列下来，使本来对玉华宫建筑并不是什么优点的台原地形，反而增添了居高临下、高屋建瓴之势，并且有利于离宫的安全。从现在玉华地区两山对峙、五谷分隔的地貌看，离宫景物有的据原脊，有的负谷坳，有的顺原坡，有的临台地，大的组群建筑占地数亩，小的只有几分，景观角度变化多端，有些"云日隐层阙，风烟出绮疏"的意境。如果沿野火谷北进路线游赏，一出几经曲折的沟底，映入眼帘的是开敞台地上那高大的门阙，嵯峨延宕的宫殿，几个殿堂区划井然，由正门、朝房、主殿、寝宫、配殿、偏房共间构成一个大的序列，使人的心理节奏逐渐趋向于空灵流畅。相反方向的是从寺沟南下路线观览，首先印入脑海的便是遮天蔽日、林木繁茂的沟峪，完全是一片翠峦叠嶂、万籁俱静的林区，地面绿茵如毯，山鸡野兔出没，苍松、巨槐、古榆、老柳顺山依坡不断，人们经过漫长的山路沟道之后，突然转进玉华山麓的离宫区，有着"山重水尽疑无路，柳暗花明又一村"的感受。所以，玉华宫虽受自然山势局促条件的限制，但恰当利用这些起伏地带和自然景色变换的节奏，体现出离宫设计的意图，而这正显示了建筑设计者相地构景的智慧与水平。

　　据说贞观时唐太宗到玉华宫，走的就是野火谷烟云缭绕的那条大道，而他赴华原狩猎，则走的是寺沟那条林带野趣的山路。这两条不同景观的道路纵贯西北、东南方向，两峰夹峙，流泉淙淙，松涛鸟鸣，高旷疏朗，极富飘然欲入仙境之感，这大概也是这位皇帝喜爱玉华宫自然环境的原因之一吧。史书记载说，玉华宫建成后，在其西北方向从庆州到宜州的要道咽喉上，还夯土筑墙，垒房叠堡，建筑了防备突厥南侵、拱卫离宫的"遮奴障"。看来，阎立德等建筑家不仅设计规划了玉华宫，还考虑到子午岭南端余脉的安全地理环境。

更有趣的是，从空中鸟瞰俯视玉华宫建筑地貌，会惊奇地发现传说的"正宫"区和"东宫"区则像两只伸开腾飞的翅膀，显得是那样舒展活泼，长栖欲起，仿佛在烈火中冉冉诞生。或许玉华山凤凰谷起名的奥秘就在于此，这种象征寓意是中国古典建筑里常用的设计手段，而绝不是清代《宜君县志》那些小秀才们杜撰的因为曾有"五色雀"见于此地而命名。以建筑平面设计的象征手法来观测，珊瑚谷与兰芝谷也与其地貌微缩图案有关，它们的名称也是一种寓意联想，而玉华河宛如一条彩带把它们连成一线，既比喻了建筑布局的审美效果，又幻想了自然环境巧夺天工的艺术魅力。正是从这种意义上理解，我们说唐代的建筑大师匠心独运，水平高超，每每令人叹为观止，也使"天可汗"唐太宗视为梦幻仙境，心悦神驰。

二 古朴淡雅帝王家

武德五年(622年)七月，唐高祖李渊为了奖励平定山东后回师长安的秦王李世民，在北苑专门为他建立了弘义宫，三年后改建成山村景胜，高祖对群臣们说："我的儿子有爱好山庄田园的雅兴。"[7]果然以后成了唐太宗的李世民对淡泊简洁、清新幽静的离宫别苑特别喜好。

玉华宫作为避暑离宫的基本格调就是古朴淡雅。建筑师们一脱九成宫、汤泉宫、金城宫、芳桂宫、琼岳宫等通布关洛离宫行馆那种富丽堂皇、大红大绿的旧特征，按照唐太宗的要求刻意追求与精心设计拙朴典雅的风格，体现"自然天成地就势，不待人力假虚设"的指导思想，用唐太宗自己的话说就是"即涧疏隍，凭岩构宇，土无文绘，木不雕锼"[8]。他下令把朱门金铺变为荆扉铁环，把绮丽花窗换成瓮牖直棂，殿堂覆青瓦，木架油本色，整个离宫不搞雕梁画栋、错金镂银，而是松轩、茅殿、草廊，加上郁郁葱葱树木的掩映，充满了农家庭院的乡土气息和田园风光的幽静情趣。

当然，玉华宫毕竟只是模仿山庄乡村格调，依据自然环境略加修饰而尽少暴露人工整修之痕迹。但它是皇帝京城之外的"家"，从建筑格局看，仍然是庄重封闭、对称严整的宫殿式体制，民居朴素简洁的外观不能代替皇帝离宫的宏伟气魄，别墅谐调无穷的野趣也不能掩盖典雅华贵的壮丽气象。玉华宫正宫区的中轴线上前后排列着南风门、玉华殿、排云殿、庆云殿、肃成殿，在左右两侧与排云殿并列庆福殿、嘉寿殿，这两侧殿前面也有金飚门与另一门，形成一个"品"字形。按照唐代建筑的特点，"门"实际就是两座孤立的阙台，上建歇山顶屋，起标识入口、以壮观瞻的作用，而以凹形封闭前伸的空间，既有防卫性意义，也有礼制性功能，人们抬头仰望高大巍峨的两阙，不由自主顿起尊敬之心。

进入南风门后，位于正中轴线上的是玉华殿。根据在这里出土的覆盆式莲花柱础石、1—2米长方形凿工石料、排列有序的陶水道和方砖、布纹瓦等推断，玉华殿上部采用鸱尾高耸、出檐直展的庑殿顶，磨光的布纹板瓦交错缝隙中夹覆树皮茅草，远远望去只见绿草茵茵，不露瓦色瓦缝。日本京都御所（皇宫）正殿紫宸殿，屋顶就全用松树皮一层层叠起来，檐边很厚，修剪得整整齐齐，虽不金碧辉煌，却有质朴幽雅的韵味。日本皇宫多沿袭"唐风"，由此反证玉华殿屋顶构造极有可能也是这种作法，显示清静无为、归园宿家的生活气息。

玉华殿高大宽敞，估计东西九间，长约30多米，南北四间，宽20米，这是唐代一般宫殿的讲究标准。前有大庭院，主殿两侧之间皆有茅顶长廊相连，而主殿台基用平削方整长石料作基础，衬托玉华殿的雄厚巍峨。殿中地下或长廊下有水道，上面铺有木板，特意设计成所谓的"响屐走廊"，人走上去随着脚步迈动会发出空洞的响声，而皇帝或武士们只要一听响动，就会警觉起来，发现人进出走动和远近。能工巧匠们会处处挖空心思，别出心裁，以取得皇帝的满意。

如果上述推测大致不走样，那么沿中轴线后进的排云殿、庆云殿、肃成殿也是这种式样，只不过可能略小一些，具有寝宫或书房式的特点。但根据隋唐建筑布局惯例，每个殿堂必定有用回廊连接围成的院子，因此玉华宫中轴线上，布置着一个个层次相递的正方形庭院，并有墙垣分隔。当人们进出活动时，沿着具着廊庑的四合院，步步过渡，逸趣横生。玉华宫两侧的庆福殿和嘉寿殿，是对称式厢房，高低自然比不上中轴线上主殿，主要起着陪衬作用。这样，我们就不难想象出玉华殿及其周围殿堂组群布局的风貌，大屋

作者手绘玉华殿立面复原想象图

顶板瓦上覆盖着一层层茅草，上面生长着浅浅的苔藓，呈现着一片深绿色，而茅草剪得齐刷刷的殿檐下，没有彩绘保持原色的木柱衬着白色的莲花石础和基座，形成绿、白两色的鲜明对比。院落中由于玉华山土地潮湿的原因，也生长出五颜六色的苔藓，犹如铺上了一幅巨大的绒毯，在皇帝和臣僚的眼中，必然是不可多得的奇妙之景和自然真趣，也有一种使人幽静与深奥之感的诗情画意。否则关洛两京地区有那么多绚丽多姿的离宫别馆，都不能使"明主圣君"的唐太宗满意，最后竟选中这座淡泊典雅、独具一格的玉华离宫。唐太宗喜欢赞赏玉华宫，在玉华殿上处理政务、安排人事；在排云殿里挥毫练字；在庆云殿里起居养性；在肃成殿里召见玄奘等……他爱慕山峦青翠叠碧和宫前流水潺潺不息，他陶醉于这块风水宝地可以使人灵性顿生……

据调查[9]，玉华宫正殿区外以西约100米，也有一处突出台地，在地下1米深处发现砖瓦堆积层和石砌水道遗迹，出土有莲纹方砖、屋顶形石刻构件等物。这里大概是明月殿的遗址，因为它位于兰芝谷和凤凰谷的交合处，当一泻银光的月亮升起时，身处此殿无论从哪个角度都能对月举杯，醉酒吟诗。这无疑使玉华宫主殿更为锦上添花，阎立德等唐代建筑师们以离宫建筑作史赋诗，必然十分重视搜集、吸收各地离宫别苑的形制风格，博采众家之长，设计制造出与九成宫、翠微宫既可媲美又不同凡响的新宫殿，像玉华宫的排云殿就有可能与九成宫的正殿排云殿风格接近，而肃成殿原为当地县民秦小龙住宅地，太宗下令"小龙出、大龙入"，胁迫他搬迁以修此殿，该殿仿造九成宫别殿修好后极为凉爽，宜于避暑，当时人就认为肃成殿清凉胜于九成宫。至于此处的明月殿更容易使人联想起秋月、晚霞、晴岚、暮雪、日出、夜雨、夕照、莹冰，如果现在在这里重新选定"玉华八景"，也一定会使无数游览者折腰沉醉、眷恋不已。

二　无穷野趣在山崖

玉华宫正殿区以西1000米处，便是"惊喘瀑布飞霹雳，珠水空帘绝壁中"的珊瑚谷，这里景观奇特，石崖高耸，夏秋季节一道瀑布从巨石上坠落下来，变成缕缕长线，好像白丝挂在空中随风飘拂一样，泻瀑水响轰鸣，古名"飞泉瀑布"。冬春季节，崖顶飞流凝雪，荡入谷底冻结成冰峰，仿佛巨型珊瑚层层环垂，冰清玉洁。

贞观二十二年（648年)二月，唐太宗视察完玉华宫主殿区，发现数十丈高的石崖半壁上虽有可容百人左右的三个石室，两端木梯栈道也可攀达上下，但谷内平地开阔，显得有些空旷，于是命令监工臣僚在显道门内再建筑紫微殿十三间，"文甃重基，高敞宏壮，帝见之甚悦"[10]。这个紫微殿很明显是模仿长安太极宫内紫微殿修建的[11]，隋朝建筑家们曾在东都洛阳建过面阔十三间、进深二十九间的乾阳殿，从地面至鸱尾高一百七十尺（大约45米），当时被誉为空间最大、面积最宽的高殿崇堂。唐代除了面阔十一间的大明宫含元殿、麟德殿外，一般宫殿不超过九间，因为依赖夯土高台外包小空间木结构承托解决宫殿大面积、大体量的技术问题很不容易，梁架跨度起码要达到10米左右，相应的抬梁、棱柱、椽檩、斗拱等等构件用料都需要很大的工程与材料。如果珊瑚谷显道门内的紫微殿真是面阔十三间，那不知要耗费多少柱、梁、枋、檩、椽，不知要动员多少工匠民夫（襄城宫用工役一百九十万，九成宫也用工役近二百万），更不知要投入多少资金，难怪群臣百僚中有人发出国库钱帛耗空的惊叹，连天文术士都有"人君治宫室过度"的占语，唐太宗故作姿态以节俭省约的诏书来遮掩自己奢侈淫靡生活追求的目的，也不揭自破，一目了然。

唐太宗在此建立宏伟壮丽的紫微殿，自然是以此显示天子四海为家的威风，想以宫殿的壮丽来对比玉华宫正殿区淡雅的风格，有着震撼人心的建筑艺术功用。据说唐太宗在玉华宫期间，经常来此游乐赏玩，后世人把这里的峭崖绝壁叫做"驻銮崖"。从现在遗存的石室、凿洞、窟檐痕迹、栈道支眼等来观察，当时的建筑师在设计中绞尽脑汁、挖空心思地把飞瀑泉水引上木构的窟顶长檐，然后让水顺着檐下的石槽中流出，像是一条条缀连的大珠、小珠，飘然溅落于谷底之中。置身其间，令人有水帘洞梦幻之感，或如唐代敦煌石窟那样"升其栏槛，疑绝累于人间；窥其宫阙，似神游乎天上"。"雕檐化出。巍峨不让于龙宫；悬阁重轩，绕万层于日际"[12]。建筑设计者们在珊瑚谷悬崖石窟上修筑上云楼、翠阁、层轩、雕檐，一定会使帝王百僚、王公妃嫔产生蹬道连绵、盘龙云汉而张翅腾飞的兴奋感。

倘若珊瑚谷石窟建筑与平地紫微殿只是一处别殿奇秀风光，那么兰芝谷"殿阁依山崖，松风洒面清"则是另一处曲尽其妙的佳境。兰芝谷讹传的"正宫"位于玉华宫主殿区北部约1000米，这里面向西南呈半环形的百米黛崖如天然刀削一般，唐宋时崖上泉涌水流，飞洒犹如雨花，遇上下雨更是水天迷蒙，雨扫飞瀑，扬起阵阵轻烟，似烟非烟，似雾非雾，别具一番景色。石崖下有人工开凿的窟室，里面可容纳近百人，窟室外崖壁上至今还遗留有直径约30—50厘米的洞眼七处，还有环拱勾栏遗眼。由此崖壁实质为疏松砂石来看，只能用木构窟檐，上面可能用双抄单斗拱托撑伸出的角柱柱头，故窟檐屋顶应该是垂直悬山式的。地面栏槛遗眼暗洞，也说明曾有栈道挑梁对位，需要栏杆保护安全。

更重要的是石窟前有一片东西长约50米、南北宽约25米的草坪，草坪表面遍布唐代方砖、板瓦、筒瓦和兽面纹瓦当的残片，并施绿、黄色釉的琉璃饰件也不少。在草坪断面表土以下2米深，均为建筑材料堆积。

因此推侧，这里不仅有石室窟檐建筑，还有豪华艳丽、面坡而立的宫殿建筑。依据实物可以想象那青灰色的殿墙，铺有莲瓣花砖的地面，屋顶漆黑闪光的筒瓦配置着兽面瓦当，屋脊和垂脊檐边色彩耀目的琉璃饰件，这所离宫别殿该是多么庄重和谐，澄碧飘洒。当时又飞泉千尺，银河倾泻，沿石瓮谷冲激而下，建筑工匠巧妙地利用石崖与高台地形的特点，沿谷因地制宜地布置殿堂，使整座别殿建筑同它周围峰峦叠翠的矮岭相互辉映，浑然一体，令人流连忘返，享受到无穷的野趣。

玉华宫主殿区以东1500米处，是嘉礼门，沿台坡而上为唐太子居住的晖和殿，在这里地面下约1米处，发现有莲花纹瓦当、素面和花面长砖，还有刀、矛、斧、匕首等铁器和唐初"开元通宝"钱等，特别是殿址西侧100米处有南北走向的夯土墙，断面呈长方形，宽3米，高2米，一直向北延伸，这充分说明玉华宫和翠微宫、九成宫、华清宫一样，笼山为苑或包山通苑，建有环山墙垣，随地形蜿蜒起伏，老百姓是绝对不许进入这所神秘的离宫的，当然，也有抵御突厥突然袭击的军事目的。

再往东走，沿沟北拐约2000米，便是当地传说的"东宫"，实际是当时临时办公的官曹、署寺，在这条沟口与玉华河岸交接处，有供皇帝和官吏们使用的"马坊"，附有喂养放牧的马厩建筑。官曹、署寺的所在地，山崖地貌类似珊瑚谷和兰芝谷，绿树成荫中隐藏着呈半环形的悬崖绝壁，半壁中腰有一层石窟，比其他地区的石窟都长，下层有一巨大石穴，可容纳上百人聚会，一经进入其中便会感到形状奇特，别有洞天。据观察这里也是窟檐建筑为主，遗憾的是平面建筑不明。但山崖顶部也有飞泉瀑布，长年垂泻有声，落溪细流，自然景色更加幽雅，林荫更为繁茂郁郁。每当春夏之交，花草盛开有如锦绣编毯，而秋高气爽时，满山红叶又若红霞一片，静听林涛或任凭凉风吹拂，都会使人心旷神怡，气象万千。即使隆冬以后漫天大雪，笼罩在一片银装素裹之中也别有一番滋味在心头。

如此古香古色的房屋或草庵，会引来贵宾游容的欣喜，不光是消暑疗养，更有心灵的净化升华。回想一千三百年前的能工巧匠在这山清水秀、林木苍郁之处点缀建筑，修殿盖房，该是多么不容易啊！从出土的琢磨细致的青石柱础、青石屋顶形构件和滴水来看，它们与玉华山当地石质迥然不同，全由外地翻山越岭运送而来，有多少人付出血汗啊！当然，别具风貌的离宫建筑既然出自劳动人民之手，那些无名的能工巧匠和有名的建筑设计师就会在一定程度上反映自己的审美情感，选择大自然的野趣和领略环境的幽雅，是人人都会感受到的自由和欢悦，只不过是皇帝有着优先享受的特权罢了。正如清代嘉庆年间负责皇家建筑的工部尚书张祥和赋诗吟道：

寒入宜君暑不存，地非风穴即风门。往还再宿山城上，江海涛声彻夜翻。

更无蛇蝎闹昏虫，金锁居然不漏风。避暑唐宗真得地，年年飞白玉华宫。

四　梵宇不凡胜洞天

唐太宗死后两年，他的儿子唐高宗李治于永徽二年(651年)九月三日下诏废玉华宫为佛寺。李治做太子时曾陪同父皇在玉华宫住过一段时间，他还写过《玉华宫山铭》[13]，用四字骈文讴歌此处风景"丹溪缭绕，璇树玲珑"，"流花缛景，清籁嘶风"；赞美这里建筑"峻倬铜柱，祥韬金碧"，"菌阁流霜，椒台凝霰"；描述在此生活"雾宿重峦，寒生洞壑"；"申歌秘殿"，"瑶池肆宴"。由此可知李治对玉华宫环境与建筑非常欣赏，认为如同虚幻的仙界天国。

但值得注意的是，唐高宗没有像像当时王公贵族笃信佛教去"舍宫为寺"，而是出于政治目的收揽人心"废宫为寺"，表示要扶贫赐地、厉行节约，这位当时才二十三岁的新皇帝是不是从废离宫的角度否定了他父亲的晚年行为，其中奥妙颇耐人寻味。

玉华宫变为玉华寺后八年，高僧玄奘才来此翻译佛经，居住了五年，直到涅槃魂归西天。在这十多年中，玉华宫不光是主人由世俗活人换成了法门僧徒，在建筑具体布局造型上也可能有所变化，例如添加唐代寺院一般应该有的廊墙壁画、菩萨彩塑、塔幢经轮、俗讲平台、钟楼鼓楼、碑碣香炉以及其他佛教建筑小品，形成一个完整的佛国天堂区域。现在玉华宫遗址出土或残留的遗物、遗迹中，有不少佛寺的东西，如石雕佛足印，据说是玄奘法师从印度拓印回来，请杰出石匠精心仿制后敬奉供养的，时常礼拜。又如龙朔二年（662年)玄奘让石匠仿制的上圆下方石雕金刚座，传说是释迦牟尼于菩提树下成佛时所坐的，能"上达地面下据金轮"，被敬为佛门世代虔诚礼拜的圣物。还有传说玄奘从印度带回的娑罗树(即菩提树)，现在仍在玉华宫旧址前长得青翠丰茂，高达10米。

最引人注目的则是兰芝谷悬崖石窟内有佛龛八处，石穴一段。佛龛面宽约1.8米，高1.7米，进深1.5米，龛内佛祖造像虽然不存，仅存一块长方形石座，但是两龛之间的石隔墙上，则雕有牡丹花叶缠枝卷叶、执戟力士、骑士等等，在砂石风化情况下，浮雕轮廓仍然清晰可辨。史书记载玄奘病重垂危前还步履蹒跚地到这里做了最后一次礼佛朝拜，可证明当时窟檐建筑气度恢弘，规模井然。据推测，其他周围山崖石壁上也有佛教石窟艺术，缺憾的是没有完整的实物例证，上千年的风雨剥蚀和人为破坏使这里毁成废墟，这种结局同玄奘法师个人所有的社会名望形成了鲜明的对照，对为弘扬佛教事业献出毕生精力的玄奘，不能不说是历史有负于大师的一笔欠账。

据唐代佛僧实录著作记载，玉华寺内还有云光殿、八桂亭、弘法台等建筑名胜[14]，绝不止宋人张缙《游玉华山记》里说的"九殿五门"，玄奘在此译经时，多次对人赞叹玉华寺是"阎浮之兜率天也"，意思是这里如同弥勒佛所居住的兜率天宫，那是西方极乐净土最美好的地方，最吸引人们"往生"的乐园。玄奘翻译的《无量寿庄严精净平等觉经》对极乐世界里的建筑有具体化、世俗化的描写："城阙宫殿，轩窗罗网；琉璃为地，金绳界道；所居舍宅，称其形色；楼观栏楯，堂宇房阁；广狭方圆，或大或小；或在虚空，或在平地；清净安稳，微妙快乐；随意所需，悉皆如念。"就连寺院也是"讲堂、精舍、宫殿、楼观，皆七宝庄严，自然化成；复以真珠、明月、摩尼众宝，以为交露，覆盖其上"[15]。使人举目便是金楼玉宇、仙山琼阁，确信自己沉浸在欢乐与幸福的天国境地。

玄奘生活在玉华山这样风景如画的环境中，对比印度那种佛教西方极乐净土，当然眼界博大、胸襟旷达，不是一般中国僧徒所能感受到的，更不是那些混迹于京城的文人学士吟花咏月所能体会到的。玉华山的清绮秀色与玉华寺的宏大建筑，使这位杰出的法师寄托了超逸淡泊，寄托了自己的情操理想。最值得人们注意的是，玄奘并没有青灯黄卷、禅念默照，跑到悬崖石窟里做功译经，像印度僧侣那样循世苦修钻到精舍石窟里摆脱苦海，而是一直住在殿宇壮丽、气势非凡的原皇家离宫内，这就说明玉华寺虽然增添了一些宗教气息，但它仍是入世生活的风采，肃成殿与肃成院无非是叫法不同，它的建筑风貌仍是吸引世人的理想场所。由皇家离宫改成的梵宇佛庙肯定要比摩崖山洞强无数倍。

玉华寺依山傍水、架岩跨谷、高低错落、曲折幽美的建筑，伴随着玄

注释

[1] 见《全唐文》卷八，第100页上，中华书局，1985年版。

[2] [8] 见《全唐文》卷八，第102页下，中华书局，1985年版。

[3] 《唐会要》卷三十，玉华宫。

[4] 《旧唐书·后妃传上》。

[5] 《旧唐书·太宗纪》记载贞观六年、七年、八年、十年、十八年唐太宗曾共五次到九成宫。

[6] 见[唐]张彦远《历代名画记》卷九。

[7] 《唐两京城坊考》卷一，西京三苑。

[9] 《陕西铜川唐玉华宫遗址调查》，见《考古》1978年第6期。

[10] 《玉海》卷一五九。

[11] 杨鸿年《隋唐宫廷建筑考》第209页，陕西人民出版社，1992年版。

[12] 转引自萧默《敦煌建筑研究》第270页，文物出版社，1989年版。

[13] 见《全唐文》卷十五，第72页下，上海古籍出版社，1990年版。

[14] 《大慈恩寺三藏法师传》卷十。

[15] 《大正藏》卷十二。

奘走完他的人生历程。玄奘之后，玉华寺由于没有皇家的关注和资助，渐渐衰落下去。天宝十五载（756年）六月，安史叛军攻占长安，几个月后唐军反攻，双方在关中反复争夺，屡次激战。第二年（757年）闰八月，在凤翔行在几乎被唐肃宗杀头的"诗圣"杜甫，被放还回鄜州省家探亲，经过宜州时，专门游览了玉华宫，写下了一首感慨万千、惆怅悲愤的诗歌：

溪回松风长，苍鼠窜古瓦。不知何王殿，遗构绝壁下。
阴房鬼火青，坏道哀湍泻。万籁真笙竽，秋色正萧洒。
美人为黄土，况乃粉黛假。当时侍金舆，故物独石马。
忧来藉草坐，浩歌泪盈把。冉冉征途间，谁是长年者。

从这首诗看，经历了大约一百年的玉华宫这时已沦为一片废墟，只剩下残垣断壁、几间阴房和石马雕刻，无数建筑大师和匠人技工的智慧与心血，统统被付之一炬！所有的史书上都没有记载这纵火犯是谁，也不清楚被焚毁的时间与原因，中国历史上将罕世宫阙、宏丽楼阁连同无数宝藏付之劫灰的事情太多了，代代王朝都是败于贪腐毁于战火，所以官方的史书册页上哪有这些小事的收录，更不容留下冷森凋败的记忆。

过去的就让它过去吧！缘何让那辛酸苦涩日日盘桓在后人心头呢？昨天辉煌，今日瓦砾。赫赫大唐的盛世繁荣都被抛至九霄云外，何况这不闻百姓苦只见皇帝做神仙的离宫呢？语言凭吊是苍白的，历史终将检验一切。还是让我们亲临实地去想象复原那无数能工巧匠流血淌汗成就的绝代离宫名构吧，绿树翠峰映衬着玉台粉壁，蓝天白云笼罩着茅顶木楹，殿堂亭阁都是能工巧匠聪明才智的结晶，窟檐石刻都是华夏民族融贯中西的大度，愿我们的朋友都来到这林木荫翳、飞泉曲水的一方清凉世界，向往自然解脱身心，淡泊尘世养性化神。

原文发表于《玉华宫》一书，香港天马图书公司，1993年。

补记：
玉华宫1992年公布为陕西省第三批省级重点保护单位，2001年被公布为第五批全国重点文物保护。

新疆交河故城

第十章

书评笔记篇

前人栽树 后人乘凉
——为《应县木塔》第三次重印而写

写出一部古建好书就像栽下一棵巍然挺拔的大树，而后人阅读使用这部书时也犹如背倚大树绿荫乘凉，置身于葱茏翠色环抱之中。已故陈明达先生所撰写的《应县木塔》一书，就是这样一部"前人栽树而后人乘凉"的传世之作。提起《应县木塔》，古建研究者和文物界读者都会如数家珍，耳熟能详，知道它的分量和重要性。但这部由实测图、历史照片、文献资料和全面研究所组成的学术著作，久已售缺。自从1966年首版问世和1980年再版发行以来，极受读者欢迎，可惜印量太少，迫使需要者花费300元高价四处寻觅，划入珍贵资料之列，不能不令人叹息。

此次在国家文物局和山西应县木塔修缮保护工程管委会的共同协调下，由文物出版社第三次旧版新印，并且印制质量高于以前两版，这对广大读者来说无疑是一个福音与喜讯。人们清楚，古建图书一直受到文物界的高度重视，因为古代建筑不仅属于重要的历史文化遗产，是历史文物的有机组成部

山西应县木塔夜景

分，而且古建图书具有实用性，包含了调查勘测、保护维修、艺术文化、技术研究等方面。上乘的古建图书更是常销不衰，仿佛植根于沃土中的茂盛巨树，每枝每叶都永远传动着学术经典的回响。

《应县木塔》自初版以来已过了30多年，其长久的生命力表明了作者对古建研究的不懈努力和深厚的学术功底。陈明达先生（1914—1997年）出身于书香世家，虽家道中衰曾辍学谋生，但家学渊奥，滴水不堕，不仅手抄家藏古籍，而且常临摹家中藏画，黄卷青灯、纳新融旧，打下深厚的国学根基。他18岁时入中国营造学社，师从梁思成、刘敦桢二位先生学习古代建筑，并成为刘敦桢先生的主要助手。在1932年至1943年之间，他不顾金瓯碎裂和社会动荡，跟随刘敦桢先生探赜索隐，亲览亲察，先后调查研究了河北、河南、山东、山西、四川、云南等地的古建筑遗构旧迹，测绘了大量古建，积累了不少资料，也勃发了许多创见，被誉为有奇思的古建学者。1942年他绘制的彭山崖墓建筑结构图纸，是过去考古从未做过的崖墓建筑图。1953年在梁思成先生的推荐下，他到文化部社会文化事业管理局(今国家文物局)担任教授级工程师，主持全国古建筑遗物的普查和保护工作，为选定古建筑重点文物保护单位作出了重要贡献。

山西的古代建筑一直牵动着陈明达先生的生命细节，山西的文化根脉也始终是他生命记忆中的永恒部分，他赞美山西是中国古代建筑的宝库，不光保存有中国最早的木结构古建筑，而且数量上已知者达九千多座，历经千

未修缮前的应县木塔
应县木塔第四层外檐辅作

年或几百年的风雨吹打，依然屹立在广袤的黄土地上。他曾说："去山西走一趟就可以把古代木建筑的各种形式都认识到，是我们研究建筑最可靠的依据，也是古代劳动人民智慧创造累积的结晶。"

在山西数以千计的各式古建筑中，建于辽代清宁二年(1056年)的应县木塔(佛宫寺释迦塔)，是中国现存时代最早的木结构高层建筑物。"远观擎天柱，近似百尺莲。"67.31米高的土红色木塔兀立于县城之内，巍峨壮观、直入云天，历经十几次五级以上地震仍挺拔不倒，而千年古塔的木结构设计和做工更是巧夺天工、独具一格，它采用了刚性很强的双层套桶式结构、重楼式构造、暗层框架结构和竹节式的圈梁结构，大大提高了木塔的强度、稳定性和抗震性，仅这座塔里就设计了近六十种形态各异、功能有别的斗拱，把梁、枋、柱连成一体，达到调整变形与增强抗震的能力，使人不禁感叹古代匠师的聪明才智和高超技艺，确实远观雄伟壮丽、近瞧鬼斧神工。听说就是在如今高科技飞速发达的建筑业中，要求不用一根铁钉维修、保持原塔的完美无缺，中外建筑界也无人敢随意夸口承担此重任。

浓缩华夏古建文明的应县木塔研究工作开始于1933年，当时由梁思成、刘敦桢两先生组织调查测量，不幸的是，在战火纷飞的抗日战争初期，风尘逆旅的流离迁徙，使实测图和摄影照片受到极大损失。1942年陈明达先生依据残余污损的图稿，在他乡异地绘制了一份二十分之一的详图，1954年就是按照这份筚路蓝缕的详图制成了木塔模型，陈列在中国历史博物馆内，展示着中国古代建筑文明成果的立体形象。

1961年以后，陈明达先生调任文物出版社做编审，负责古建筑、石窟、雕塑诸方面书稿的审定。由于当时文物出版社计划编印全国文物保护单位的资料图录，拟定了20多个具有代表性的古建实例名单，陈明达先生以应县木塔作为第一个试点和研究对象，从此开始了编辑与研究相结合的学术道路。在呕心沥血编写《应县木塔》这部书时，他再次赴山西应县进行一丝不苟的测量和细部摄影，反复核实数据，绘制精密测图，并与莫宗江等同仁切磋讨论，对木塔的历史沿革、设计手法、模数运用、艺术造型等方面做了深入细致的分析研究，复原想象了佛宫寺塔院昔年的形貌，还对木塔在古建领域的价值给予了科学的阐释，终于在1966年出版了这部记录性与实测性相结合的图录专著，为编撰全国重点文物保护单位的系列专集树立了样板。这年他52岁。

《应县木塔》首版发行后，在学术界反响很大，特别是对单项古建筑设计手法的探索取得了突破性进展，因而好评如潮，奉为圭臬。因为这部专著阐明了中国古代建筑从总平面布置到单体建筑的构造，都是按一定法式经过精密设计的，通过精密测量与缜密分析，是可以找到它的设计规律的，所以为其他单体古建修复技术和价值判断奠定了里程碑式的基础。可惜的是，"文革"开始后陈明达先生的研究被迫中断13年，否则他会继续将榜上有名的"国宝级"古建筑实例一个个地研究下去。1990年《应县木塔》再版时，他又写了解难释疑的说明和点石成金的补充，进一步阐述古建结构设计的本质问题，许多真知灼见至今颠扑不破。令人感佩的是，陈明达先生坦然地反省了这部专著中某些不足之处，认为不具备解决疑难问题的条件时，不可能有一劳永逸、绝对完善正确的结论。他这种谦虚谨慎和襟怀坦白的大学者风度，足令那些炫耀"成果斐然"却错误累出的后人们汗颜。

1986年以后，我在大学为历史系考古、文博专业学生讲授"中国古代建筑"课时，曾在图书馆版本库找到陈明达先生编著的《应县木塔》一书，当时双目不禁为之一亮，因为在我的讲稿中总是认为唐以后佛塔大都变成了没有浪漫风韵的构筑物，拜读了这部著作之后才知道辽代建筑更多地保留着唐代建筑的做法和风格，是唐代北方建筑的余音与发展，我懊悔自己的浅薄与知识的贫乏，更感悟到陈明达先生这一辈老学者深邃博大的学问和从不懈怠的品格，就像一棵参天大树永不失重，让我们这些后学庇荫纳凉、受益匪浅。

如今已进入21世纪，陈明达先生等老一辈学者和出版工作者多已退居或物故，但他们耗费心血的传世性成果，至今还能使现在的文物出版社诸同事在大树底下乘凉，尤其是目前古建勘测与研究报告类的经典图书甚少，这不能不激发我们在新世纪古建图书出版中，更注重文化遗产的精品，像陈明达先生那样栽下一棵拔地而起、郁郁葱葱的大树，从而为祖国的古建"国宝"维修和保护服务，作出重发新枝的贡献。

面对《应县木塔》这部新印制的鸿篇巨制，我们许诺：不能愧对前人栽下的"唐柏辽槐"，不能愧对千古之奇的华夏建筑丰碑。

原发表于2001年10月21日《中国文物报》。

讲座笔记拾掇

　　这部分笔记是我近年来作为文化遗产专业博士生导师与同学们对话交流时的思考汇集，每次与他们见面讨论，都是教学相长、师生互补，我指导的五个博士生和硕士生年轻有为，热情好学，在讨论中他们能将一些对话切入历史肌理，其中一些讲座论述，因涉及具体工程不宜发表，但是作为吸收各家观点后的一家之言，可供学子和读者们参考。

一　建筑历史

　　问：现在各类建筑历史的图书很多，弦外之音也很多，你有什么看法？

　　建筑是历史与文化的载体，展现着一个城市和国家的形象。建筑既要有本土风格和民族特色，又要充分吸收世界先进理念和技术，这样才有长久生命力。傅熹年先生在他的《中国古代建筑十论》中讲过"一国、一族的建筑可以视为是其精神文明的综合体现物，也反映了其精神文明发展的轨迹，其

2012年与谢辰生先生在人民大会堂文物保护法30周年座谈会上

重大建设标识物就是人们引以自豪的共同记忆或民族文化遗产"。这个观点是继承了梁思成先生的思想。

对古建概念，首先必须厘清"复建"的概念。在文物保护界，"复建"是对古代建筑的复制，必须按照文物的原形制、原结构，采用原材料、原工艺进行（即"四原"原则）。"复建"十分强调"原真性"，所用数据都必须是来自原文物的真实信息，也就是说，"复建"出来的建筑可以归为文物。"重建"与"仿建"对原真性和四原原则没有硬性要求，因而建成的建筑不过是仿古建筑，它们都只有与文物本体相似的外形而完全不具备任何文物所承载的历史价值，没有任何文物价值，这就是"复建"与"重建""仿建"本质上的区别所在。

"仿造"、"再建"、"重修"等等名词均说明遗址地变为人为的建设，假文物，无论多么美轮美奂，都只能是假古董，已经失去了文物价值。当然如果是建立一个纪念馆，汇集各类文物，把具有周秦汉唐时代元素、齐鲁楚湘地域符号的特色在这里体现、凸显，保存历史文脉，传承一种文化，挖掘商业特质，即使借遗产地的名气搞一个文化产业品牌也无妨，那则是另一回事。如果搞得好找到一个与地方旅游文化市场的最佳结合点，并与其他历史文化景点连成一串，构成一个历史文化内涵及其丰富的文化长廊，也许能成为中华文化走向国际的一个支点。

从三峡古建文物搬迁开始，有良知的学者就对大体量建筑异地保存不太赞成，因为这将阉割历史：

原地保护还是异地保存是一个不可移动文物保护中的常识，为了给开发建设让路，或是打着保护古建牌子搞旅游开发，将古城墙、古建筑、古民居整体搬迁到异地保存，实际就是对历史的阉割。这种阉割历史的愚昧做法，切断了文明的链条，割裂了原建筑环境的形态，山下变成了山上，向阳变成了背阴，野谷变成了绿地，还能使我们继续述说历史吗？

建筑文物是文化的产物，是人类社会发展过程中的珍贵历史遗存物，是一个精神符号。我们的理解是，文物没有一个时限，作为一个遗迹见证地自然就是一个精神符号。在城市化过程中，现实不为人们预留思考的时间，人们的思维常常赶不上一次拆迁的速度，一段时间的记忆很快将被炸药和推土机抹去，这是对记忆的拆除，是对历史的毁灭。

抢救传统历史文化，挖掘逝去历史古迹，唤醒国都历史记忆，保护古代历史遗存，这是城市建设中新的追求目标。背街小巷、老街旧道，名家旧居、大院杂家，这些都是城市历史文脉的微循环，对街巷古曲的改善修建不仅会使城市历史文化血脉畅通，也使人们能从这些背街小巷中读出城市的历史年轮，所以我们提倡把整洁带入小巷，把文化带出街道，街区建设必须将地域特色、人文韵味、文学典故、民俗风情统统搬上建设工程的舞台。

但是，一些城市的历史文化街区走向另一种风貌，名人故居变成了消费不菲、门禁森严、充溢着富贵气的私人会所，古建筑被出租或改造成呵五吆六的茶舍酒吧，甚至文化街变成了"酒肉巷"，与我们强调的文化遗产保护越来越远。

我们关注古代东亚建筑时，要注意它不仅是国内遗产也是国际遗产。应该说东亚土木建筑是留存遗憾的艺术，但我们不能将遗憾变成为痛心，遗产不能成为遗憾。

古建筑的气象，靠年深月久的岁月积淀来养气，就是原有的气场被完整的保护下来。古建不能轻易落架，一落架，气场就被破坏了。如果把陵墓高耸的门阙用围墙围起来，与大自然共振的气场就被大大削弱了。历史的苍凉感没有了。

二　城市历史

问：结合城市建设的遗址考古目前不断出现，是否对我们理解城市历史很有帮助？

自古以来，中国与西方有着迥然不同的城市理念，对于古代中国人而言，城市并不是诗意的栖居地，传统的观念中峰回路转、远栖山林才是桃花源式的享受。所以古代中国不是像西方那样追求城市化的先锋。明确这一点，我们才要注意回溯城市历史时，不要将古代都城颜修复得像今天高楼大厦那么光滑无痕。

问：中国城镇化是中国现代化的综合战场，对城市历史有否新的发展？

城市形象需要一张自己鲜明的文明名片，不光是外在的风光环境、民风民俗和人文历史，更包括内在的文明程度，是否有慈善救济、爱心团体、见义勇为、助人为乐、夜不闭户、诗意居栖等等，能够感动整个中国和世界。文明名片是城市形象的升华，是一个城市的"魂"，反映城市的精神，能凝聚民众共识，激发文明意识，具有推动城市健康发展的广泛实践性。

　　城市化可能是一国国民的财富和发展动力，但也可能是灾害的源泉和动乱的温床。所以编制规划既要坚持科学性，又要注重人文性，规划既要跟上时代步伐又要延续自身人文精神，两者必须统筹。但是现在规划是否适合恢复历史活力，是否有"伟大城市"的时代理念，五十多年前就诟病过"四过"：占地过大、规模过大、标准过高、求新过急，现在的规划编制需要我们反思。

　　拆除具有历史遗产价值的建筑，就相当于破坏城市的地域文化，消除城市的文化身份，付出失去城市生命力的代价。

　　城市不能把古建筑当成博物馆保留，而是应该和人的生活有机结合起来。城市因文化而提升，文化因城市而强大。当前城市文化发展中注重物质与形象，而忽视城市延续的品位和内涵，所以在城市发展越来越脱离历史和文化的现实下，高楼的高度被无知地奉为衡量城市的标尺。

　　问：你对城市标志性景观一直较注意，新的建筑地标多了是否有益于吸引眼球？成为政府形象政绩工程的标志？

　　中国三十年来以建筑艺术为中心的大型建筑数量很少，大多属于难以评价的商务建筑。比如各个大城市最热衷的地标，即中国10大新地标：北京中国国际贸易中心三期工程、北京银泰中心、北京财富中心、上海新天地、上海环球金融中心、天津泰达时尚广场、深圳华润中心、广州太古汇广场、南京绿地广场和沈阳领先国际。它们入选标准是：建筑本身与周边环境的融合。是否融合，我想每个去过这些地标的人，心中都会有自己的评判。

276

我认为：一个城市不能没有标志性的建筑，但是，也不能到处都是标志性的建筑。真正的标志性建筑应是建成后经过时间检验和历史考验，其风格造型都得到广大人民的认可。

　　目前城市地标建筑泛滥的表现：一是贪大求洋，比高论新；二是抄袭雷同；三是过多过滥，城市符号比较混乱。有人说硕大的地标性建筑都是典型浮夸现象，因为这是商业社会的广告。

　　但是没有地标性文化建筑，一个圣城能对自己文化生活有自信心吗？不能说地标都是浮夸，关键要看它是商业大楼、酒店大厦还是文化中心、宗教中心、博物馆、歌剧院。但是地标性建筑必须谨慎，北京鸟巢奥运会中心、央视新大楼怪异造型、水蛋国家大剧院等屡遭大家抨击炮轰，不仅因为这些建筑不是建造的而是焊接的，更重要是在古都出现过度狂想的反向设计，落入西方形式主义的时装表演套路，丧失了中国特色。

　　目前中国雷人建筑频繁曝出，一些投资偌大的建筑引人非议：比如北京央视大裤衩与性文化紧密联系的造型遭到人们普遍讥讽之后，苏州东方之门又被戏称为女性低腰秋裤，而洛阳伊川县北大门建设造型怪异，被誉为一条连接历史与未来的纽带，但引起民众称为即是一条红腰带，又酷似一个大圈套。似乎都与性联想有关，这说明我们确定的建筑造型没有文化讨论，没有人文洗礼。

　　"古城热"丢了"文化魂"，全国不少于30个城市欲出巨资打造古城，"拆旧"与"仿古"构成了中国城市化进程看似矛盾却又并行不悖的两大典型现象。有机更新造成观念错位，成为最没文化的表现，有体无魂、有形式

无内涵，难免被市场和公众双重否决。

　　世界上所有的物理活动在发生加速变化时，才能引起一般人们的注目。中国的崛起被世界和亚洲认知，也是近十几年到了加速度这个阶段才获得广泛认同。对当代的中国传统建筑保护维修复原的关注，同样是十年来的事情。目前中国建筑的大跃进，以及大遗址类文化遗产保护一哄而上，无论对中国自身还是世界都是一种刺激，也是一种忧思。

　　对中国城市现代化过程中文化遗产保护平衡问题，我认为不能大量拆除有价值的老建筑，必须保存和发扬中国文化特质，而不是发展成西方面孔，这个平衡问题引起国内外担忧。政府视角、学者视角、媒体视角、业内视角纷纷发表了许多好的意见，但是有些观点需要甄别。我们要吸取国外世界遗产中对建筑及其附属设施保护的命题，同时针对中国发展建设中的坐标做好古建设计、区域规划，一定要有文化特质、典雅风情的营造。

　　世界有特色的城市具有资源的稀缺性、影响的广泛性、价值的多元性，能有塑造城市特色、提升国际影响力的支撑点，特别是体育盛事、歌舞汇演、园艺博览等等有着吸引眼球的聚焦力，它们是城市聚焦效益的"名片"，蓝色、白色、粉色……但是就时间长久来说，只有积淀的文化遗产涉及人文思想、地域环境、历史考古、文化特质……才能引起人们对这个城市产生情感共鸣和思想文化的碰撞与交流，所以文化遗产是锻造一个城市的"金色名片"。

　　文化遗产的标识作用，经过几千年或是几百年的积累，海纳百川，对一个城市来说就是文化命脉线，其高知名度就是锻造的金色名片，这个名片具有文化辐射力和影响力，还有自己特有的由文化素质、文化品格、文化魅力汇聚的文化生产力。

三　建筑大师

问：中国建筑现在一提就是梁思成先生，很多人爱打着他的招牌议论指点，你有何看法？

与世界级大师和史诗级巨匠相比，梁思成是中国建筑教育的奠基者、古建研究的先驱者、文物建筑的开创者、名城保护的倡导者、城市规划的推动者……开创之功不可忽视，但也没有必要"圣化""神化"。梁思成当年研究中国古代建筑，是为了尊重历史，从而找寻出一条史脉相传的中国建筑与城市建设的现代之路。我们现在与梁思成先生那时的政治背景、文化环境不一样了，也不可能是过去的城市拷贝，所以有理解不要误解，要有新的想象力来研究。

中国人为名人塑像只是为了"怀旧"，日本人为名人塑像是为了"感恩"。就像梁思成，中国人为他塑像是纪念他曾经为古都保存风貌而做过规划，但是古都风貌已破坏了；日本人为他塑像则是因为感谢他保护古都免于轰炸夷平，而且古都风貌犹存。

建议你们看一下三联书店出版的《中国古代建筑师》这本书，它在每篇文章后都有知识链接与点评议论，中西对比很有意思。

可以毫不夸张地说，自然科学家和技术专家让国家强筋健骨，而人文学者和社会科学家则引导大众有一个思考的头脑，给国家擦亮眼睛，通过人文视野和科学素养加强建筑设计的洞察力、想象力、创造力。我们搞工程技术出身的建筑设计师，往往对中国最前沿的文化演进、时尚变奏、消费心理等没有多少深入的了解，引进人文社会科学人才，为中国人的心态开放和拓宽眼界指点迷津，也是引进世界上先进的文明和文化，其积极效应可能几年或者十几年后才显见，但他们的作用则是技术人才无法比拟的。

中国建筑师作为建造者的主体部分，在中国的地位过去曾经很尴尬。建筑作为意识形态的表现物，往往决定权不在建筑师。建筑师作为夹在政府意识和工程技术以及资金限制之间的角色，往往无所适从，做出来的建筑作品，也就很容易遭到诟病和批评。与之相随的城市规划者，他们处境更为艰难，城市形态作为标准的长官意识的体现，本身已经超出了地方能决定的范围，又加上追求市场利益最大化的压力，全国各个城市的规划、设计方案都遭到了严重的篡改和破坏。

2000年前罗马皇帝的御用建筑师维特鲁威就被抬上了大师地位，而我们建筑师头衔直到20世纪80年代初才被承认，所以中国的建筑大师产生还需要时间与人文的检验。

四　建筑文化

问：中国城市化的规模肯定是人类历史上最大的一次，对照国外你有什么看法？

法国建筑业不是由工业或者经济部门主管，而是由国家文化部主管，将建筑纳入文化管理体制，把建筑与文化结合起来，不仅考虑建筑的实用价值，还有它的文化价值和艺术价值，从而使每座城市都是一个建筑博物馆，每一座建筑都是艺术的一部分。

相比之下，我们国家建筑部门是独立于文化之外的，从某种意义上说，他们没有创造艺术品的任务，只需建造一个一个的"窝"，一个一个的"鸟巢"，特别是70－80年代，全国楼房可用一个长方形模型，一张结构图纸，走遍全中国全是"鸽子笼""火柴盒"式的建筑，所以我们的建筑师没有什么超越使用价值的艺术素养，更没有建筑"艺术瑰宝"的思想，能设计就够难为他们了。

在我国城市改造浪潮下，城市永远处于新陈代谢之中，基本原则应该是保留相对完好者，逐步剔除其破烂不适合者。但是新的建设要自觉地顺其肌理，用插入法以新替旧。这就是"大拆大建"与"有机更新"的转变。

第二次世界大战后，欧洲开始大规模的城市建设，但却造成对城市历史

2009年与孙机先生在
唐桥陵考察时交流

280

文化大范围的破坏，痛定思痛，欧洲由此掀起了古城保护运动。中国的古城也有过类似的痛楚经历。20世纪80年代以来，我国城市化浪潮兴起，不少城市古迹遭到不同程度的毁坏，文明碎片渐渐湮没，文化遗存慢慢消逝，这是城市建设留下的遗憾。

有的先生指出：古城街道改造应遵循两条原则，现代功能与历史风貌相结合，保护历史遗存与恢复历史符号相结合。并多次提出应该克服"恢复的历史风貌要与原状完全一致"的误区，作为艺术，无论是建筑形式或是街道景观，脱离了当时创作的年代，是不可能再现的。他还说"街道改造体现了当代人的审美趣味性，不一定要严格按照历史资料"。比如细节装饰，不同的人群审美趣味性会表现得很不一样，时间会给出正确的评价。这个观点请看《文化的叠晕—古迹保护十议》这本书。

我们研究古建修复时，一定要注重它是否弘扬了中国建筑文化的思想精髓，是否运用了人性化的空间布局和鲜明的中国化元素，在自然亲和中感受人文审美，对建筑的细部美、异型美、构造美都要做精、做深、做透，不能只考虑功能、技术、经济的具体运用，而忘记了在各方制约中的艺术升华，文化的意识始终不能丢弃。

六　古都形象

问：你曾经长期生活在古都西安，穿梭于北京与西安之间，你有什么对

2010年在甘南拉卜楞寺
藏式建筑长廊

比看法？

　　西安作为千年古都，无疑发展目标是拥有历史古迹、艺术建筑和文化遗产的城市，这样才能具有潜力、充满活力、焕发创造力，成为一个有生机的城市。但是为了保证市中心古迹集中地的艺术定位，一定要加强建筑艺术的审查，淘汰假冒伪劣的作品。

　　研究汉唐长安，一定要注意都市想象与文化记忆——文学中的长安，因为诗赋记载与描绘了它的古都形象，使我们能感到长安是一座散发着文明香味的城市，他能摘得至尊桂冠。傅熹年先生复原大明宫麟德殿用了唐诗文赋，萧默先生复原敦煌唐代建筑也用了文学诗赋，20多年前我写《唐都建筑风貌》小书时，也大量使用了唐诗中对建筑的描写。

　　汉唐长安都是城市历史、文学想象和考古佐证的混合物，也就是说长安有历史文献的记载，有诗歌文学的描写，有考古挖掘的遗迹，汇合一起给我们保留了丰富的想象空间。但我们关注的不仅仅是宫殿建筑、都市生活，而是城与人的文明关系，关注的是历史与文学兼有描写。对城市形态、历史脉络和精神的把握，需要跨学科的视野和坚实的专业知识。

　　比如汉长安城遗址区的真实性与完整性一定要考虑，现在遗址内建立的拱形桥梁隋代才出现，怎么汉代就有拱形桥呢？城河两旁摆放"汉界楚河"象棋的大型石雕，但是象棋宋代才出现，这又是张冠李戴。城市遗址的定位和真实信息不能穿越太远。

　　对中国古都的中轴线要进行研究：1.中轴线的思维设计和历史渊源，2.都城的历史文脉保存意义，3.复兴中轴线有无积极意义。北京有中轴线从

2012年在河北金山岭长城

282

永定门向北直到钟鼓楼，西安有中轴线从朱雀门向北直到玄武门。南京、杭州、洛阳、开封等等历史名城实际都有中轴线，古人认为都城应与天体天轴对应，借助中轴统治天下，遗憾的是绝大多数都被改造了，中轴线两旁的建筑已是面目全非了。不过，中轴线是东方人特有的规划观，罗马西方人放射性思维似乎没有这种建城理想。

对一座古城来说，中轴线是它几百年城市发展的灵魂，记录着城市的历史，浓缩着古城的辉煌，完整的中轴线辐射着街巷肌理和建筑空间，它的门、桥、坊、殿都是文脉的标志，代表了都城的历史风貌。中轴线上的每处都在从不同角度记载着古都的历史变迁，但是否掏钱重修或是用复古主义笼罩古城，特别是大拆大建地去突出中轴线，丧失了人性的历史，还要再研讨。

我经常习惯用西安的眼光阅读北京，用北京的尺度丈量西安。就像爱用外国城市的景色来比较中国的城市景观，这是一种"双城记"或是四面开花的感觉。我觉得观察西安不是为它争荣誉、贴彩脸，而是洞幽烛微，发现历史的兴衰起伏和近代滞后的社会图景。我期望作为一个学者能给西安打气，鼓励它在大转折时代安身立命，但现在西安仿唐建筑既不像日本那样简洁凄美，也不像欧洲那样突出人文景观，只是带一个"大帽子"屋顶而已。

七　北京之变

问：北京这几年建设很快，城市面貌变化很大，您同意北京越来越漂亮的说法吗？

北京的古都格局与林徽因先生六十年前描绘的"思古幽情"大不一样了。

2006年在安徽安庆新修
陈独秀墓前

我们看看《林徽因讲建筑》这本书，就知道北京古建如今已现零落，不管是重建的永定门城楼、前门大街和牌楼，还是即将易位建设的地安门等等，一处处地道地被当成了"恢复古都风貌""保存城市记忆"的表白道具。这样一些只言片语式的仿古建筑，对于文物环境的空间形象又有多大、多真实的意义呢？北京每年吸引近一亿旅游者，重要原因是它的文物古迹和建筑特色。

现在北京建筑很少有与历史文化环境相协调的，满城尽是难看的廉价楼，有人说北京建筑是"金角银边"，即十字交口和大街两边建筑不错，刻意集中了一些豪华大厦，但实际上长安街沿线的建筑有几个具有独立文化性格？外观艺术有几个让人难以忘怀的？外国设计师愿对中国历史负责和社会负责？许多先生对北京前世今生的变化提出批评，值得我们关注与学习。

北京，城市的文脉压住了城市的底气，它无法反映人类文化的进程，但是它又要创造更好的环境与生活，所以只好允许一些水蛋、鸟巢、大裤衩、二奶之类的异类建筑物出现，给人以建筑上的视觉刺激。

如果我用文学语言叙述，北京、西安、南京如同一个个没落的贵族、衰落的官僚，尽管城市改造、大拆翻修不断，但窘况一直延伸到现在，仿佛是红颜已失的半老徐娘涂抹的一层层厚厚脂粉，借以掩盖衰老脸上的皱纹和暗斑，早已逝去了青春少女的粉嫩本色。

但是要注意北京古城的性格是内敛保守的，甚至是木讷懒散的。

我们观察唐代雕塑几乎无一不元气充沛，无一不藏有蓬勃气象。然而，现在北京街头像样的建筑雕塑是不多的，不仅没有与古都风貌相协调，而且不知道代表什么，人文的主题是什么。如果说造型艺术美化城市，美化环境，甚至美化人的心灵，那么城市雕塑是公共性、标志性、持久性的艺术，是城市中独占空间的风景，要经得起公众的检验，经得起时间的检验。既然是公共雕塑就一定要有精品意识，以文化命题与审美意识串联建筑家、历史学家和雕塑家的共同负责，宁可少几个也不能做一大堆垃圾。

我提倡为北京的未来保存残留的过去，但是营造"城市水景"绝不可挥霍无度，我如果有时间都想写一本《京华北斗：北京建筑生活十年漫忆》，但是时间实在不够，期望有人能写出一本深刻反思的书，而不是吹捧"人间天堂"的文学作品。

1958年前后针对故宫改建计划，提出"要彻底打碎封闭森严的封建艺术布局"，坚决克服"地广人稀"封建落后的现状，中心思想是把党中央和国务院办公用地放在城市中心部分，当时要将东华门到西华门之间开辟一条大道直通北京东西方向。毛泽东在1959年的谈话中明言："为什么一定要讲保存民族风格，你那个铁路、枪炮、飞机、火车、电影、拷贝，中国与外国有什么区别，有什么民族风格？我看有些东西不要我们民族风格"。今天读来仍令人触目惊心。

谢辰生先生有关北京古城保护历史的叙述非常值得我们反思，可以研读他的文集。

八　城市建设

问：如今城市建设中大干快上，有许多房歪歪、楼倾斜、桥梁塌的问题被曝光，您认为造成建筑质量问题的原因是什么？

中国古城有许多在当时就是仓促建设、设埋隐患，很多城墙坍塌、殿宇损坏，这不是自然灾害造成的，而是施工质量低劣，建设工期过短。我们在建筑遗址发掘工地可以看到许多地基本身很差的事实，似乎就没有长久的打算，这是一种急功近利制度上的弊端。

中国一贯有着为了彰显政绩和个人功德以至于不惜违背科学规律的传统，求快求猛的做法体现了过去封建独裁统治的恶习，执政者往往采用普通人民难以接受的方式从事建设，或者采取人民无法承受的方式运营城市。秦始皇征发几十万人修建阿房宫号称贯通天河地下，但夯土建筑只剩下残垣断壁的遗痕。隋代大兴城建设仅仅一年多就建立起来了，但集中劳工式民众的急匆匆建设，带来了无数的短命后遗症，一遇疾风暴雨，就垮塌损毁，所以史书不停地记载归于五行不畅。

我国建筑审美分为三种：专家审美、群众审美、领导审美。领导审美即权力审美，本质就是长官意志，贪大求洋，标新立异，追求面子轰动效应，热衷于打造标志性建筑，在审美上，喜欢夸张效果，华而不实。国内外建筑设计师逐渐领悟了领导权力审美的喜好，主动迎合，投其所好，"三年大变样""五年再造一个新城"，急于求成，匆匆上马，审美心态很容易心浮气躁，盲目引进欧美设计理念，不顾当地民情，助长了不少城市的丑陋，制造了多少新的丑陋建筑。

文化展示城市风貌，体现城市品格，凝聚城市精神，决定城市长远竞争力，文化是城市的内核和灵魂。但是建筑审美历来是见仁见智，难有定论。你们要多注意那些失败的建筑造型，它们是一个城市的伤口与疤痕，值得我们反思。

九　保护理念

问：中国的保护理念吸收了西方的许多提法，您能结合人文命题来思考现实吗?

2012年3月运河沿岸35个城市组成申遗城市联盟,制定了大运河遗产保护联合规定,声称要用世界遗产理念保护管理大运河遗产,但这并不是一场有深厚文化根基的保护历史遗存的活动,它更多地表现为被媒体支撑和炒作的新闻花絮,懂点运河的人都知道,大运河不是一个点状连线的物态景观,从明清以来大运河逐渐衰败冷落的教训告诉我们,其使用价值在近代非常有限,特别是山东流淌的运河段被废弃损毁,其经验教训需要汲取。现在复活运河保护申遗,它吸引人们关注的是景观复原、新造景点,运河沿线城市设计建设了诸多华而不实的主题公园、市民广场、民俗建筑等点缀性景观,唯独不见运河线性活态应有的席位,在某种意义上它是为房地产开发"一衣带水""水岸人家""枕水家居""蒲柳运河"做了舆论广告。

我们要多考虑城市发展的人文命题,就是具体建筑小品,也要有文化的体现。例如园林是宁静与光彩的展示,是大自然的体现,更是隐居、避难、避世、静心的清雅生活地。在园林中一切都是对大自然的浓缩和强化,重点是人从自然界汲取灵感和意义。人们将自己倾注在园林艺术品里,就是人与自然的互动。现在城市建设中爱号称有多少个园林公园,多少座园林建筑,但是,有多少我们讲的人文意境呢?

我们对列入新近几批全国重点文物保护名单中的一些建筑实在难以理解,别说艺术价值和人文精神,大哄大上连基本的"四有档案"都没有,这无助于提高各方面的保护意识,反而滥用行政资源,使政府公信力和评选权威不可避免地受到损害。

古建维修的真实性、完整性是"整旧如旧",不改变文物原状与现状,现在却变成了"修旧像旧",以假乱真,有些建筑遗产部门大搞"再现辉煌"的仿古剧,不要破破烂烂的古建筑,要达到欧洲宫殿金碧辉煌的程度,造成了无可挽救的结局。进了古建单位就像进了影视城,瓦亮砖新,梁檩廉价,毫无斑斑痕迹的历史感,失去了文物鉴赏的价值。

让历史负面的建筑遗产也应进入"国保"行列,或是与反面人物沾边的历史文物也得到保护,不能留下难以弥补的遗憾。其原因有三个:

一、"耻辱"是历史遗产不可分割的一部分。

二、建筑遗产是防治悲剧重演的真实记录。

三、向后代昭示历史遗产反省的文化价值。

例如长春伪满洲国宫署就是日本殖民侵略的无言见证者,是日本当时企图将东北三省非法占领变为"合法化"的证据。又比如南京在总体规划中要在莫愁湖复建曾国藩纪念牌坊，即在原址上恢复原貌以便纳入开发。曾国藩牌坊是其死后由他的幕僚捐资修建的，南京一些作家认为曾国藩是非功过，历史自有公论，牌坊是古迹，应该尊重历史恢复。不过，另外一些专家认为莫愁女和胜棋楼为主的文化景观，再多出一个是非功过争论未定的曾国藩，削弱了原有的文化主题。河南项城动员市民捐款重修袁世凯旧居，也有类似问题，如果真是属于文物，适合做使人警醒的反面教材，借助这类反面人物的历史印迹和场景建筑，感悟那段历史，这不是要瞻仰其主人或顶礼膜拜，而是用褒贬态度去破坏历史的完整性。

在申报国保单位过程中，发生过负面事件的建筑或者反面人物故居是否应对其进行保护的争议，我认为首先要看的不是如何评价人物的问题，而是要界定其是不是文物，有没有历史价值和艺术价值，尽量淡化感情色彩的价值评判，如果以人物来界定建筑的优良糟粕，或以人物评价来确定保护与否，那么故宫也不能算作民族文化遗产的精华了。

我记得温家宝说过："在一个国家、一个民族的历史发展过程中，无论是正面经验或是反面教训，都是宝贵财富。从自己的历史经验和教训中学习，会来得更直接、更深刻、更有效，这是一个民族具有深厚文化底蕴和对自己光明前途充满自信的表现。"（2007年4月12日在日本国国会的演讲《为了友谊与合作》）

我们主张以史为鉴，并不是要延续负面影响，而是站在历史高度上面向未来避免再次失误。同样用这个观点来考量文物保护中的负面人物影响的建筑，是值得我们深思的。

卷后语：建筑遗产的记忆反思

以学术镌刻建筑遗产的记忆，无疑是一种助推文明升华的动力。然而，建筑遗产承载的绝不是消遣的文字和时髦的话题，而是对人文思想的严肃拷问，是对人类智慧的深切关注，这就需要专家、学者的考释、引领和推动，从而赋予理论的庄严。

中国社会里公众的"专家情结"非常强烈，在一个建筑艺术教育不是很发达的国度里，在一个社会行业越来越细化的背景下，对专家的信任度无疑回荡在媒体舆论中，特别在古代建筑的保护方面，"专家"有着至高无上的学术光环，在社会调查中，虽不能说专家是最可爱的人，但却往往是最值得信任的群体。

古建专家主要涵盖的是精通古建各类领域的领军人物，但与从事毕生精力研究古建的教授、学者并不相同。专家与学者的区别，前者在于维修保护、测绘规划、构思设计之中，后者还有建筑历史、建筑考古、艺术造型、建筑评论、培育学生等等全方位的人文洗礼。

公众之所以对专家、学者这一群体寄予厚望，就是期望建筑文化遗产社会热点事件发生时，能有一个中立的、权威的群体站出来说公道话，尤其是专家、学者应站在独立地学术立场上发表意见并影响决策和政策。专家学者当然不是一个学术头衔，更不是一个荣誉称号，它只是对一个人说拥有的某一领域某一专业所具有的专业技能，得到了某种的肯定与承认，因而对学者、专家这样"学术光环"绝不应自我磨损，一定要维护自己的权威性，爱惜自己的良好名声。

我从1987年开始为西北大学考古、历史、文博三个专业班开设了《中国古代建筑》课，起因就是前辈学者说过"研修建筑学，非通文化史不可；而欲通文化史，非研求建筑学不可"。踏勘古城西安引起我对古代建筑的极大兴趣，在陕西人民出版社出版了我的第一本小专著《唐都建筑风貌》后，已故的考古教研室主任王世和教授曾力推我主讲这门课，结果连开了七年，冬天在黑板上画建筑图因天寒地冻撒不开线，粉笔灰落满全身，回家即要换洗衣服，当时全学院只有一台日本赠送又舍不得让用的幻灯机，其中艰辛不必赘言，后由于我调离这门课才停开。现在很多西北大学毕业的学生就是那时与我结下了命运之缘。

288

1997年三峡文物保护工程预规划开始后，我作为第三方独立学者参加了三峡地面文物价值的评估工作，连续十余次参加了三峡地面古建筑考察和评估会议，与清华大学建筑学院我所敬重的前辈学者楼庆西先生一起负责评审，我还被莫名其妙的推举为小组长，后来经过会议上为经费投入和虚报浮夸的问题激烈争论，才知道是其中一些原委，为此我被反映到国家文物局领导那里，说我不站在文博界而站在三建委立场上，各种非议扑面而来。当然，我也领教了一些古建专家的专业水平和信口开河作风，所以激起的波澜自在不言之中，故我虽然主持"三峡库区典型古民居价值研究与评估"课题，但对三峡地面文物保护的文章一篇都未写，科学与非科学搅混的三峡大会战，只能让未来的历史浮出水面后慢慢评论吧。

　　2000年我调任文物出版社工作后，写得第一篇书评就是为"前人栽树、后人乘凉——为《应县木塔》第三次重印而作"，发表后曾受到一些老专家的感叹赞誉，这本大著的作者陈明达先生，对应县木塔研究有着杰出的贡献。他作为梁思成、刘敦桢先生真正的助手，从李庄到北京，曾为历史建筑保护做过细致的研究，后又在文物出版社工作，故去后一直没有人写过文章纪念他，因为他的测绘与考古、保护与拆迁等观点曾在文物界产生过纠结。

　　我到中国文物研究所工作后，讲得第一次专业课是在2003年全国首届古建所长（文保中心主任）专业管理培训班上，大家以为我要讲"先进性"，没想到我一上午几个小时却讲了中国古建保护修复中的文化内涵，赢得了大家的好评，还有人说我讲的太深了。后来我的讲义被《中国文物报·遗产周刊》发表，责编未商量就将我写得"学术界评论，古建保护修复的工程技术人员对建筑文化形态研究一直不够深入"这句话，改为"恕我直言，……"作为小标题凸出，这又引起了一场风波，有人谗言到国家文物局领导哪里，指责我说话不注意，不像党政干部规规矩矩而还是一个学者直率风格。

　　不过，我是不愿丢掉学者的身份，更不愿丧失学者的风骨。不卑不亢，实事求是，坦然自信，拓宽眼界，这是我们起码的尊严。一个学者没有勇气说点真话，不敢追求对学术的自由，就无法向往和走向更高的文明阶段。真理是独立于任何个人与官方之外的，有良知的知识分子绝不因权势而放弃追求真理，也不因无知偏见而木然不语。

针对大运河要被南水北调工程利用而不认为是文物，我第一次提出"大运河究竟算不算文化遗产"议题，指出大运河是不应该沉默的活文物，2003年时大运河连省保、国保那一级都不是，京杭运河还是隋唐运河定义都不明，所以在《光明日报》发表我的文章后，又引起了一场大争论。所幸这次国家文物局批准我主持了"大运河整体保护工程预研究"报告，并最终将大运河列入了申遗的行列。不过直到现在，我对大运河过度延伸和保护复原仍有不同的看法，好在历史是业已逝去的凝固了的过去，既不能改铸，更不能杜撰。历史的生命和价值都在于真实，这是由历史的本质规定的，古今中西，概莫能外。

2006年9月同济大学建筑学院阮仪三教授与我在文化论坛上见面交流，他的见解十分犀利且风趣，他将学术论文集《城市遗产保护论》和《古城笔记》赐赠与我，期望我能继续记录古建岁月遗痕，从文物领域对建筑遗产进行历史价值的新发掘，真正起到文化导向与传承的作用。

2007年大明宫建设管理委员会聘请我担任历史文化顾问，我多次与他们进行了交谈与沟通，提出了考古文物是最重要的证据与展示见物不见人的批评，肯定他们对保护大明宫遗址以及景观环境的积极作用，也提出了不要在保护复原过程中返老还童、画蛇添足，违背世界遗产标准最关键的真实性内容。因而报刊上连续几次将我的演讲发表，就是要经得起世界普遍突出价值的检验。

一个人如果没有人生的体会，对过去的历史就无法理解；如果没有跌宕坎坷的切身体会，就不会有刻骨铭心的感觉，就不会接近历史真相。对建筑遗产越是有着厚重的忧思，越能激发起我们研究的动力，越是想触摸文物建筑的灵魂，越需要保护历史记忆的完整性与真实性，尤其是我们享受着前人创造的文化遗产，不能忘记祖辈的贡献，感谢磨难给了我们坚强，感谢挫折给了我们勇气，感谢欺骗给了我们智慧，感谢非议给了我们自尊。默默地感恩之心是保护建筑遗产的重要力量。

倘若我们站在人类历史长河中来估量文化大框架的积淀结晶，建筑遗产无疑是最值得自豪的文明成果之一，尽管有人说历史建筑是落日的辉煌，建筑遗产不是生活中的必需品，纪念性的文物建筑更不是实用的，但我始终认为建筑遗产的魅力不仅是物质实体的更是人文精神的。人类建筑各种各样，但都有自己独特的文明特征识别，有文化根脉的与没有文化根脉的建筑绝对不一样的，历史建筑就是传承民族的半部文明史稿，传承的文脉和文明的历史是不能随意穿越的，必须有研究，有反思，直到永远。

本书古建和遗址照片大多是笔者自己现场拍摄的，其中李建平先生提供了历史名楼图片，刘向阳先生提供了部分乾陵图片，吴春女士提供了大明宫规划效果图，谭前学先生提供了陕西大遗址分布图等，对他们的热情帮助特致以深深感谢。

　　天增岁月，地入时轮，今年是我即将奔向花甲之年"七上八下"的年份，我将20多来对建筑遗产研究的文章汇集一起，鸡零狗碎、包罗万象，除了给我指导的博士生、硕士生参考外，也是对我这些年建筑遗产研究的一个总结，感谢很多有见地的同行学者给了我帮助与启发，更尊重匿名专家对我一些论文的评审，感谢他们为提升学术品质的不同眼光与建议，但需要声明的是我的研究没有申报国家科研项目资助，没有当老板让学生写过一个字，独立的思索、自定的操守以及圈外人的身份，或许愈能保全应有的学术个性，愈能保持更强的免疫力，愈能透出自己理性的声音。

2013年1月10日

责任编辑：高梦甜

责任印制：陆　联

装帧设计：雅昌设计中心·北京 田之友

图书在版编目（ＣＩＰ）数据

古迹新知：人文洗礼下的建筑遗产 / 葛承雍著. --

北京：文物出版社，2013.6

ISBN 978-7-5010-3710-0

Ⅰ.①古…… Ⅱ.①葛…… Ⅲ.①古建筑遗址 – 保护 – 中国 – 文集

Ⅳ.①K878.3-53

中国版本图书馆CIP数据核字(2013)第089102号

古迹新知——人文洗礼下的建筑遗产

著　者·葛承雍

出版发行　文物出版社

社　　址　北京东直门内北小街2号楼

邮　　编　100007

网　　址　http://www.wenwu.com

邮　　箱　web@wenwu.com

经　　销　新华书店

制版印刷　北京雅昌彩色印刷有限公司

开　　本　787×1092毫米　1/16

印　　张　18.25

版　　次　2013年6月第1版

印　　次　2013年6月第1次印刷

书　　号　ISBN 978-7-5010-3710-0

定　　价　80.00元